Die Große Mauer

N
天下雄關

Vorwort
Jacques Gernet

Text
Luo Zewen
Dai Wenbao
Dick Wilson
Jean-Pierre Drège
Hubert Delahaye

Konzeption und Layout
Emil Bührer

Die Große Mauer

Geschichte, Kultur- und Sozialgeschichte Chinas

Umschau

Die Darstellung der Großen Chinesischen Mauer und ihrer Geschichte, wie sie in diesem Buch vorgelegt wird, ist das Ergebnis enger Zusammenarbeit zwischen den Verlegern der McGraw-Hill Book Company, New York, und dem Verlagshaus für Kulturdenkmäler Beijing (Peking), ganz besonders dessen Fachspezialisten, Herausgebern und Organisatoren: Wang Fangzi, Wang Daiwen, Han Zhongmin, Sun Banchang, Luo Zewen und Yu Jin.

Die Originalausgabe erschien 1981 unter dem Titel »The Great Wall« bei McGraw-Hill Book Company, New York, St. Louis, San Francisco.

CIP-Kurztitelaufnahme der Deutschen Bibliothek
Die Große Mauer:
Geschichte, Kultur- u. Sozialgeschichte Chinas /
Vorw. von Jacques Gernet.
Texte von Luo Zewen . . . Übers.
Friedrich W. Gutbrod. – Frankfurt am Main: Umschau Verlag, 1982.
Einheitssacht.: The Great Wall (dt.)
ISBN 3-524-69042-4
NE: Lo, Tse-Wen (Mitverf.)

Neuauflage 1987

Lektor: David Baker
Koordination: Francine Peeters
Lektoratsassistent: Simon Fear
Herstellung: Franz Gisler
Grafik: Franz Coray
Bildbeschaffung:
Rosaria Pasquariello, Ruth Rüedi
Übersetzer: Friedrich W. Gutbrod

Satz: Bauer & Bökeler Filmsatz GmbH, Denkendorf
Photolithographie: vierfarbig: Hego, Littau, Schweiz, einfarbig: Räss, Bern, Schweiz

ISBN 3-524-69042-4.
Printed in Italy

Eine Militärparade an der Großen Mauer. Diese von einem Flachrelief abgenommene Abreibung enthält viele bildliche Einzelheiten, die für die Han-Zeit und frühere Perioden typisch sind (Streitwagen, Waffen, Pferde, Vögel), doch läßt der Stil der Gesamtkomposition vermuten, daß sie aus einer früheren Epoche stammt. Wenn wir anhand dieses Buches die Verteidigungsanlagen studieren, die ihren Höhepunkt in der Ming-Mauer fanden (1368–1644), dann werden wir viele hier abgebildeten Bauelemente wiederfinden.

Inhalt:

»Jiayuguan-Pass«: Inschrift an der am weitesten westlich gelegenen Festung der Großen Mauer. Der im Gansu-Korridor, westlich der heutigen Stadt Jiuquan gelegene Paß war der nahezu einzig passierbare Zugangsweg nach China für Karawanen, die auf der Seidenstraße in Richtung Osten zogen.

Jacques Gernet

Vorwort

Die Große Mauer, angeblich das einzige Gebilde von Menschenhand, das vom Mond aus zu erkennen ist, ist für die westliche Welt ein Gegenstand des Staunens. Wir neigen zu der Auffassung, daß nur die Chinesen ein so ehrgeiziges – und so verrücktes – Projekt sich ausdenken und verwirklichen konnten. Man stelle sich vor, Europa hätte sich vor den großen Barbareneinfällen und den Mongolenstürmen dadurch zu schützen versucht, daß es eine Mauer als ununterbrochene Verteidigungslinie vom nördlichen Ural bis zum Persischen Golf oder zum Mittelmeer gebaut hätte! Aber ein solches Unterfangen, das unter den menschlichen und geographischen Gegebenheiten Europas undenkbar ist, erscheint im Fernen Osten nicht ganz so absurd. Die Welten der nomadischen Herdenbesitzer und der seßhaften Bauern unterscheiden sich dort infolge der unterschiedlichen Breiten und der verschiedenartigen Niederschlagsmuster sehr viel deutlicher als irgendwo anders auf der Erde. Jedem, der bei klarem Wetter von Irkutsk in Ostsibirien nach Beijing (Peking – vgl. S. 192) fliegt, wird der Kontrast zwischen den grauen Weiten der Mongolei und dem Grün der ersten chinesischen Ebenen auffallen. Dieses so reiche und dicht besiedelte Land, das die Mutter der Gelehrsamkeit, der Künste und der Wissenschaften in Ostasien war, mußte sich während fast des ganzen Verlaufs seiner Geschichte gegen die unaufhörlichen Einfälle oder Bedrohungen aus dem innerasiatischen Raum jenseits seiner Nordgrenze verteidigen. Der Entschluß, ein imponierendes Befestigungswerk zu errichten, war keineswegs von dem Bestreben getragen, sich abzuschließen; dies steht allerdings im Gegensatz zu der Meinung gewisser Historiker, die China den Vorwurf machen, daß es ihm an der westlichen »Aufgeschlossenheit« und »Unternehmungslust« fehle. Die Chinesen waren vielmehr durch ihre Erfahrungen gewitzt. Die Geschichte der Großen Mauer – oder, besser, der Großen Mauern, denn der Bau erfolgte zu so verschiedenen Zeiten und an so vielen verschiedenen Stellen – ist untrennbar verbunden mit der Geschichte Chinas – von den ersten Angriffen berittener nomadischer Bogenschützen um die Mitte des ersten vorchristlichen Jahrtausends bis zur Entwicklung einer modernen Artillerie und der gewaltigen, von der Mandchu-Dynastie im 17. Jahrhundert in Angriff genommenen Aufgabe, die Nomadenstämme seßhaft zu machen.

Solange diese Nomadenstämme voneinander getrennt auftraten, stellten sie für Nordchina keine ernstliche Bedrohung dar; sie veranstalteten lediglich von Zeit zu Zeit Beutezüge, um Getreidevorräte, Groß- und Kleinvieh und auch Menschen zu rauben. Diese Lage änderte sich immer dann, wenn die Stämme zu großen Verbänden zusammengeschlossen wurden. Die bekannteste dieser Gruppierungen waren die Xiongnu (vielleicht die Vorfahren der Hunnen) im 3. und 2. Jahrhundert v. Chr., die kirgisischen Türken im 6. und 7. Jahrhundert n. Chr. und die Mongolen im 13. Jahrhundert. Für ihre weit ausgreifenden Eroberungen berühmt (die in diesem Buch in dem Kapitel »Warum die Mauer gebaut wurde« geschildert werden), besetzten die Mongolen schließlich ganz China. Jahrhundertelang ließen die Chinesen nichts unversucht, die Unversehrtheit ihrer Grenzen und damit Frieden und Sicherheit im Lande zu erhalten; energische militärische Offensiven, die darauf abzielten, die Nomaden zu vernichten, oder sie weiter nach Norden zurückzuschlagen; zahlreiche Versuche, den Zusammenhalt der Stämme beispielsweise durch Geschenke an

An ihrem östlichen Ende erreicht die Große Mauer die Küste zwischen den Provinzen Hebei und Liaoning. Die Ming-Kaiser (1368–1644) gaben dieser Festung den Namen »Erste Torfeste auf Erden« und setzten sie als Verteidigungswerk wieder instand.

Als die Europäer schließlich gegen Ende des 19. Jahrhunderts den Zugang nach China hinein erzwangen, waren viele Reisende von den riesigen Ausmaßen dieses großen baulichen Wunderwerkes überrascht. Marco Polo hat seinen Berichten zufolge die Große Mauer nicht besucht, und einige Missionare in der späten Ming-Zeit und unter den Qings (1644–1912) waren die einzigen, die einen kurzen Blick daraufgeworfen hatten. Der Holzschnitt (unten) zeigt eine deutsche Expedition bei der Besichtigung der Mauer in der Nähe von Nankou, ungefähr 50 Kilometer nördlich von Beijing. Wir befinden uns hier nahe der Stelle, wo kurz vor 1644 mandschurische Reiterhorden nach China eindrangen und die Qing-Dynastie gründeten.

Rechts: Das Panorama auf den folgenden Seiten zeigt den bestbekannten Abschnitt der Großen Mauer bei Juyongguan in der Nähe von Nankou, nördlich von Beijing. Juyongguan ist der Name eines Passes und einer Festung, der bereits in den ältesten erhaltenen Schriftquellen erwähnt wird. Beide nehmen eine Lage ein, die jahrhundertelang von entscheidender strategischer Bedeutung war. Die Mauern des Forts tragen Inschriften auf Chinesisch, Manschurisch, Mongolisch, Arabisch und Jürchen (Tangutisch).

Die Große Mauer ist oft mit einem Drachen verglichen worden. Mit dem Kopf im Osten, dem Schwanz im Westen, windet er sich über Tausende von Meilen zerklüfteten Geländes. In China ist der Drache eine glückbringende Schutzgottheit, nicht zerstörerisch wie in der Überlieferung des Westens. Er ist gleichbedeutend mit Frühling und Lebenskraft.

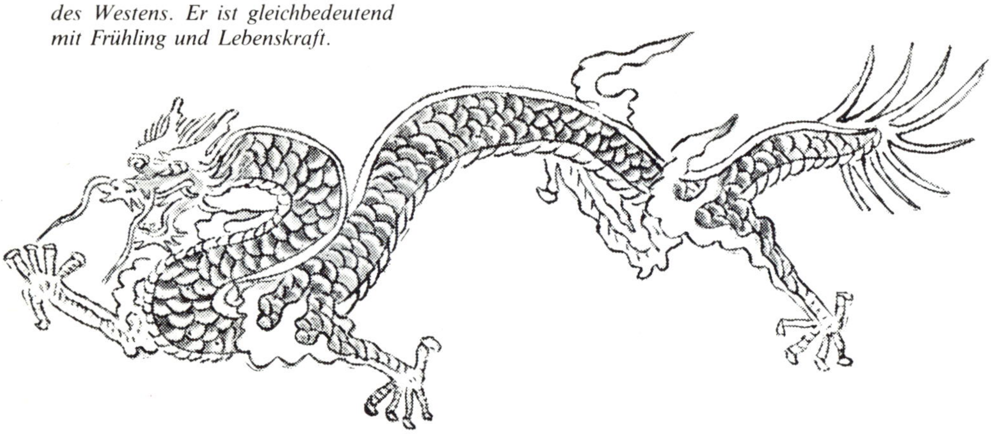

Tatsächlich steckt Chinas Erde voller Drachen, die den Bergen Gestalt verleihen und die Windungen der Flüsse bestimmen. Diese Geschöpfe bilden das Rückgrat der bewegten Erdoberfläche und tragen etwas von der Göttlichkeit der Erde in sich.

Seide zu sprengen; Schaffung von Pufferstaaten aus gutwilligen und hinzugewonnenen Nomaden; durch eheliche Verbindungen und Austausch von Geiseln untermauerte Friedensverträge – und, in einem Falle im Jahre 1004, sogar Erkaufen des Friedens durch Zahlung eines hohen Preises an die Eroberer. Die Befestigungslinien und die Große Mauer waren also nur eines der Hilfsmittel, zu dem die Chinesen griffen, um sich vor ihren unruhigen Nachbarn im Norden zu schützen. So ist die Große Mauer im Gegensatz zu der weitverbreiteten Meinung keine ein für allemal festgelegte Demarkationslinie zwischen China und der Außenwelt. Zwischen der vom Ersten Kaiser der Qin-Dynastie gegen Ende des 3. Jahrhunderts v. Chr. vollendeten Mauer, und der im 15. Jahrhundert errichteten Mauer, die heute nördlich von Beijing zu sehen (und auf den folgenden Seiten abgebildet) ist, hat es viele Änderungen in der Bauausführung, in der Kriegstechnik und der Bewaffnung, in den sozialen Verhältnissen und der politischen Organisation, ja selbst in der ganzen Mentalität gegeben. Um die Heeresteile, die in den Festungen der südlichen Mongolei stationiert waren, mit Lebensmitteln zu versorgen, richteten die Han-Kaiser im 2. und 1. Jahr-

Unten: Der gewölbte Torweg der »Wolkenterrasse« in Juyongguan ähnelt ganz den vielen anderen Toren der Großen Mauer. Der Torbogen ist eingefaßt von Darstellungen schützender Gottheiten in Hochrelief.

hundert v. Chr. Militärkolonien ein, bewässerten und besiedelten systematisch ganze Landstriche (die in der Folgezeit bald wieder brach fielen, da die von den Qin gebauten, von den Han-Kaisern nach Zentralasien hin vorgeschobene Große Mauer viel weiter nördlich lag als die in späterer Zeit gebauten Mauern). Im 15. und 16. Jahrhundert betrauten die Ming dagegen lieber Salz- und Teekaufleute mit der Versorgung ihrer Heere im Norden. Die Tang wiederum setzten alles auf offensive militärische Aktionen, die

Schaffung großer Gestüte und den Einsatz von Hilfstruppen, die unter verbündeten Nomaden rekrutiert wurden. Die äußeren Bedingungen und die dafür entwickelten Lösungen änderten sich von einer Periode zur anderen erheblich.

Auf jeden Fall zeugen die Großen Mauern von den außergewöhnlichen administrativen und organisatorischen Fähigkeiten der Chinesen. Es ist eine alles andere als einfache Aufgabe, mehrere 100 000 Mann aufzubieten, sie in Arbeitstrupps aufzuteilen, für ihre Verköstigung zu sorgen und ihren Einsatz zu lenken, und dies in den vorherrschend gebirgigen, wüstenartigen und unwirtschaftlichen Regionen, in denen diese Befestigungen errichtet wurden. Wir wissen allerdings, daß viele Menschen dabei umgekommen sind. (Eine alte, volkstümliche Erzählung weiß von der Frau eines Bauern zu berichten, der zur Zeit der Qin-Dynastie zur Arbeit an der Großen Mauer gezwungen worden war. Nachdem es ihr unter übermenschlichen Anstrengungen und Entbehrungen gelungen war, die schneebedeckten Berge zu überqueren, um ihm warme Kleidung zu bringen, kam sie gerade rechtzeitig an die Baustelle, um zu hören, daß ihr Mann soeben gestorben war. Meng Jian weinte, bis die Mauer an der Stelle, wo man ihren Mann beerdigt hatte, einstürzte.) Nicht minder schwierig muß es gewesen sein, eine Armee von einer Million Mann entlang der 6000 Kilometer langen Mauer von der Mandschurei bis in das Gebiet südlich der Wüste Gobi unter Waffen zu halten, wie die Ming-Herrscher es später taten. Selbst die simplen Aufzeichnungen, die an der Wende zum 20. Jahrhundert in der westlichen Mongolei gefunden wurden und in der Zeit zwischen 100 v. Chr. und 100 n. Chr. zu datieren sind, legen Zeugnis für das chinesische Organisationstalent ab. Diese in allen Befestigungswerken der Han-Dynastie gefundenen Dokumente umfassen Teile von Kalendern, Gesetzestexten, Soldatenbriefe, desgleichen von den Standortoffizieren abgefaßte Dienstberichte, Tagesbefehle und genaue Inventare. (Eine Abbildung dieser Funde erscheint auf Seite 38.) Niemals hat die Große Mauer Kontakte und wechselseitige Beziehungen zwischen den Chinesen und den Völkern türkischer, mongolischer und tangutischer Sprache behindert, die die weiten Gebiete zwischen Korea und dem Tien-shan, zwischen dem Baikal-See und den Provinzen Nordchinas durchstreiften. Die Steppenreiche hätten ohne umfangreiche Anleihen bei dem chinesischen Vorbild und ohne chinesische Berater, Verwalter, Künstler und Bau-

Wellen am westlichen Ende der Mauer, Wellen auch an ihrem östlichen Ende; hier an den Wassern des Gelben Meeres, dort Wellen im Sand der Wüste Gobi. Dieser Kontrast wird in zwei Fotos veranschaulicht, das eine auf der Seite gegenüber, das andere, welches das Meer bei Shanhaiguan zeigt, auf der nächstfolgenden Seite.

Zwischen diesen beiden Endpunkten windet sich die Mauer über eine Entfernung von mehr als 6000 Kilometern, überwindet Höhenunterschiede von mehr als 2000 Meter und durchmißt eine unbegrenzte Vielfalt von Landschaftsformen, menschlichen, tierischen und pflanzlichen Lebensräumen sowie Kunst und Architekturregionen.

Uranus oder Tianwang, die Personifikation des Himmels, findet sich häufig als Relief an strategischen Punkten oder Paßdurchgängen der Mauer dargestellt. Der obige Ausschnitt stammt von einem Relief an der Westwand des Torbogens am Juyongguan-Paß.

Die Sandregionen Chinesisch-Turkestans bewahren für uns das Bild des barbarischen chinesischen Westens besser als feste Mauern. Und dennoch sind in den weiten Wüstengebieten von Gansu noch immer Überreste von Verteidigungsmauern, die etwa 2000 Jahre zurückreichen, bis zur Zeit der Han-Generale, die hierherkamen, um die Stämme der Xiongnu abzuwehren.

ern nie Gestalt angenommen. Das nördliche China wiederum, in dem es auch früher schon von Zeit zu Zeit Vermischungen mit Barbarenvölkern gegeben hatte, empfing auch weiterhin Anregungen aus der Steppe. Nordchina lernte von den nomadischen Hirtenvölkern eine Menge über Tierhaltung, Pferdezucht, Verwendung von Zugtieren und über die Kriegskunst. Der »barbarische« Einfluß ist sogar in gewissen Speisen der chinesischen Küche sowie im Gebrauch des langen Rockgewandes und der Hose zu erkennen, die zur Einheitstracht der Chinesen wurden. Landesprodukte wie Seide, Tee, Salz und Silber aus China, Pferde, Kamele, Vieh und Schafe aus der Steppe waren keineswegs die einzigen Güter, die durch die Große Mauer über die Paßstraßen ausgetauscht wurden, die für Botschafter und Kaufleute angelegt worden waren. Genauso wie in der Alten Welt sollten die Wege, die der Handel erschlossen hatte, bald dem Austausch von technologischen Kenntnissen und religiösen Lehren dienen. Die Hirtennomaden sollten zu Vermittlern zwischen den beiden äußersten Regionen Eurasiens werden. Sie waren es, die in der Zeit der Mongolenstürme Europa mit zwei bedeutenden chinesischen Neuerungen bekannt machten – dem Gebrauch des Schießpulvers und der Kunst des Holzschnitts, der Vorläuferin des Buchdrucks.

Damit bildet die Geschichte der Großen Mauer zugleich eine Einleitung zur Geschichte der chinesischen Kultur im allgemeinen und zu deren ständigen engen Beziehungen zu der Welt der Steppe im besonderen. Die Veröffentlichung dieses schönen und ansprechenden Buches – des ersten Werkes, das dieses wichtige Thema ebenso fesselnd wie gründlich behandelt –, ist ein hocherfreuliches Ereignis.

Jacques Gernet
Professor am Collège de France

Chinesische Städte besaßen nie irgendwelche andere Befestigungen als diejenigen, die der normale Menschenverstand allen Völkern vor der Verwendung von Artillerie eingegeben hatte: einen Graben, einen Wall, eine Befestigungsmauer und einige Türme. Seit die Chinesen jedoch die Kanone einführten, folgten sie anderen militärischen Vorstellungen als den unsrigen, denn nicht genug damit, daß sie ihre Schlachtfelder mit Befestigungsanlagen versahen, befestigten die Chinesen ihr gesamtes Reich.

Voltaire, Essay über die Sitten und den Geist der Nationen (1756)

Jean-Pierre Drège

In der Tiefe des unwirtlichen chinesischen Hinterlandes, in der nordwestlichen Provinz Gansu, steht immer noch dieser Turm als Zeuge einer längst vergangenen, tatenfrohen und bewegten Vergangenheit. An ihm vorbei führt die Straße, die der buddhistische Mönch Xuan Zang bei seiner Rückkehr aus Indien am Anfang des 7. Jahrhunderts n. Chr. entlangzog.

Die Mauern vor der Mauer

Nach einer noch heute in China erzählten Geschichte zog im 3. Jahrhundert v. Chr. eine junge Frau namens Meng Jiang aus, ihren Gatten zu suchen, der zu den Bauarbeiten an einer der ursprünglichen chinesischen Mauern eingezogen worden war. Als Meng Jian erfuhr, daß er, wie so viele andere, bei diesem rücksichtslosen Einsatz umgekommen war, gab sie sich selbst den Tod. Diese Felsen in der Nähe von Shanhaiguan, am östlichen Ende der Großen Mauer, sollen ihr als Grabstätte dienen.

Die Große Mauer, wie wir sie von den berühmten, wohlerhaltenen Teilstücken in der Nähe von Beijing (Peking) kennen, ist, gemessen an der chinesischen Geschichte, nicht sehr alt. Sie stammt erst aus den Tagen der Ming-Dynastie (1368–1644), einer Zeit, als weit verbreitete Einfälle aus dem Norden den Bau und die Instandhaltung eines riesigen Bollwerkes erforderlich machten, das sich über Tausende von Kilometern quer durch chinesisches Gebiet erstreckte. Aber dies war keineswegs die erste chinesische Mauer. Bereits im 5. Jahrhundert v. Chr. wurde eine Reihe von kleineren Mauern errichtet, mitunter mehrere von ihnen praktisch zur selben Zeit, und zwar in Gegenden, die von der jetzigen Großen Mauer weit entfernt sind. Noch gab es keinen einheitlichen und umfassenden Plan, wie später unter den Ming-Kaisern.

Die ersten Mauern waren ihrerseits nicht mehr als eine grob hergestellte Verbindung zwischen kleineren Bauwerken wie Schanzen und Wachttürmen, die zuvor vereinzelt im Gelände zerstreut gewesen waren. Bald aber kam es dazu, daß diese Mauern in gewißer Weise die Rolle einer Grenze übernahmen, wenn auch nur über verhältnismäßig kurze Entfernungen. Ihre vordringliche Aufgabe war der Schutz vor der ständigen Bedrohung durch Einfälle. In den nördlichen Gebieten Chinas sollten dagegen die Mauern – oder die Mauer – eine andere Funktion übernehmen, nämlich die einer Demarkationslinie zwischen zwei verschiedenen Kultur- oder Gesellschaftsformen. Auf der einen Seite wohnte eine seßhafte Bevölkerung, die Landwirtschaft betrieb, auf der anderen zogen Nomaden umher, die von der Tierzucht lebten. Während die Mauern im Landesinnern verschwanden, sobald China unter dem mächtigen Qin Shi huangdi (dem »Ersten Kaiser«, 221–210 v. Chr.) geeint worden war, wurden die Mauern an der äußeren Grenze so miteinander verbunden, daß sie schließlich die »Große Mauer von 10 000 *li*« bildeten.

Die ersten Jahrhunderte des chinesischen Reiches waren gekennzeichnet durch die vergeblichen, aber nichtsdestoweniger entschlossenen Anstrengungen, diese beiden Welten, die zivilisierte und die barbarische, voneinander zu trennen. Die Endgültigkeit einer solchen Grenze kann immer nur eine Fiktion sein, und so kam es auch, daß die Linienführung der Großen Mauer sich im Laufe der Jahrhunderte öfters veränderte. Das markanteste Beispiel bietet sich im Ordos-Gebiet, das durch die große Schlinge des Gelben Flusses umrissen wird; hier waren die chinesischen Eroberungen nicht immer von langer Dauer.

Die Vermischung der Bevölkerungen in den Grenzbereichen war ein wechselseitiger Vorgang, bei dem die Barbaren chinesischer und die Chinesen barbarischer wurden. Das ist der Grund, warum assimilierte Barbaren, die immer wieder neue Dynastien in China gründeten, das Vermächtnis der alten chinesischen Kaiser für sich selbst in Anspruch zu nehmen vermochten. An die Stelle dieses Einsickerns und Übergreifens seitens der

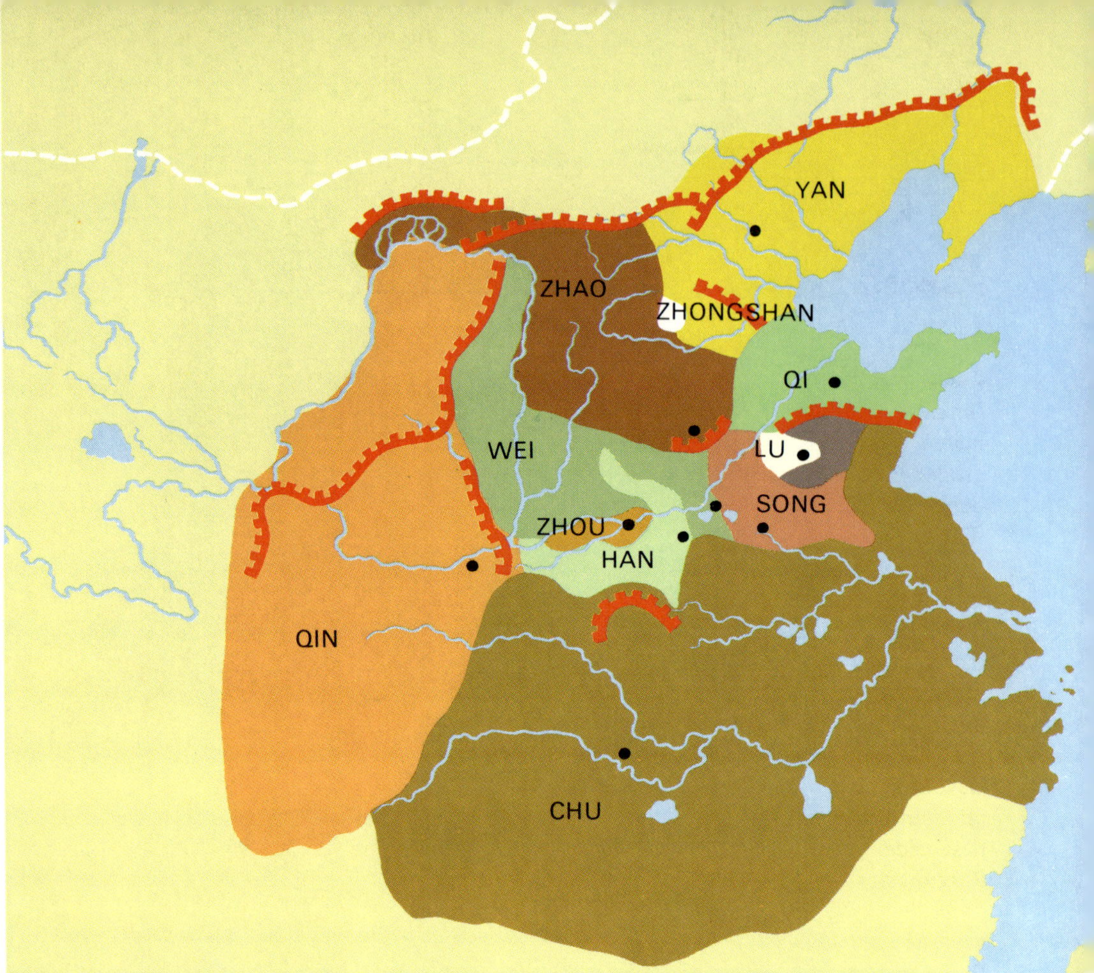

Die verschiedenen einzelnen Mauern, die vor dem 3. Jahrhundert v. Chr. gebaut wurden, entsprechen den Grenzen von Königreichen oder Fürstentümern, die in dieser Zeit in einem fast ununterbrochenen Kriegszustand lebten. Obwohl heutzutage die meisten dieser Mauern im Gelände nicht mehr auszumachen sind, wurden manche von ihnen (vor allem die im Königreich Qin) in späterer Zeit nochmals verwendet. Im übrigen hatten die damals gebauten Befestigungen in der Regel wenig Ähnlichkeit mit der uns heute so wohl bekannten Mauer der Ming-Zeit. Vor allem handelt es sich – und das gilt besonders für diejenigen im Norden – um sehr viel weniger eindrucksvolle Mauern als die der Ming. Die auf der nebenstehenden Karte angegebenen Staaten existierten nicht alle zur selben Zeit. Außerdem ist die Lage mancher hier eingetragener Hauptstädte nur näherungsweise bekannt.

Die Streitenden Reiche haben Bronzen hinterlassen, die oft mit Jagd- oder Kriegsszenen verziert sind. Die hier gezeigten Figuren von einem Bronzegefäß des 4. Jahrhunderts v. Chr. aus dem Museum in Beijing schildern den Angriff auf eine ummauerte Stadt. Trotz des etwas ungelenken, archaischen Stils, sind Körperhaltung und Waffen der Kämpfenden und die lebendig dargestellte Hitze des Gefechts durchaus zu erkennen.

Nomaden traten später wirkliche Eroberungskriege, in denen sich die Große Mauer als unwirksam erwies. Die Fortschritte in der Waffentechnik und die Entwicklung der Kriegskunst ermöglichten es den Nomaden immer wieder, im Norden Chinas Reiche zu errichten. Schließlich war es an den Mongolen, ganz China zu erobern, und erst, als sie auf ihr ursprüngliches Gebiet zurückgedrängt worden waren, wurde das riesige Unternehmen, die Große Mauer zu einem wirksamen Verteidigungsinstrument zu machen, in Angriff genommen.

Die Streitenden Reiche

Während der als Zeit der Streitenden Reiche bekannten Periode (etwa 500–221 v. Chr.) traten große Königreiche an die Stelle einer Vielzahl von Fürstentümern. Entlang des Gelben Flusses und in den großen zentralen Ebenen etablierte sich eine Art Konföderation von »Königreichen der Mitte« *(zhongguo)*, der eine Reihe von Fürstentümern weiter entfernt im Westen (im Tal des Wei) und im Süden (im Tal des Yangzi) gegenüberstand. Zu diesem Zeitpunkt hatte die Zhou-Dynastie (11.–6. Jahrhundert v. Chr.), die die Tradition der Shang (18.–11. Jahrhundert v. Chr.) fortgeführt hatte, ihre moralische und religiöse Autorität eingebüßt.

Der Bau der ersten Mauern im 5. Jahrhundert war Teil einer ganzen Vielzahl technischer, wirtschaftlicher, sozialer und ideologischer Neuerungen, die einen deutlichen Bruch mit der Vergangenheit bezeichneten. Als erstes ist die Erfindung des Eisengusses zu nennen. Die erste Erwähnung dieses Verfahrens, speziell des Gießens von Kesseln, datiert aus dem Jahre 512 v. Chr. Diese neue Technik ermöglichte die Produktion einer breiten Palette von Werkzeugen großen Stils

Unruhen im Innern, Bedrohung durch die Barbaren von draußen: Diese ganze Zeit war gekennzeichnet durch gewaltsame Auseinandersetzungen. Der Staat Zhao, mit der heutigen Stadt Taiyuan in der Provinz Shanxi im Mittelpunkt, litt am meisten unter den Einfällen der nomadischen Xiongnu. Der hier abgebildete General Yan Guang erwarb in vielen Kämpfen gegen diese Eindringlinge großen Ruhm.

für die Landwirtschaft wie auch für Erdarbeiten. Rodung, Drainage, Bewässerung großer Flächen jungfräulichen Landes, Bodenkultur und die Verwendung von Dünger führten alle miteinander zu einem beträchtlichen Anwachsen der landwirtschaftlichen Produktion. Eine unmittelbare Folge war die Erhebung einer Getreidesteuer zum festen Satz von zehn Prozent der Jahreserzeugung, vorherrschende Praxis vom 6. Jahrhundert an. In Verbindung mit dem landwirtschaftlichen Produktionszuwachs machte auch die Bevölkerungszahl, die während der »Frühjahrs-und-Herbst«-Ära (7.–6. Jahrhundert) bescheiden gewesen war, einen bedeutenden Sprung nach oben.

Auch Städte wuchsen allenthalben hervor, die eine lebenswichtige wirtschaftliche Rolle übernahmen, indem sie zu einer Konzentration der Produktionsmittel und zur Entstehung eines gewissen nationalen Bewußtseins führten. Dabei stellte sich allerdings als unerwünschte Nebenwirkung ein gewisses Maß sozialer Unrast ein. Als sich der kommerzielle Warenverkehr verstärkte, tauchten verschiedene Arten von Metallwährungen auf. Im politischen Bereich verschwanden die Lehen; die Länder wurden in Bezirke aufgeteilt, die von Beamten verwaltet wurden. Diese wurden mit Getreide bezahlt und konnten von der Zentralregierung jederzeit entlassen werden. Die Schaffung eines Systems von Strafen und Belohnungen, das sich aus der nötigen militärischen Ordnung entwickelte, trug zu einer Veränderung des Verhaltens bei. Die stark hierarchische Gesellschaftsstruktur der Zhou-Zeit geriet in Gefahr. Die führenden Persönlichkeiten des Königreichs lehnten Einrichtungen wie Gefolgschaftseide und dergleichen Riten ab, wie sie aus archaischer Zeit überliefert waren. Eroberungskriege begannen an die Stelle der früheren Fehden zu treten, wie sie sich aus den Zwistigkeiten der großen Familien ergeben hatten; an die Stelle persönlicher Heldentaten trat die Dezimierung der Streitkräfte des Gegners, an die Stelle der Ritterlichkeit Arglist und Hinterhältigkeit. So kam es zu der Errichtung der Königreiche auf Kosten der von den Zhous gegründeten kleinen Fürstentümer.

In vor-kaiserlicher Zeit wurde in ganz China eine Vielzahl kleiner Mauern errichtet, die das gegenseitige Mißtrauen der benachbarten Könige erkennen lassen. Diese Mauern befinden sich in dem seinerzeitigen Königreich Chu, der heutigen Provinz Henan, etwa 1000 Kilometer südlich der Großen Mauer.

Die Waffentechnik muß mit den Veränderungen des Kriegswesens ständig Schritt halten, wenn sie nicht ihre Wirkungskraft einbüßen will. So kam es in den chinesischen Heeren zur Einführung des Schwertes, der Armbrust und des Katapults sowie zur Schaffung einer neuen Waffengattung, der Infanterie. Diese wurde zuerst in den Königreichen Wu und Yue eingesetzt, weil die dortigen Sumpfgebiete für Streitwagen unpassierbar waren. In Jin waren es die Berge, die die Verwendung von Fußtruppen erforderlich machten. Der untergeordnete Haufe, dessen Aufgabe früher lediglich die Pflege und Wartung der Streitwagen gewesen war, avancierte nun zur Kampftruppe. In frühester Zeit, bevor die schweren Streitwagen durch die Kavallerie ersetzt worden waren, konnte der Vormarsch eines Eindringlings angeblich dadurch aufgehalten werden, daß quer zu seiner Marschrichtung Gräben gezogen wurden. König Wuling von Zhao (325–298 v. Chr.) war anscheinend der erste, der 307 eine Kavallerie nach dem Vorbild der *Hu*-Nomaden aufstellte und dabei auch deren Kleidung übernahm: Langen Leibrock und Hosen anstelle eines einzigen langen Gewandes. Die berittenen Bogenschützen waren eine Elitetruppe. Als die Königreiche größere Gebiete eroberten, begannen militärische Unternehmungen viel weiter in die Tiefe des Landes vorzu-

Der wegen seiner Grausamkeit berüchtigte Xiang Yu trug entscheidend dazu bei, der Herrschaft des Ersten Kaisers von China ein Ende zu bereiten (Ausgang des 3. Jahrhunderts v. Chr.).

Der König befahl Nan Zhong, sich aufzumachen und bei Fang eine Mauer zu bauen. Sie boten Streitwagen auf in großer Zahl, Standarten und Fahnen flatterten im Wind. »Der Sohn des Himmels hat mir befohlen, dort draußen in Shuofang eine Mauer zu errichten.«

Shijing, Das Buch der Oden

Ach, welch' ein Unglück für uns, die wir an der Grenze wohnen! Dreimal in einem Jahr dient er im Heer. Drei seiner Söhne sind nach Dunhuang gegangen, zwei nach Longxi, alle fünf sind gegangen, um fern von hier in den Kampf zu ziehen.

Zuo Yannian, 3. Jahrhundert v. Chr.

Das Königreich Wei am Mittellauf des Gelben Flusses errichtete eine Mauer in dem vergeblichen Bemühen, seinen westlichen Nachbarn, den Qin, Widerstand leisten zu können. Diese sechs Meter hohen und acht Meter dicken Überreste sind heute noch zu sehen.

Wiederhergestellte Mauerbastion mit Pavillon bei Handan (südliches Hebei), die angeblich unter Wu, dem Zhao-Herrscher erbaut wurde.

Folgt man diesen innerchinesischen Mauern, so stößt man immer wieder auf Türme, wie den hier unten.

dringen, so daß Garnisonen weit von den königlichen Hauptstädten entfernt unterhalten werden mußten. Theorien über Taktik und Strategie gab es in großer Zahl, wie die berühmte *Kriegskunst* des Sunzi noch heute bezeugt. Ein ganzes Arsenal von Angriffswaffen wurde entwickelt. Der Belagerungskrieg brachte ein besonderes Instrumentarium wie Leitern, Türme und gedeckte Laufgräben hervor, die ihrerseits zu einer Vielzahl neuer Formen in der Anlage von Befestigungswerken führten.

Früher bestand ein Stadtgebiet aus der eigentlichen, von einer Mauer umgebenen Stadt, die von Äckern umgeben war, welche ihrerseits durch Mauern geschützt waren. Als die äußeren Bastionen in dem Maße weiter vorgeschoben wurden, wie die Eroberungen selbst sich immer mehr ausdehnten, baute der König dann Befestigungsanlagen in dem Gebiet zwischen den Mauern. Und jedesmal, wenn die Gebiete zweier großer Königreiche in Berührung kamen, wurden Mauern von mitunter sehr großer Länge errichtet, um den einen vor dem anderen zu schützen. Aller Wahrscheinlichkeit nach waren diese Befestigungslinien nicht »aus einem Stück«, denn überall, wo es natürliche Hindernisse gab, den Feind aufzuhalten, waren besondere Anlagen unnötig.

Entlang der Flüsse wurden die Deiche verstärkt und befestigt. Diese wurden wie die Stadtmauern aus gestampfter Erde hergestellt, gelegentlich verwendete man auch Steine. Es entstanden da und dort durch kleine Forts.

Wir wissen nicht mit Sicherheit, ob die Mauern errichtet wurden, um die genaue Begrenzung eroberter Gebiete zu markieren

1

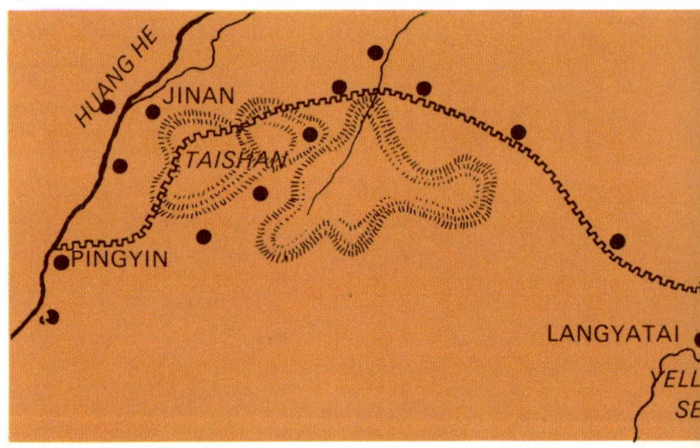

Dieses alte Terrassenbauwerk in Zhenbei in der Nähe von Yulin im Norden der Provinz Shaanxi ist eines der zahlreichen großangelegten paramilitärischen Bauten, die im näheren Umkreis der alten Mauern zu finden sind. Jenseits dieses Vorgebirges dehnte sich die weite, drohende Innere Mongolei.

Die Karten auf diesen beiden Seiten zeigen fünf der zur Zeit der Streitenden Reiche gebauten Mauern:

1. *Mauer von Qi, 5. Jahrhundert v. Chr., Provinz Shandong*

5

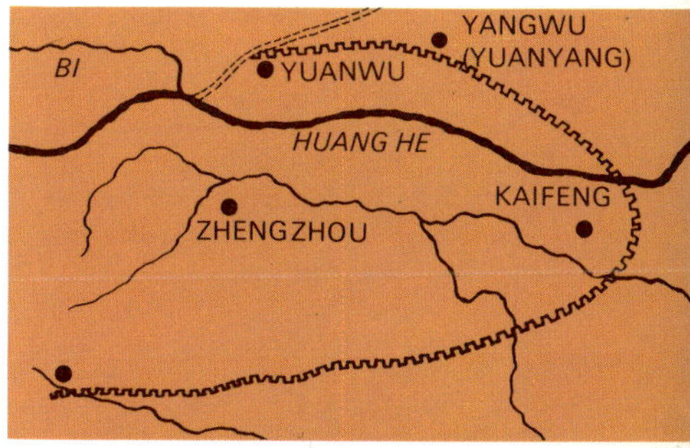

2. *Mauer von Chu, Mitte des 4. Jahrhunderts, Provinz Henan*
3. *Mauer des Qin-Königreichs, 4. bis 3. Jahrhundert v. Chr., Provinzen Shaanxi und Gansu*
4. *Mauer von Yan, 4. bis 3. Jahrhundert v. Chr., Provinz Hebei*
5. *Mauer von Wei, zweite Hälfte des 4. Jahrhunderts v. Chr. Provinz Henan.*

oder vielmehr als Schutz vor Übergriffen der Nachbarn. Tatsächlich muß man zwei Arten von Mauern unterscheiden, je nachdem, welche Art von Nachbarn sie auseinander zu halten bestimmt waren: Mauern zwischen chinesischen oder quasi-chinesischen Königreichen, oder die Mauern, die die Königreiche Nordchinas gegen die Steppennomaden abgrenzten. In der Zeit, als die ersten langen Befestigungslinien angelegt wurden, gab es sieben »Mächte«, die wechselnde Allianzen bildeten oder sich gegenseitig bekriegten: Han, Wei und Zhao in Shaanxi-Henan, die im Jahr 453 aus der Aufteilung des Jin-Königreichs hervorgegangen waren, Qi in Shandong, Yan in Hebei und Qin in Shaanxi, sowie das durch die Chinesen teilweise »zivilisierte« Chu an den Ufern des Yangzi. Das erste Königreich, das eine Verteidigungsmauer baute, war offenbar Qi, das einen Schutz gegen die Einfälle der Chu brauchte. Nach manchen Quellen geschah dies zu Beginn des 5. Jahrhunderts, während andere dieses Ereignis an das Ende des Jahrhunderts versetzten. Die nächste Mauer wurde vom Königreich Chu errichtet, das sich vor den Übergriffen von Qi wie auch von Qin schützen mußte. Diese Mauer ist möglicherweise schon im 4. Jahrhundert gebaut worden, vielleicht schon vor 328. Dann kam Wei an die Reihe, das sich gegen Qin, Qi und Chu verteidigen mußte, dann Yan gegen Qi, und Zhao gegen Wei. Selbst das winzige Fürstentum Zhongshan an der Grenze zwischen den Provinzen Hebei und Shanxi brachte es zuwege, seine eigene Mauer zu errichten.

Aber die Nachbarkönigreiche waren nicht die einzige Gefahr; die nördlichen Königreiche Zhao, Yan und Qin bauten auch Mauern, um die Nomaden draußen zu halten. Im *Buch der Oden (Shijing)* wird der Bau einer Mauer in den nördlichen Regionen bereits im 7. Jahrhundert erwähnt, wenngleich ihre genaue Lage und ihre Länge nicht bekannt sind. Der taktische Zweck bei der Errichtung dieser Mauern war die Abwehr der Überfälle durch die Nomaden der Steppe und der mandschurischen Ebenen, aber auf längere Sicht dienten sie dazu, eine Trennlinie zu ziehen zwischen dem, was chinesisch war und was nicht, zwischen Zivilisation und Barbarentum.

Wenn die Königreiche gewisse Kriegskünste von den Nomaden lernten, dann begannen diese »Außenseiter« ihrerseits, Befestigungsanlagen zu errichten. In seinem Buch der *Historischen Berichte (Shiji)* erzählt Sima Qian (135?–93? v. Chr.), wie nach

2

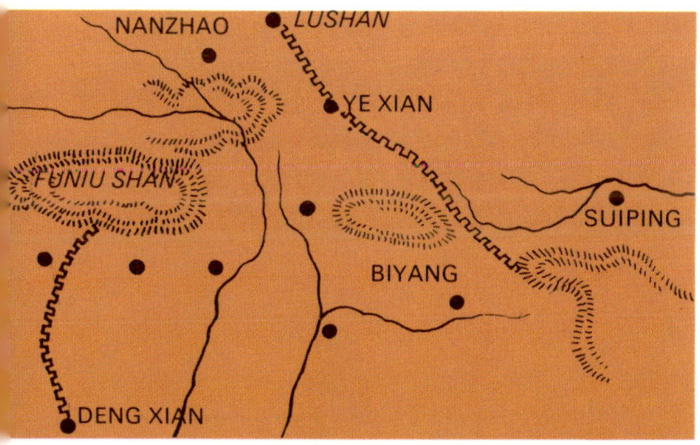

4

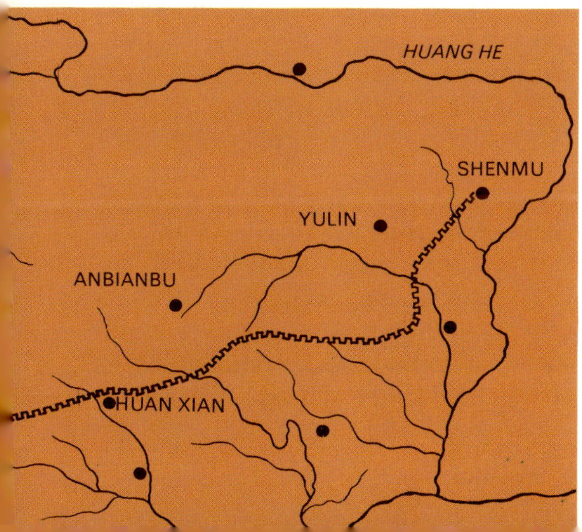

Qin Shi huangdi, Erster Kaiser von China, eroberte und annektierte in zehn Jahren sechs rivalisierende Königreiche und damit alles, was damals als China galt.
Seine kurze Regierungszeit setzte den Streitenden Reichen ein Ende. Der obige Holzschnitt zeigt ihn, wie er den Befehl zum Angriff auf die Nachbarstaaten erteilt.

Der erste Qin-Kaiser behauptete, dem Geschlecht Huangdis (des Gelben Kaisers) zu entstammen, einem legendären Herrscher aus Chinas fernster Vergangenheit. Von ihm und einigen anderen sagenhaften Herrschergestalten meinte man, sie hätten Ordnung in die Welt gebracht; man glaubte auch, er habe das Geheimnis ewigen – zumindest sehr langen – Lebens besessen. Qin Shi huangdi glaubte, die Eigenschaften dieses mutmaßlichen Ahnherrn auch für sich beanspruchen zu können.

der Teilung von Jin in drei Königreiche (453 v. Chr.) die Yiyu-Barbaren im Ordos-Gebiet eine doppelte Schutzmauer bauten. Trotzdem griff das kleine Königreich Qin schrittweise auf ihr Gebiet über, und schließlich riß König Hui 25 ihrer ummauerten Städte an sich. Sobald es Qin gelungen war, die Barbaren weit genug zurückzudrängen, ließ es selbst eine Mauer errichten, um sie in Schranken zu halten, wobei es möglicherweise von den Yiyu selbst angelegte Befestigungen mit einbezog. Und diese Verteidigungslinie zwischen den Chinesen und den Steppennomaden sollte zu der heutigen Großen Mauer werden.

Die Zeit der Streitenden Reiche ging 221 v. Chr. mit der Eroberung des letzten von ihnen, des Königreiches Qi durch Qin Shi huangdi, den Herrscher des Qin-Reiches zu Ende, der 247 v. Chr. den Thron bestiegen hatte. Mit dieser Eroberung war die Einigung Chinas in Gestalt des Ersten Kaiserreiches endlich zustande gekommen.

Ein bitteres Ende erwartete jeden, der die Autorität des Ersten Kaisers herauszufordern wagte. Einer der wenigen, von denen man weiß, daß sie diesem Gebot ungestraft zuwider gehandelt haben, war seine Mutter, Zhao Ji, die rechts in diesem Bild dargestellt ist. Sie rügte eines Tages öffentlich seinen despotischen Charakter. Als der älteste Sohn des Kaisers dasselbe zu tun versuchte, wurde er umgebracht.

Der König von Qin ist ein Mann mit einer vorspringenden Nase, großen Augen, der Brust eines Raubvogels; mit der Stimme eines Schakals; ein Mann von wenig Freundlichkeit; ein Tigerherz, oder das eines Wolfes ... Es fällt ihm leicht, Leuten gegenüber bescheiden aufzutreten: Sobald er bekommt, was er will, fällt es ihm genauso leicht, sie zu verschlingen.

Shiji (Historische Aufzeichnungen)

Der Erste Kaiser

Der Erste Kaiser, Qin Shi huangdi (Regierungszeit 221–210 v. Chr.) wird oft als der Erbauer der Großen Mauer angesehen, doch zerstörte er in Wirklichkeit ebenso viele Befestigungswerke, wie er errichtete. Aber dies ist keineswegs das einzige Paradoxon, auf das wir bei einer näheren Betrachtung Qin Shi huangdis stoßen. Er ist eine Persönlichkeit, die schon immer Diskussionen ausgelöst und noch in jüngerer Zeit anläßlich der »Kulturrevolution« der sechziger Jahre, die gegenüber Lin Bio und Konfuzius so kritisch eingestellt war, eine umstrittene Faszination ausgeübt hat. Diese Faszination rührt von seiner radikalen Verwandlung der chinesischen Welt her, zuerst innerhalb des Staates Qin und dann, nach der Einigung des ganzes Landes, auf nationaler Ebene.

Eine ganze Legende entwickelte sich aus dem bemerkenswert tatenreichen Leben Qin Shi huangdis, die bereits mit seiner Geburt beginnt. Der Sohn des Königs von Qin, Zichu, war als Geisel in das Könreich Zhao geschickt worden. In der Stadt Handan (Hebei), in der er lebte, machte er die Bekanntschaft eines reichen, unternehmungslustigen Kaufmanns namens Lü Buwei, der sich eine außerordentlich schöne Tänzerin als Konku-

Der unumschränkte Kaiser hat seine Herrschaft ausgedehnt;
Seine Tapferkeit schart alle Fürsten um ihn;
Er ist der erste, der allumfassenden Frieden geschaffen hat;
Er hat die inneren und alle anderen Mauern umgestürzt und zerstört . . .
Er hat alle Hindernisse eingeebnet und alle Schwierigkeiten beseitigt.

Shiji (Historische Aufzeichnungen)

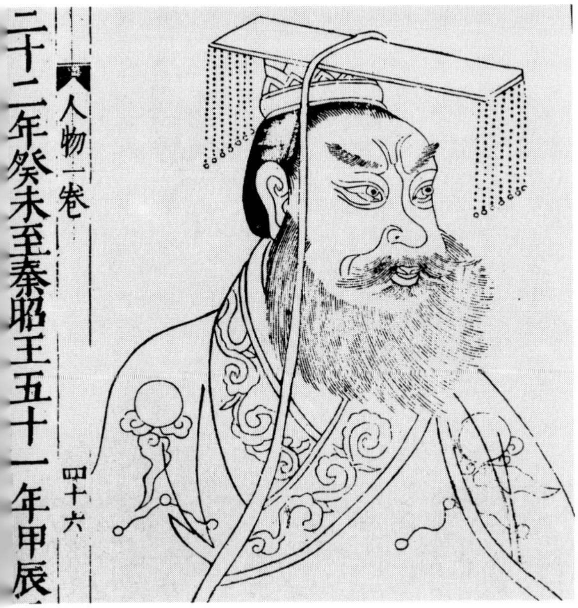

Bestechung, Meuchelmord und schließlich Waffengewalt verhalfen dem Ersten Kaiser Qin Shi huangdi zur absoluten Herrschaft über ganz China. Die drei Porträts, die ihn hier in seiner kaiserlichen Würde zeigen, lassen wenig von der eiskalten Entschlossenheit erkennen, die ihn bei seinem ehrgeizigen Vorgehen leitete – der Gründung eines straff zentralisierten Staates – die Vereinheitlichung des Münzwesens, der Maße und Gewichte, die Kodifizierung des Rechts, aber auch unnachsichtige polizeiliche Überwachung und Gleichschaltung der Sitten und Gebräuche. Für die Chinesen seiner Zeit war er weniger der ruhmreiche Kaiser als der Tyrann aus dem Staate Qin.

bine genommen hatte. Auch Zichu fand an ihr Gefallen und begehrte sie schließlich für sich. Lü Buwei war über dieses Ansinnen höchst betroffen, versprach sich aber von dieser Transaktion auch Vorteile und gab seine Konkubine her. Zichu heiratete sie, nicht ahnend, daß sie bereits schwanger war. Einige Zeit später folgte Zichu seinem Vater als König von Qin auf den Thron. Zheng, das Kind der Konkubine, trat seinerseits im Alter von 13 Jahren die Thronfolge an. Somit war der zukünftige König, wenngleich als Sohn des Königs von Qin anerkannt, in Wahrheit der natürliche Sohn des Kaufmanns Lü Buwei. Dieser wiederum wurde Ratgeber des Königs.

Alles dies spielte sich angeblich während der Eroberungskriege ab, die das Königreich Qin führte und in deren Verlauf ein Nachbarstaat nach dem anderen unterjocht wurde. Alle erdenklichen Taktiken, Bestechung und Mord wurden angewendet, um die führenden Persönlichkeiten dieses Königreiches entweder als Helfer zu gewinnen oder zu beseitigen. Mit dem Fall des letzten Gegners, des Königreiches Qi, im Jahre 221 v. Chr., war die Einigung Chinas vollständig.

Der erste Schritt, den der König von Qin unternahm, war, sich einen Titel zuzulegen. Im sagenhaften Altertum hatte es drei souveräne Herrscher *(huang)* und fünf Kaiser *(di)* gegeben; demgemäß bezeichnete Zheng sich selbst als den »souveränen Kaiser« *(huangdi)*, den ersten *(shi)* eines Geschlechts, das 10000 Generationen haben sollte, in Wirklichkeit aber zwei nicht überdauerte.

Dann wurde eine gewaltige politische, verwaltungstechnische und gesellschaftliche Reform in Gang gesetzt – zuerst in Qin erprobt und dann auf das ganze Reich ausgedehnt. Der Erste Kaiser war zweifellos nicht der Urheber aller dieser Neuerungen; vielmehr muß ein großer Teil seinem Obersten Ratgeber Li Si zugeschrieben werden. Sein autoritärer, ganz der Tradition des chinesischen Legalismus entsprechender Wirklichkeitssinn dürfte folgende zweifellos später erfundene Anekdote inspiriert haben: »Als er noch nicht mehr als ein junger Untergebe-

Vier Darstellungen bedeutender Persönlichkeiten am Hofe des Ersten Kaisers. Es ist zweifelhaft, ob Qin Shi huangdi mit der radikalen Umwandlung in Chinas politischem, wirtschaftlichem und sozialem Gefüge Erfolg gehabt hätte, wenn ihm nicht diese talentierten Männer zur Seite gestanden hätten. Von links nach rechts: Li Si, sein Ratgeber; Shang Yang, der bedeutende Rechtsreformen durchführte; Lü Buwei, Kanzler; General Meng Tian, ein Opfer seines Ehrgeizes – er wurde wegen angeblichen Versuchs der Machtergreifung hingerichtet. Es handelt sich nicht um zeitgenössische Porträts, die Gesichtszüge sind also reine Phantasie.

ner war, sah er in den Latrinen einiger Amtsgebäude, wie Ratten sich am Abfall vollfraßen. Jedesmal, wenn sich Menschen oder Hunde näherten, fuhren sie ängstlich zurück. Dann ging Li Si in das Lagerhaus, wo er sah, wie die Ratten sich an den Getreidevorräten gütlich taten. Da sie in den hintersten Ecken dieser Nebengebäude hausten, brauchten sie weder Hund noch Mensch zu fürchten. Als Li Si dies sah, rief er aus: ›Die Möglichkeiten eines Mannes sind genau wie die von Ratten. Alles hängt davon ab, wo er ist.‹« Da ihm Qin das einzige Königreich zu sein schien, daß seiner Talente würdig war, trat Li Si in die Dienste Lü Buweis. Li Si war es, der dem zukünftigen Kaiser den Rat gab, den anderen, bereits geschwächten Königreichen den entscheidenden Schlag zu versetzen. Er wurde bald in den Rang des Obersten Ratgebers erhoben und trat damit an die Stelle Lü Buweis.

Unter seiner Ägide gingen die Reformen schneller voran. Es erwies sich als notwendig, regionale Einflüsse und Abhängigkeiten jedweder Art auszumerzen, um alle Spuren des früheren Königreiches zu tilgen.

Statt dessen wurde das Reich in 36 (später 48) Verwaltungsregionen aufgeteilt, an deren Spitze je ein beamteter Leiter der Zivilverwaltung und ein Militärgouverneur standen. Im ganzen Reich wurden sämtliche Waffen beschlagnahmt, in die Hauptstadt Xianyang (unweit der heutigen Stadt Xi'an in Zentralchina) geschafft und eingeschmolzen, um Glocken und zwölf Bronzefiguren daraus zu gießen, die im kaiserlichen Palast aufgestellt wurden. Von den früheren Königreichen errichtete Stadtumwallungen und Verteidigungsmauern wurden systematisch zerstört. Die »Mächtigen und Reichen«, repräsentiert durch 120 000 Familien, wurden zwangsweise in die Hauptstadt umgesiedelt. Ein Netz neuer, geradlinig angelegter Straßen überzog das Reich, das schnelle militärische Bewegungen ermöglichte, aber auch dem Handel zugute kam. Die Länge der Wagenachsen (und damit die Spurweite) wurde vereinheitlicht, Hohlmaße und Längenmaße wurden genormt, die Vielzahl der Zahlungsmittel durch einen einzigen Münztyp ersetzt: Käsch, runde Münze mit einem viereckigen Loch in der Mitte, blieb bis zum Beginn unse-

Die Kartenskizze zeigt den vermutlichen Verlauf der Großen Mauer, unter Qin Shi huangdi. Der Kaiser wollte vermutlich sein Land auch im Norden schützen, indem er eine Mauer entlang dem Bogen des Ordos-Gebietes baute, doch gibt es keinen sicheren archäologischen Beweis, daß es ein solches Bauwerk je gegeben hat. (Nach Jonathan Fryer, The Great Wall of China, New English Library, *1975).*

res Jahrhunderts gültig. Perlen, Jade, Silber und Zinn wurden zu Schmuckwaren.

Die drakonische Strenge des Strafrechts, ganz vom Geist der Theorien Shang Yangs getragen, spiegelt sich in der Härte der Strafen: Prügeln, Brandmarken mit glühenden Eisen, Zwangsverschickung, Beschlagnahme des Eigentums, Zwangsarbeit, Hinrichtung mit öffentlicher Zurschaustellung des Leichnams auf dem Marktplatz, Köpfen, Vierteilen, lebendig Begraben, Gliederamputation, Abschneiden von Nase und Füßen, Sieden in einem Kessel kochenden Wassers und dergleichen mehr. Selbst für kleine Vergehen galt das Prinzip der Abschreckung. Reisen oder Wohnsitzveränderung war polizeilicher Überwachung unterworfen, Gasthöfe mußten ihre Gäste polizeilich anmelden. Nichtstuer, Landstreicher und andere Schmarotzer wurden zum Militär eingezogen und in den Grenzgebieten eingesetzt. Amtswahrer, die das Pech hatten, daß ihre Lauterkeit ins Zwielicht geraten war, wurden zwangsverschickt – von solchen Strafgefangenen ist die Große Mauer gebaut worden.

Nachdem die innere Befriedung sichergestellt war, wurden die Mauern im Innern, die der Zentralisierung im Wege standen, beseitigt. Die äußeren Grenzen waren jedoch keineswegs gefestigt. Im Süden gingen die Kämpfe gegen die Barbaren weiter, wobei überall am Wege bis in den nördlichen Teil des heutigen Vietnam ständig neue Verwaltungszonen eingerichtet wurden. Im Norden waren die Auseinandersetzungen mit den

Den Anhängern des Taoismus, der von Zhuangzi und Laozi (rechts) begründet worden war, erging es unter dem Ersten Kaiser nicht viel besser als den Konfuzianern. Die einzigen Taoisten, die ungeschoren blieben, waren diejenigen, die in den Zauberkünsten der Langlebigkeit – der fixen Idee des Despoten – bewandert waren.

»Konfuzius als fahrender Lehrer«, Abdruck von einem Holzschnitt des 19. Jahrhunderts.

Barbaren ebenfalls nicht beigelegt. Leider enthalten unsere Quellen nur wenig Einzelheiten über den Bau des riesigen Befestigungswerkes, das späteren Generationen als die Große Mauer bekannt ist. »Als Qin das Reich geeint hatte, wurde Meng Tian an der Spitze von 300 000 Mann ausgesandt, um die barbarischen Rong und Di im Norden zu unterwerfen. Er bemächtigte sich des Gebietes im Süden des Gelben Flusses und baute eine große Mauer, die dem Gelände folgte und natürliche Hindernisse und Pässe nützte. Von Lintao im Westen erstreckte sie sich ununterbrochen bis östlich des Flusses Liao – mehr als 10 000 *li*.«

Der Bau der Großen Mauer war vor allem das Werk des Generals Meng Tian. Er stammte aus einer Familie hoher Militärs und war 221 v. Chr. zum Oberkommandierenden der gegen das Königreich Qi aufgebotenen Truppen ernannt worden, mit denen er einen Sieg errang. Einige Jahre später schlug er die Barbaren im Nordwesten zurück, und in dieser Gegend brachte er den Rest seines Lebens zu. Er war mit der Aufsicht über den Bau der Mauer und der Zufahrts- und Verbindungswege betraut. Die im Norden gelegenen Mauern der Yan und Zhao wurden miteinander verbunden. Der alten Mauer der Qin wurde offenbar eine zweitrangige Rolle zugewiesen, da den *Historischen Aufzeichnungen* zufolge weiter nördlich eine Mauer entlang des Gelben Flusses gebaut wurde.

Wir wissen wenig vom Leben und Wirken Meng Tians, außer, daß ihm die Erfindung des Tuschpinsels zugeschrieben worden ist – fälschlicherweise, wie sich herausstellte. Beim Tode Qin Shi huangdis wurde Meng Tian als Opfer einer gegen ihn angezettelten Verschwörung zum Tode verurteilt. Er soll damals erklärt haben: »Ja, ich habe ein Verbrechen begangen, und dafür muß ich sterben. Von Lintao ziehen sich Befestigungswälle und Gräben über mehr als 10 000 *li* ununterbrochen bis zum Fluß Liao. Sicherlich muß ich auf dieser langen Strecke eine Ader der Erde durchgetrennt haben. Das ist mein Verbrechen!« Danach leerte er den Giftbecher. Zweifellos eine Legende, aber dennoch interessant, da es eine der ersten Anspielungen auf die Geomantie ist – den Glauben an die Göttlichkeit der Erde oder das Vorhandensein okkulter Einflüsse an bestimmten Orten. Die Beschäftigung mit derartigen Vorstellungen hat sich in China bis in unsere Zeit erhalten.

Abgesehen von den radikalen gesellschaftlichen Veränderungen und den riesigen Bauprojekten sind Qin Shi huangdi und vor allem Li Si noch heute wegen zweier kultureller Maßnahmen bekannt: Einer Schriftreform und der berühmten Bücherverbrennung von 213 v. Chr. Zu der letzteren Aktion soll es auf folgende Weise gekommen sein: Während einer Feier machte eines Tages ein Gelehrter dem Kaiser Vorwürfe, daß er sich nicht die Welt von einst zum Vorbild nehme. Li Si hörte dies und erwiderte ärgerlich: »Heutzutage, während so große Dinge vollbracht werden, zieht ihr Intellektuelle es vor,

Fehlgeschlagenes Attentat auf Qin Shi huangdi. Ein gewisser Jin Ke hatte unter dem Vorwand, den Kopf eines abtrünnigen Generals und eine Urkunde über eine Gebietsabtretung überreichen zu wollen, eine Audienz erhalten. Der Kaiser ist an der Jadescheibe als Zeichen seiner Würde zu erkennen.

Diese Malerei jüngeren Datums stellt die beiden großen Sünden des Ersten Kaisers dar, die in den Augen der Chinesen unverzeihlich waren: Die Bücherverbrennung (von der wissenschaftliche Bücher ausgenommen waren) und die Hinrichtung von Intellektuellen, Philosophen und anderen Unruhestiftern im Jahre 213 v. Chr. Obwohl nicht so viele Bücher verbrannt wurden, wie behauptet worden ist, war die Hinrichtung dieser Jünger klassischer Gelehrsamkeit eine Greueltat gegen den humanistischen Geist. Später wurden die Augen des Tyrannen auf diesem Bilde unkenntlich gemacht, als ob es die des Teufels selbst wären.

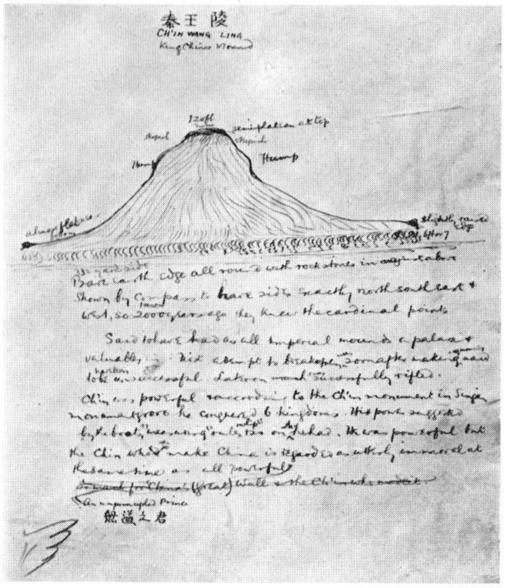

Der Forschungsreisende W. E. Geil (dessen Notizen mit Skizze nebenstehend gezeigt sind) war einer der ersten, der zuverlässige Einzelheiten über den Grabhügel des Kaisers Qin Shi huangdi beschafft hat. Er war überzeugt, daß Grabungen an dieser Stelle eines Tages viele archäologische Überraschungen ans Licht bringen würden.

Der Afang-Palast, nach einer mehrere Jahrhunderte alten Darstellung, war der Hauptaufenthaltsort Qin Shi huangdis – oder auch das Versteck, in dem er in seiner Angst vor Meuchelmördern so weit ging, sich als Diener zu verkleiden. Jeden, der ihn erkannte, ließ er umbringen.

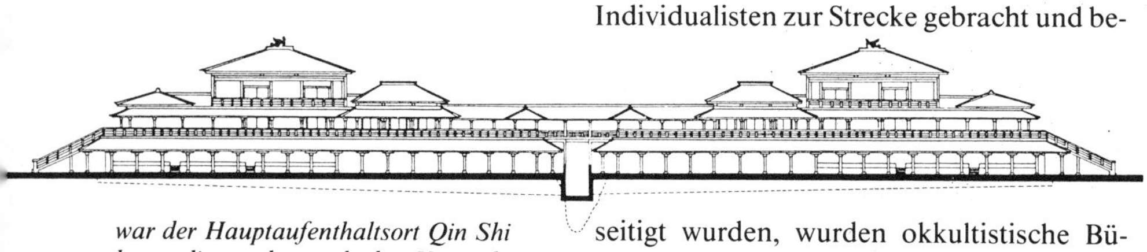

Die Rekonstruktion eines Palastes im Königreich Qin bei Xianyang (Provinz Shaanxi) dürfte wirklichkeitsgetreu sein, da sie auf sehr genauen archäologischen Daten beruht. Selbst, wenn es sich nicht um den kaiserlichen Palast handeln sollte, muß dieser doch sehr ähnlich ausgesehen haben.

die Alten zu studieren und die Gegenwart zu schmähen und euch wenig darum zu kümmern, wie ihr den Geist der Leute verderbt!« Nachdem er auf diese Weise einen Anfang gemacht hatte, schlug er als nächstes vor, daß alle öffentlich zugänglichen Geschichtswerke (mit Ausnahme der Annalen von Qin) zu verbrennen seien, und mit ihnen das *Buch der Oden*, das *Buch der Geschichte (Shu-jin)* und die *Resolutionen der Hundert Schulen* (Philosophische Werke). Dieser Bücher sollten nur den allergebildetsten Gelehrten zugänglich gemacht werden. Wer es unterließ, diesem Befehl binnen dreißig Tage nachzukommen, sollte zu Zwangsarbeit verurteilt, jede Diskussion über die geächteten Bücher mit dem Tode bestraft werden. Dies waren zwar drakonische Maßnahmen, aber auf lange Sicht waren ihre Konsequenzen nicht so katastrophal, wie oft behauptet worden ist. Dies löste bei den orthodoxen Konfuzianern heftigste Reaktionen aus.

Während Philosophen, Moralisten und Individualisten zur Strecke gebracht und beseitigt wurden, wurden okkultistische Bücher verschont. Wundertäter und Zauberer gab es in der Umgebung des Kaisers, der so sehr an Unsterblichkeit versprechenden Drogen interessiert war, im Überfluß. Die Suche nach solchen Mitteln hatte bereits im 4. Jahrhundert in dem früheren Königreich Yan begonnen. Die Fama ging um, daß unsterbliche Wesen auf übernatürlichen Bergen hausten, die sich inmitten des Bohai (Golf von Chihli) erhöben. Auf einer seiner vielen Reisen begab sich Qin Shi huangdi auch an die Küste des Meeres, um nach diesen Inseln Ausschau halten zu lassen. Dreitausend junge Männer und Frauen wurden ausgesandt, aber keiner kehrte zurück. Einer Legende zufolge landeten sie in Japan und gründeten dort Ansiedlungen. Weitere Versuche wurden unternommen, die Berge zu finden, aber vergeblich. Es wurde sogar behauptet, daß ein unbekanntes Wesen das Vorhaben durchkreuze, und daß man, um die bösen Geister zu bannen, sich unsichtbar machen müsse. Der Kaiser ließ dann auch die 270 Paläste von Xianyang und Umgebung durch gedeckte Gänge verbinden; auf diese Weise konnte er heimlich umherwandern, ohne daß seine Untertanen wußten, in welchem Palast er sich aufhielt. Dennoch schlugen diese Versuche fehl, und viele der Wundermänner ergriffen die Flucht.

In der Nähe des Grabhügels des Ersten Kaisers wurden Tausende lebensgroßer Tonfiguren von Soldaten, Reitern und Streitwagen gefunden, einer ganzen Armee, die den Kaiser auch im Jenseits unüberwindlich machen sollte. Besonders überrascht an diesen Schätzen ist die ungewöhnliche technische und ästhetische Qualität dieser Figuren.

Okkultismus und Despotismus trugen entscheidend dazu bei, die Unbeliebtheit Qin Shi huangdis zu verstärken, so daß er nicht nur mehrfach das Ziel von Angriffen, sondern auch dreier Mordanschläge wurde. Schließlich starb er auf einer Reise nach Hebei an einer Krankheit. Sein Tod ist vom Schleier des Geheimnisses umgeben. Auf Li Sis Betreiben wurde die Thronfolge so geregelt, daß der zweite Sohn des Kaisers die Nachfolge antrat, aber der Tod des Kaisers wurde aus Angst vor einer Revolution nicht sofort bekanntgegeben. Der Leichnam wurde auf einem Wagen nach der Hauptstadt geschafft. Nach kurzer Zeit begann jedoch der

Im Jahre 1974 wurden mehrere zum Mausoleum des Qin Shi huangdi gehörende Anlagen ausgegraben. Dabei kam eine ganze Armee aus nahezu 7000 Tonsoldaten zum Vorschein, die sein Grab bewachten. Sie befanden sich in drei unterirdischen

Verwesungsgeruch Aufmerksamkeit zu erregen – woraufhin man die anderen Fahrzeuge des Geleitzuges mit gesalzenem Fisch belud, um die eigentliche Ursache zu verbergen. Die Beisetzung fand schließlich mit allem Pomp in dem Mausoleum statt, das Qin Shi huangdi sich zu seinen Lebzeiten hatte errichten lassen. Siebenhunderttausend Männer, die angeblich kastriert worden waren, wurden für diese Arbeit zwangsweise rekrutiert. Armbrüste mit mechanischen Selbstauslösern gewährleisteten den Schutz des toten Kaisers. Auf der Decke der Grabkammer waren die Himmelskörper dargestellt; auch gab es eine Landkarte von China, auf der die Flüsse in Quecksilber nachgebildet waren, die zum Fließen gebracht werden konnten.

Mit dem Tode des Ersten Kaisers begann die Dynastie schnell zu verfallen. Die kurze Regierungszeit des zweiten Kaisers (210–206 v. Chr.) war erfüllt von sich immer weiter ausbreitenden Aufständen. Es war einer der Rebellenführer, Liu Bang, der die Han-Dynastie als Nachfolgerin begründete.

Qin Shi huangdi hat die Unsterblichkeit, um die er sich so leidenschaftlich bemüht hat, nicht zu erlangen vermocht. Dennoch hat er in gewissem Sinne mehr als 2000 Jahre

Grabensystemen, von denen das größte eine Fläche von 210 × 60 Metern einnimmt. Die Soldaten mit Pferden und Streitwagen sind in drei Abteilungen aufmarschiert: Vorhut, Hauptstreitmacht und Nachhut.

überlebt. Neuer Glanz fiel 1974 auf seinen Namen, als Bauern, die im Westen der Bezirkshauptstadt Lintong in der Provinz Shaanxi einen Brunnen bohren wollten, einen Teil der riesigen Beerdigungsstätte des Ersten Kaisers bloßlegten. Es war der spektakulärste archäologische Fund des Jahrhunderts: Bemalte Tonfiguren von Kriegern und Pferden in Lebensgröße und in einer Zahl, die in der ganzen Welt Erstaunen auslöste. Diese tönerne Armee, die hier vor über 2000 Jahren aufgestellt worden war und die als Leibgarde des Kaisers angesehen werden muß, ist auf 7000 Mann geschätzt worden. Dieser in so vieler Hinsicht großartige Kaiser und eine der faszinierendsten Gestalten der chinesischen Geschichte »dachte und handelte in ›übermenschlichen‹ Kategorien und Dimensionen, die völlig neue Maßstäbe setzten, sich nach Ewigkeiten maßen. Vor diesem Hintergrund muß man auch seine heute nach und nach zutage geförderte gewaltige Leibwache sehen, die ihn, allein vom Tod bezwungen, noch im Jenseits für jeden Gegner unüberwindlich machte«. So schreibt Professor Helmut Brinker im Katalog der Ausstellung *Kunstschätze aus China,* die den Namen Qin Shi huangdis bekannt machte.

Seit ihrer Auffindung 1974 wird die tönerne Armee Schritt für Schritt freigelegt. Die Hauptmacht besteht aus gepanzerten Bogenschützen und Fußsoldaten mit und ohne Panzer – der verschiedensten Rangstufen und in den verschiedensten Haltungen. Jeder der über 1,80 Meter großen Burschen hat einen eigenen, individuellen Gesichtsausdruck: Sie sind stumm und unbewaffnet, ruhig und drohend. Bis jetzt ist nur ein Teil von ihnen freigelegt. Ihre Gesichter und ihre Kleidungsstücke waren bemalt, und die bis ins kleinste gehenden Einzelheiten wie etwa die Uniformknöpfe und die Schuhe machen uns staunen über den Umfang der Arbeit, den diese Figuren Tausenden namenloser Künstler und Handwerker verursacht haben. Ein Rätsel ist noch immer ungelöst: Die Existenz dieser Figuren ist vor dem Hintergrund der Stilentwicklung chinesischer Plastik völlig unbegreiflich.

Von den Hunnen zu den Mongolen

Die Xiongnu waren lange Zeit eine Quelle der Beunruhigung für die Chinesen. Sie werden in herkömmlichen geschichtlichen Schilderungen als ein von den Chinesen sehr verschiedenes Volk beschrieben. Sie waren ein nomadisches Hirtenvolk mit seltsamen Sitten und Lebensgewohnheiten, das fast ausschließlich von Fleisch lebte, sich in Tierfelle kleidete und in Filzhütten wohnte. Sie waren brillante Reiter und hervorragende Bogenschützen. Wenn ein Mann starb, heiratete der Sohn alle Frauen seines Vaters mit Ausnahme seiner eigenen Mutter. Sie beteten Sonne und Mond an. Um einen Vertrag zu besiegeln, tranken sie Blut aus der Hirnschale eines feindlichen Häuptlings.

Oben: Diese Ruinen eines alten Lagerhauses in der Nähe von Dunhuang (Gansu) künden vom Ausmaß vergangenen wirtschaftlichen Wohlstands und lassen zugleich die Bedeutung der Märkte erkennen.
Gegenüber: Liu Bang, unter dem Namen Gaozu Begründer der Westlichen Han (206–198 v. Chr.). Obgleich weniger grausam als sein Gegenspieler Xiang Yu, war er besser befähigt, sich in durchaus despotischer Manier militärischer und administrativer Einrichtungen zu bedienen.

Unten rechts: Diese schwungvolle Bronzefigur eines Reiters aus Lei T'ai ist ein schönes Beispiel für die Kunst der späten Han-Zeit.

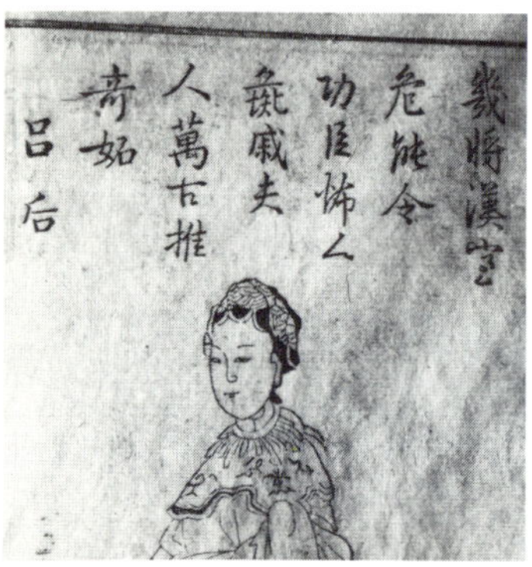

Oben: Die Kaiserin Lü, Gemahlin Liu Bangs, übernahm bei dessen Tod die Regentschaft. Sie beseitigte alle in Frage kommenden Thronanwärter einschließlich ihres eigenen Sohnes.

Die Han-Kaiser (206 v. Chr.–220 n. Chr.) verfolgten eine dynamische Ausdehnungspolitik, indem sie ihre Einflußsphäre südwärts bis nach Südostasien und den Indischen Ozean, ostwärts bis nach Korea, nördlich bis in die Mandschurei und die Mongolei, vor allem aber westwärts nach Innerasien vorschoben, wo sie eine neue Abzweigung der Mauer errichteten, die ihre Nachfolger jedoch nicht zu halten vermochten.

Das Staatswesen, das die Han übernahmen, stand auf recht unsicheren Füßen. Mit dem Abtreten der Qin-Dynastie kam es auch zu einer Vernachlässigung der ursprünglich kraftvoll ins Werk gesetzten Verteidigungsmaßnahmen an der Großen Mauer. Liu Bang mit dem Herrschernamen Gaozu (206–198 v. Chr.) erlitt um 200 v. Chr. eine Niederlage durch die Xiongnu (Hunnen); er mußte seine Streitkräfte weit hinter die Mauer zurücknehmen und sich mit einer »Politik des Friedens und der Freundschaft« bescheiden.

Mit Kaiser Wu (140–87 v. Chr.) sollte dies alles anders werden. Zunächst unternahm er Schritte, die Xiongnu in die Schranken zu weisen, indem er neue Bündnisse einging. Im Jahre 139 sandte er eine hundertköpfige Abordnung unter Zhang Qian nach Innerasien, um die Yuezhi, die nach einer Niederlage durch die Xiongnu 165 weit nach Westen zurückgewichen waren, für sich zu gewinnen. Kaum hatte jedoch Zhang Qian mit seiner Gesandtschaft chinesischen Boden verlassen, als er von den Xiongnu gefangengenommen wurde. Er harrte zehn Jahre bei ihnen aus, heiratete und hatte Kinder. Schließlich gelang es ihm, zu entkommen, woraufhin er seine Mission wieder aufnahm.

Nunmehr wurde, sobald ein Stück Gelände erobert war, ein Abschnittkommando errichtet und Kolonisten angesiedelt. In Lingju, wo die Große Mauer bisher geendet hatte, wurde sofort eine Verlängerung errichtet, die westwärts bis zum Yumen-Paß reichte. Um diese Zeit waren die Xiongnu bereits nach Norden hinter die große Schleife des Gelben Flusses zurückgedrängt und eine Mauer, vermutlich unmittelbar am Fluß entlang, wieder hergestellt worden. Weitere Befestigungsanlagen wurden in der Mongolei und der Mandschurei errichtet.

Die kleinen Oasenstaaten wurden entweder als Verbündete gewonnen oder unterworfen, aber diese Gebietserweiterungen führten auch zu Rückschlägen. Der Kaiser sandte wiederholt Abordnungen in das Königreich Tayuan, auf der Suche nach den berühmten »himmlischen Pferden«, von denen es hieß, daß sie Blut schwitzten. Aber die Beziehungen zu Tayuan verschlechterte sich, und im Jahre 104 wurde der in Erwartung eines Sieges schon im voraus ausgezeichnete General Li Guangli ausgesandt, sie zum Gehorsam zu bringen. Als sein Unternehmen fehlschlug, lehnte der Kaiser es ab, ihn bei der Rückkehr durch das Jadetor (Yumen, benannt nach der aus Khotan durch dieses Tor eingeführten Jade) einziehen zu lassen. Li Guangli ließ sich außerhalb der Großen Mauer in Dunhuang nieder und brach im Jahr 102 mit Verstärkungen erneut nach Tayuan auf. Dieses Mal hatte er Erfolg, und der Weg nach Westen war geöffnet. Um Geleitzüge und Delegationen zu schützen, wurde die Große Mauer über das Jadetor hinaus verlängert, wenngleich nicht in einem zusammenhängenden Stück. Außerdem wurden auf dem Wege von Dunhuang bis Lobnor Festungen angelegt, wie Archäologen des 20. Jahrhunderts – so Sir Aurel Stein – nachgewiesen haben. Die Mauer war in diesem Gebiet offenbar nur *eine* Komponente in einem umfassenden System, das man etwa mit dem römischen *Limes* vergleichen könnte, der als Verteidigungslinie über Hunderte von Kilometern die römisch-germanische Grenze entlanglief. Natürlich war die Mauer – oder in der lateinischen Terminologie Aurel Steins: der *agger* – das Rückgrat dieser Befestigungslinie. Sie war nur überall dort unterbrochen, wo natürliche Hindernisse sich wirklich als unüberwindliche Barrieren in den Weg stellten.

In den Grenzgebieten wurden Siedlungen für militärische Hilfsdienste angelegt, die für die Urbarmachung und Kultivierung der neu gewonnenen Gebiete und für die Lieferung von Verpflegung für die Truppen sowie für durchreisende Gesandtschaften verantwortlich waren. Solche Hilfskräfte wurden oft massenweise in die westlichen Grenzgebiete umgesiedelt; so wurden beispielsweise 180 000 solcher Wehrbauern in die Militärzonen von Jiuquan und Zhangye (Gansu) deportiert, wo sie Weizen, Hirse und Hanf anbauten. So hatte die Große Mauer für die Han-Dynastie mindestens ebenso viel mit

Die wichtigsten Dynastien 3. Jh. v. Chr. bis 14. Jh. n. Chr.

Die Han-Dynastie (206 v. Chr.–220 n. Chr.)

Nachdem sie das zentralistische Regierungssystem Qin Shi huangdis übernommen hatten, regierten die Han-Kaiser 400 Jahre lang weiter, wobei sie das Reich ständig ausdehnten und die tragenden Institutionen ausbauten.

Von den Drei Reichen bis zur Dynastie der Sui (220–618).
Mit der Teilung des Han-Reiches begann das chinesische »Mittelalter«. Sehr bald bildete sich ein Gegensatz zwischen den oft kurzlebigen Dynastien des Nordens (an China assimilierte Barbaren) und dem Süden heraus. Zu einer politischen Wiedervereinigung kam es erst im 6. Jahrhundert, als die Suis einschneidende wirtschaftliche und administrative Reformen durchführten.

Die Tang-Dynastie (618–907)
Die Tang machten sich die von den Sui unternommenen, umfassenden Einigungs- und Reformanstrengungen zunutze und verstärkten sowohl die Zentralgewalt wie das Heer; gleichzeitig förderten sie den Handel und die Expansion des Reiches. Dennoch wurde der dreihundertjährige Friede durch die in der Mitte des 8. Jahrhunderts von General An Lushan angeführte Rebellion schwer erschüttert. Nach dieser Krise hat das chinesische Reich nie wieder seinen früheren Glanz zurückgewonnen. Vor allem das 10. Jahrhundert war gekennzeichnet von Machtkämpfen und territorialer Zerrissenheit.

Die nördlichen Song (960–1127)
Die Song übernahmen das wirtschaftliche und politische System der Tang und bauten es weiter aus, wodurch sie die chinesische Zivilisation auf einen hohen Stand brachten. Als aber die Bedrohung durch die Barbaren des Nordens (Khitan, Jürchen) immer ernstere Formen annahm, zogen sich die Song nach Süden zurück, um von diesen mongolischen Völkern nicht völlig ausgelöscht zu werden. Im Norden begründeten die Jürchen die Jin-Dynastie (1115–1254).

Die Yuan-Dynastie (1277–1367)
Die Mongolen waren die ersten Barbaren, die über ganz China herrschten. Dennoch waren sie nicht in der Lage, mit den wirtschaftlichen Mißständen und den dadurch ausgelösten Aufständen fertig zu werden, und wurden 1367 aus dem Lande getrieben.

Gegenüber: Plastisch modellierte, farbige Heiligenfiguren – Buddhas, Wächter, Jünger – in dem Gewölbe der Heiligenschreine in Grotte Nr. 45 in Mogao. Diese Figurengruppen veranschaulichen den Höhepunkt buddhistischer Kunst chinesischer Prägung, die zu dieser Zeit auch nach Japan gelangte.

Diese unter einem Baldachin sitzende Gestalt trägt nichtchinesische Gesichtszüge, aber ihre Kleidung und das übrige Dekor zeigen, daß die buddhistische Malerei in der Tang-Zeit in erheblichem Umfang durch chinesische Einflüsse geformt war. Diese Malerei stammt von Grotte Nr. 103 in Mogao bei Dunhuang (Gansu).

dynamischer wirtschaftlicher Expansion wie mit passiver militärischer Verteidigung zu tun. Alle diese Aktivitäten entlang der Mauer entfalteten sich während der zwei Jahrhunderte von etwa 100 v. Chr. bis 100 n. Chr., ohne daß durch die turbulente Regierungszeit des Usurpators Wang Mang (9–23 n. Chr.) und die Restauration der Han-Dynastie eine Unterbrechung eingetreten wäre.

Inzwischen nahm der Handel mit den Barbaren, vor allem mit den Xiongnu, auf beiden Seiten der Großen Mauer zu. Die Han-Herrscher fanden es wie viele ihrer Vorgänger nützlich, den Barbaren Geschenke darbringen zu lassen, wobei sie nur das eine Ziel im Auge hatten, Zwietracht zu säen. Waren einmal die unmittelbar benachbarten Stämme befriedet, so wurde zwischen diese und die weiter entfernt lebenden Barbaren ein Keil getrieben. Mittels dieser Strategie wurde Schritt für Schritt eine Randgruppe gebildet, die unter dem Namen der »abhängigen Reiche« bekannt war, eine Pufferzone seßhaft gewordener Nomaden, denen man gestattete, ihre eigenen Sitten und Gewohnheiten beizubehalten. Ihre zunehmende Integration in das chinesische Reich machte es schließlich möglich, »Barbaren mit Barbaren zu bekämpfen«. Es kam mitunter so weit,

Gesamtansicht der Südflanke des großen buddhistischen Heiligtums von Mogao. In diesen Steilwänden wurden Hunderte von Grotten angelegt, die größtenteils vom 7. Jahrhundert an mit herrlichen Wandmalereien geschmückt wurden. Zeitlich fielen Anlage und Ausschmückung der Grotten mit dem wirtschaftlichen Wohlstand dieser Gegend zusammen: Die im Handel mit Innerasien reich gewordenen Kaufleute erwiesen sich oft als großzügige Spender.

Ansicht der Decke in dem Gewölbe des Heiligenschreins der Grotte Nr. 361 in Mogao. Trotz der sich immer wiederholenden Darstellungen der Buddhas und anderer stilisierter und geometrischer Sujets entsteht ein höchst dekoratives Ganzes.

Der alte Torweg der Stadt Dunhuang, eine wichtige Station an der Seidenstraße und berühmt für die nahegelegenen, großartigen buddhistischen Grottenheiligtümer.

Diese Miniatur aus einer buddhistischen Handschrift von Dunhuang zeigt Buddha in der Mitte, umgeben von Verehrern, die Weihgeschenke darbringen. Es ist dies ein in buddhistischen Kultstätten in China häufig dargestelltes Thema.

Phantastische Gestalt, auf Seide gemalt, von Dunhuang. Kunstwerke aus den verschiedensten Materialien sind hier gefunden worden.

daß Grenzmauern weiter vorgeschoben wurden, um die weiter draußen wohnenden Barbaren von den diesseitigen zu trennen. Trotz dieser Barrieren gingen jedoch die Kontakte auf zweierlei Weise weiter: Zuerst durch Tribute, die von einem Staat an den anderen gezahlt wurden, und zweitens durch staatliche oder private Handelsbeziehungen. Tatsächlich stellten die dem obersten Anführer der Xiongnu, dem *shanyu*, überbrachten Geschenke eine Art auswärtiger Wirtschaftshilfe dar. Wenn die angeforderten Geschenke abgeliefert waren, pflegten alle Übergriffe aufzuhören. Umgekehrt schickte der *shanyu* Abgesandte als Geiseln an den chinesischen Hof, die zugleich Tribute überbrachten, gewöhnlich nur in symbolischer Form, mitunter aber auch in Form einer großen Menge Viehs. Der *shanyu* Huhanye sandte 53 v. Chr. seinen eigenen Sohn als Geisel und lieferte sich 51 v. Chr. sogar selbst an den Hof aus, um dem Kaiser zu huldigen. Die später in der Literatur gefeierte Prinzessin Wang Zhaojun wurde Huhanye zur Frau gegeben. Dieses vielfältige Hinüber und Herüber trug wesentlich dazu bei, die in der Nähe der Großen Mauer lebenden Völker dem chinesischen Einfluß- und Machtbereich einzugliedern. Allerdings verwandelte es auch die Nomaden in unbezahlte Hilfskräfte. Harte Ausbeutungsmethoden seitens chinesischer Verwalter führten denn auch bald zu Revolten. Die allgemeinen Auflösungserscheinungen der kaiserlichen Autorität unter den späten Han um das Ende des ersten Jahrhunderts n. Chr. wurde durch diese Volkserhebungen beschleunigt. Unter den Truppen, die zur Niederschlagung dieser Aufstände ausgesandt wurden, befanden sich auch Barbaren, so auch Cao Cao, der bei dem endgültigen Auseinanderbrechen des Reiches 220 n. Chr. eines der »Drei Reiche« gründete.

Kurz nach Gründung der Westlichen Jin-Dynastie (265), die China für kurze Zeit wieder vereinigte, brach ein regelrechter Krieg aus. Die Barbaren, die in großer Zahl in den Heeren der verfeindeten kaiserlichen Familien gedient hatten, rebellierten und gründeten unabhängige Reiche. Während des 4. Jahrhunderts war das nördliche China in nicht weniger als 16 solcher Reiche zerfallen, die von kulturell sehr unterschiedlich assimilierten Nomadenvölkern, den »Fünf Barbarenstämmen«, beherrscht wurden. In dem Bestreben, ihren Staaten ein typisch chinesisches Gepräge zu geben, gingen sie so weit, die Namen alter chinesischer Dynastien anzunehmen. So legte sich der Herrscher der Xiongnu in Shanxi, Liu Yuan, den Namen der Han-Kaiser zu und verspürte dementsprechend auch keine Hemmungen, eine neue Han-Dynastie ins Leben zu rufen (304–329).

Ein wirklich verblüffendes Beispiel für die Anpassungsfähigkeit der Barbaren bietet die Nördliche Wei-Dynastie (386–534), die von den Tabgatche (Tuoba) gegründet wurde, die ihrerseits von den in Nord-Shaanxi seßhaft gewordenen mandschurischen Xianbei abstammten. Diese Nördlichen Wei waren bald mit dem trockenen und bereits übervölkerten Gebiet, in dem sie sich niedergelassen hatten, unzufrieden und dehnten ihr Staatsgebiet in fruchtbarere Regionen aus, bis sie Schritt um Schritt ganz Nordchina wieder

Die seit dem 7. Jahrhundert zunehmende Bedeutung Dunhuangs als Handelszentrum förderte auch kulturelle Kontakte; dies kommt in der stilistischen Vielfalt der hier gefundenen Kunstwerke deutlich zum Ausdruck. Oben: Wandmalerei in einem der Grottenheiligtümer. Links: Die Tonstatuen Buddhas sind wohlerhalten, obwohl sie 1200 Jahre lang den Elementen ausgesetzt waren; noch heute können sie in ihren in das Felsgestein gehauenen Nischen bewundert werden.

»Chinesischer Kavallerist im Kampf auf Leben und Tod mit einem barbarischen Reitersmann«: Zur Zeit der Han-Dynastie pflegten bei einem solchen Kampf die Chinesen im Vorteil zu sein, da während des 2. und 1. Jahrhunderts v. Chr. die chinesischen Heere zum ersten Mal in Innerasien ihre Überlegenheit geltend zu machen wußten.

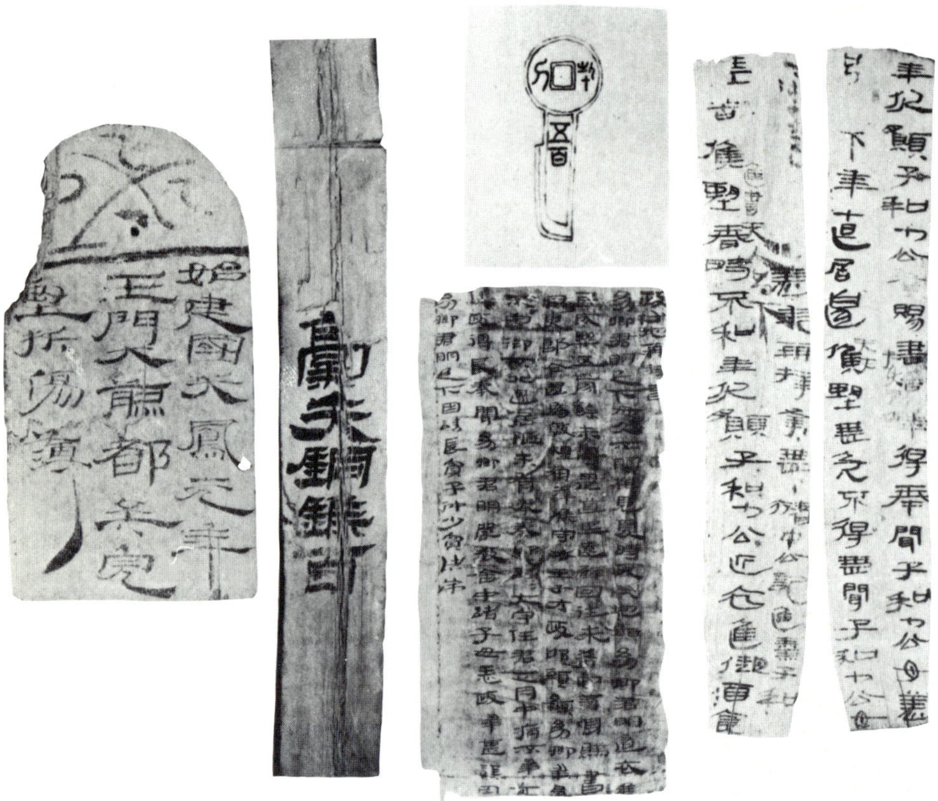

Diese Reste von Papierblättern und Bambusstreifen aus der Han-Zeit wurden zu Anfang des 20. Jahrhunderts in der Nähe der Großen Mauer gefunden. Es handelt sich um militärische Befehle, Abrechnungen, Rangabzeichen oder Geld – wie bei dem Beispiel oben in der Mitte: Dieses einem Messer ähnelnde Gebilde ist eine Münze aus dem 1. Jahrhundert, mit einem Loch und einer der Klinge entsprechenden Verlängerung.

vereint hatten. Unter Hinzuziehung chinesischer Berater führten sie ein hartes, von chinesischen Beamten ausgeübtes Regiment. Alles, was von den Xianbei stammte, einschließlich der Sprache, der Familiennamen und der Kleidung, wurde verboten – mit allen zu erwartenden negativen Auswirkungen auf die allgemeine Stimmung. Die damalige Blütezeit des Buddhismus löste eine ausgedehnte und aufwendige Bautätigkeit aus. Neben Klöstern, Statuen und Glockentürmen ist das eindrucksvollste Denkmal dieser Zeit in den berühmten Felsengrotten von Yungang in der Nähe von Pingcheng (dem heutigen Datong) zu sehen, der ursprünglichen Hauptstadt von Wei.

Die größtenteils an die chinesisch Welt assimilierten Tuoba sahen sich bald ihrerseits von den noch Nomaden gebliebenen Völkern bedroht. Wiederum kam es zum Bau von Mauern. Von Beginn des 5. Jahrhunderts an fingen die Wei an, die alte Mauer der Han vom westlichen Shaanxi bis nach Hebei wiederherzustellen und zu verstärken. Etwa 446 machten sie sich dann an den Bau einer über 500 Kilometer langen Verteidigungslinie, um ihre Hauptstadt Pingcheng zu schützen.

Dann, nach Revolten in dem großenteils aus Barbaren gebildeten Heer und nach Aufständen bei nur wenig assimilierten Stämmen, brach das Reich in zwei Hälften auseinander, die ihrerseits zwei neue Dynastien ins Leben riefen: Die Nördlichen Qi (550–577) im Osten und die Nördlichen Zhou im Westen. Die ersteren begannen 552 im Westen ihres Landes eine mehr als 400 Kilometer lange Mauer zu bauen, die als Schutz gegen ihre ständigen Feinde, die Zhous, gedacht war. Mit denselben Problemen konfrontiert, denen sich die Wei mit ihren nördlichen Nachbarn gegenübergesehen hatten, entschlossen sie sich zum Bau einer Mauer über die ganzen 1500 Kilometer Länge der Grenze, d.h. von dem Wall im Westen, der großenteils dem Gelben Fluß folgte, bis nach Shanhaiguan am Golf von Bohai. Obendrein verdoppelten sie das ganze Verteidigungssystem, indem sie weiter im Süden eine zweite, etwa 200 Kilometer lange Mauer errichteten. Die Ming folgten später beim Bau ihrer Großen Mauer derselben Trasse. Als die Zhou schließlich die Qi unterwarfen und Nordchina wieder einigten, übernahmen sie auch den Weiterbau bzw. die Wiederinstandsetzung dieser Mauer.

Nun tauchte an der Nordgrenze prompt ein neues Volk auf, und mit ihm eine neue Serie von Invasionen auf chinesisches Gebiet. Es waren die Türken (Tujue), eine lose Vereinigung von Stämmen, die sich bald in zwei Gruppen, die östlichen und die westlichen Türken aufspaltete. Sowohl die Qi und die Zhou wie auch ihre Vorgänger hatten bei ihrem ständigen gegenseitigen Vormachtstreben wiederholt versucht, mit den Türken Bündnisse zu schließen. Späteren Dynastien erschienen sie eher als eine Bedrohung. Als 589 mittels eines Staatsstreiches die Sui-Dynastie gegründet wurde, nahm der Kaiser un-

Bedeutende Persönlichkeiten der Han-Zeit (von links nach rechts): Cai Yong (133–192), ein außergewöhnlicher und geistig bedeutender Herrscher der Östlichen Han. Zhou Yafu, ein hervorragender Politiker im Dienste der Kaiser Wendi und Jingdi (von 179 bis 139 v. Chr.). Wei Qing, General der Östlichen Han.

Neben Tributzahlungen und Geschenken war das sicherste Mittel, die Beziehungen zu den Barbaren zu festigen und auf diese Weise den Frieden zu wahren, ihnen eine chinesische »Prinzessin« zur Frau zu geben. Auf diesem Bild sieht man die schöne Wang Zhaojun zu ihrer Heirat mit einem Häuptling der Xiongnu aufbrechen.

verzüglich die Wiederinstandsetzungsarbeiten an der Großen Mauer auf, konnte aber nicht verhindern, daß die östlichen Türken von 582 an durchbrachen. Aber die Sui gaben nicht auf; im Jahre 585 wurde mit einem Heer von 30 000 Arbeitern eine über 350 Kilometer lange Mauer durch das Ordos-Gebiet gebaut. Im Jahre 607 befahl ein anderer Sui-Kaiser, Yangdi, den Bau einer weiteren Mauer nahe der Nordostecke der großen Huanghe-Schleife. Die Verwirklichung dieses Projektes dauerte nur eine Woche, erforderte aber den Einsatz von einer Million Menschen, von denen die Hälfte umkam. Immerhin aber vermochte sie eine ganze Zeitlang die Einfälle abzuwehren. Diplomatische Initiativen schlossen sich an: Eine chinesische Prinzessin wurde an einen Türken-Khan verheiratet, und es wurden, was sicher wirkungsvoller war, alle Anstrengungen unternommen, zwischen den türkischen Stämmen Zwiespalt zu säen. Aber dennoch ließ der Druck der Türken entlang der Grenze erst 630 wirklich nach, als die Chinesen unter der Tang-Dynastie (618–907) das Ordos-Gebiet in ihre Gewalt bekamen und den östlichen Türken einen militärischen Schlag versetzten, von dem sie sich erst nach langer Zeit erholten.

Die Niederlage der östlichen Türken bezeichnet den Beginn der Expansion in Ost und West unter den Tang. Der König der Koguryo in Korea, der in großer Furcht vor einer chinesischen Invasion lebte, ließ eine Verteidigungsmauer von mehr als 500 Kilometern Länge errichten, die vom Norden der heutigen Provinz Jilin bis zum Meer reichte. Aber sie konnte die Chinesen nicht aufhalten, die nicht nur in das Gebiet der Koguryo einfielen, sondern noch weiter nach Süden in das Königreich Silla vorstießen. Zur gleichen Zeit ging die Expansion nach Innerasien während des ganzen Jahrhunderts ohne zu erlahmen weiter bis jenseits des Pamir (also in die heutige UdSSR).

Mit Beginn des 8. Jahrhunderts fing diese Ausdehnung jedoch an, auf Widerstand zu stoßen, und zwar seitens der Araber, der Türken (nunmehr Uighuren genannt) und der Tibeter. Nach einer 755–756 von dem General An Lushan angeführten Rebellion zerfiel das Reich in mehrere Regionen. Im Norden lösten sich fünf Dynastien in schneller Folge ab, während der Süden von zehn verschiedenen Königreichen regiert wurde. Dabei sahen sich die nördlichen Dynastien neuen Bedrohungen durch Nomaden gegenüber, die

Übergangsherrscher. Diese drei Kaiser (links und unten) haben außer ihren Gewändern nichts gemein. Wendi, ganz außen links, war der erste Kaiser von Wei, eines der drei Reiche des 3. Jahrhunderts nach der ersten Han-Dynastie. Der Kaiser in der Mitte gründete am Ende des 3. Jahrhunderts die ebenfalls kurzlebige Westliche Jin-Dynastie. Der dritte, Kaiser Wudi (unten), lebte 300 Jahre später und war barbarischer Herkunft.

Li Shih-min (unten) war zwar nicht der erste offizielle Kaiser der großen Tang-Dynastie, aber doch ihr eigentlicher Gründer. Als Kaiser Taizong (626–649) führte er eine wichtige Umorganisation des Heeres, insbesonders der berittenen Truppen durch; zugleich förderte er die Wirtschaft und den Außenhandel.

verhältnismäßig weit assimiliert und seßhaft waren. Die ersten waren die Khitans, Abkömmlinge der Kiabei, die im Nordosten einen Staat (Liaoning) gründeten und zu Beginn des 10. Jahrhunderts bereits Herren eines eigenen Reiches waren. Sie dehnten ihren Herrschaftsbereich schnell so weit aus, daß er auch die Mongolei, die Region von Beijing und den gesamten Norden von Shaanxi umfaßte. Im Gebiet des Liao-Flusses wurde eine Verteidigungsmauer nach chinesischer Vorbild gebaut. Ihre verheerenden Angriffe zwangen die neue Song-Dynastie (960–1127), sie mit schweren Tributleistungen von Seide und Silber sich vom Halse zu halten. Die Khitan genossen einen solchen Ruf, daß noch heute in verschiedenen slawischen Sprachen eine Abwandlung ihres Namens als Bezeichnung für »China« verwendet wird. Eine andere Abwandlung von »Khitan« – Cathay – war Marco Polos Bezeichnung für Nordchina.

China verharrte einige Zeitlang ganz in der Defensive. Die Schaffung des Westlichen Xia-Reiches (1032–1227) durch die Tangut (von Ningxia und Gansu) stellte für die Chinesen eine neue Bedrohung dar, die sich genötigt sahen, durch Tribute an Seide, Silber und Tee den Frieden zu erhalten. Bald aber wurden diese halbwegs assimilierten Reiche der Khitan und der Tangut ihrerseits von Stämmen nord-mandschurischer Herkunft, den Jürchen, bedroht. Diese Vorväter der Mandschus gründeten bald eine eigene Dynastie, die der Jin (1115–1254). Sie verbündeten sich mit den Song und vernichteten das Liao-Reich der Khitan; dann wandten sie sich gegen die Song selbst und eroberten ganz Nordchina bis zum Tal des Huai.

Aber damit waren die Umwälzungen noch immer nicht zu Ende. Nachdem das Jin-Reich wie so viele seiner Vorgänger gut an die chinesische Kultur assimiliert war, wurde es zu Beginn des 13. Jahrhunderts von neuen Eroberern, den Mongolen, angegriffen. Natürlich wurden wieder einmal mehrere Mauern errichtet, um sie sich fernzuhalten – aber ohne Erfolg. Auf dem Höhepunkt der Mongolenflut nahm Genghis-Khan (etwa 1167–1227) die Mandschurei und das Gebiet von Beijing, fegte das Xia-Reich hinweg und drang zur selben Zeit nach Nordindien hinein und westwärts bis nach Polen vor. Bei seinem Tode wurde das Mongolenreich aufgeteilt, und seine Erben setzten ihre Eroberungen in Ostasien und im Westen fort. Kublai (1260–1294) gründete 1277 die Yuan-Dynastie und brachte die Eroberung Chinas zum Abschluß. Die Mongolen, die chinesischen Einflüssen weitgehend unzugänglich waren, verfolgten gegenüber den Einheimischen eine diskriminierende Politik. Vor allem waren sie bestrebt, auf allen Seiten Unruhe zu schüren. Eine Ironie des Schicksals wollte es, daß diese Methoden bald zur Befreiung chinesischen Bodens und 1368 zur Gründung der Ming-Dynastie führten.

Die Nördlichen Wei, barbarischer Herkunft wie die Westlichen Jin und noch einige andere, wurden zu einer der mächtigsten Dynastien dieser turbulenten Jahrhunderte. Das Bild zeigt Kaiser Taiwudi (424–451) auf dem Thron, umgeben von seinen Ministern, die ein Jadetäfelchen als Zeichen ihrer jeweiligen Funktionen in den Händen halten.

Bildnis einer Kaiserin, der Gemahlin des Kaisers Shenzong aus der Nördlichen Song-Dynastie, dessen fast zwanzigjährige Regierung (1068–1086) nicht viel mehr als eine Folge katastrophaler Kompromisse war, mit denen die gefährlichen Stämme der Khitan und Jürchen im Norden beschwichtigt werden sollten.
Sein Enkel Huizong versetzte Anfang des 12. Jahrhunderts der ruhmreichen, 167 Jahre alten Song-Dynastie nach einer Periode allmählichen Niedergangs den Todesstoß. Im Jahre 1126 sahen sich die Song gezwungen, sich aus Nordchina zurückzuziehen und mit einem stark verkleinerten Reich vorlieb zu nehmen.

Dai Wenbao

Warum die Mauer gebaut wurde

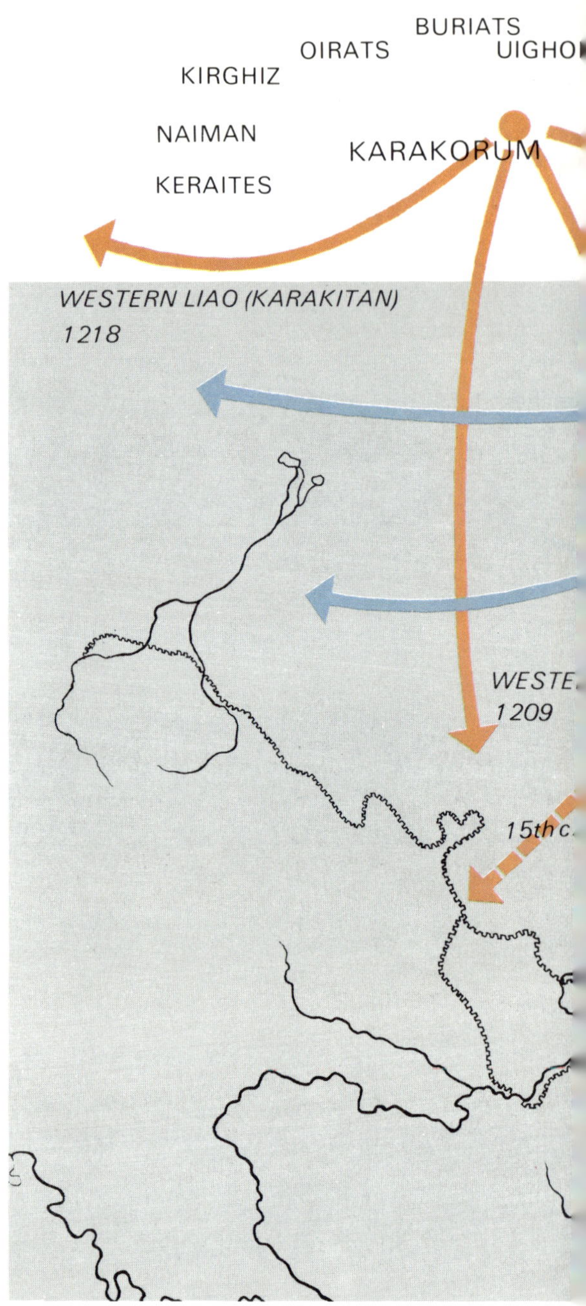

Die vorausgegangenen Schilderungen werden deutlich gemacht haben, daß Mauern in China seit ältesten Zeiten, Jahrhunderte hindurch, in den einzelnen Reichen und um sie herum gebaut worden sind. Der ureigenste Grund für alle diese Verteidigungsanlagen war ganz einfach der ständige Konflikt zwischen den Menschen der großen Ebenen Zentralchinas, die von der Landwirtschaft lebten, und den Nomaden jenseits der Nordgrenzen, deren Lebensunterhalt Viehzucht und Weidelandschaft war.

Im Laufe der Jahrhunderte wurde Nordchina immer wieder von nomadischen Reiterhorden überrannt, die daher auch zu einem Dauerthema der chinesischen Kunst wurden.

Ackerbauern sind zwangsläufig an ihr Akkerland gebunden, weil Anbau und Ernte eine seßhafte Lebensweise voraussetzen, während Hirten auf der Suche nach Wasser und Weiden umherziehen. Diese Nomadenstämme pflegen die fest umrissenen Gebiete landwirtschaftlicher Erzeugung heimzusuchen und auszuplündern, wobei sie unversehens auftauchen und wieder verschwinden und jede geordnete Landarbeit unmöglich machen, sofern es nicht gelingt, sie davon abzuhalten. Um die landwirtschaftliche Entwicklung – eine Gewähr für die innere Stabilität ihrer Länder – zu schützen, hatten die Beherrscher dieser fruchtbaren Ebenen verschiedene Methoden erprobt, die mehr oder weniger alle unter einer der folgenden drei Überschriften zusammengefaßt werden können: 1. Präventivschläge gegen Nomadenstämme (schwierig wegen deren außergewöhnlicher Beweglichkeit), 2. Pflege friedlicher Beziehungen mit diesen Menschen des rauhen Nordens (aufwendig, häufig Zumutung für chinesische Selbstachtung, fast immer und günstigenfalls kurzlebig), 3. Errichtung von Bollwerken, um die Eindringlinge aufzuhalten und gezielte Abwehr zu organisieren. Seit der Zeit Qin Shi huangdis (3. Jahrhundert v. Chr.), während der ganzen Han-Dynastie – besonders unter Kaiser Wu – und während aller der aufeinander folgenden Dynastien, die im vorherigen Kapitel besprochen wurden, war der Bau von Mauern die Lösung, auf die man sich immer wieder verließ und die auch für die damaligen Verteidigungsmethoden am besten geeignet war.

So stellte beispielsweise unter der Herrschaft des Kaisers Wen aus der Han-Dynastie (2. Jahrhundert v. Chr.) ein angesehener Minister namens Chao Cuo in einer Denkschrift über die Abwehr der Xiongnu-Nomaden fest: »Die Xiongnu leben von Fleisch und Käse, kleiden sich in Pelze und besitzen weder Häuser noch Felder. Sie bewegen sich wie Vögel oder Tiere in der Wildnis. Sie verweilen nur an Orten, wo Gras und Wasser reichlich vorhanden sind, und ziehen weiter, wenn es daran mangelt. Heute weiden die Xiongnu an verschiedenen Stellen und jagen entlang den Grenzen, wobei sie Yandai, Shangjun, Beidi und Longxi bedrohen und nur auf die Gelegenheit warten, einen Einbruch zu unternehmen, sobald die Garnisonen verkleinert werden. Euer Majestät ist besorgt über die Grenzunruhen. Es wäre vorteilhaft, Generäle und Beamte mit Truppen zu entsenden, um die Grenzgebiete in den Griff zu bekommen. Es sollten Leute ausgewählt werden, um diese Randzonen dauernd zu besiedeln, die Familien zu gründen ver-

Die Invasionen zweier Jahrtausende sind auf der untenstehenden Karte schematisch dargestellt. Im 3. Jahrhundert v. Chr. errichtete das Qin-Reich mit seiner Hauptstadt Xianyang eine Mauer gegen Stämme der Xiongnu, Rong und Di (blaue Pfeile). Unter der Han-Dynastie (206 v. Chr. bis 220 n. Chr.), deren Hauptstadt zunächst Chang'an und dann Luoyang war, wurden Kriege gegen andrängende Xiongnu- und Xianbei-Stämme geführt (blaue Pfeile), die beinahe weitere 400 Jahre lang eine Bedrohung bilden sollten. Während der Tang-Dynastie (618–907) fielen mehrfach türkische Völkerschaften – darunter Uighuren, Khitan und Tangut (Tungusen) – in China ein, und 938 ließen sich die Khitan (orange) in der Nähe von Beijing nieder, wo sie den Namen Liao annahmen. Im 12. Jahrhundert wurden sie von den Jürchen (grün) verdrängt, die die Jin-Dynastie (1115–1254) gründeten, nur um ihrerseits von den Mongolen (braun) unter Genghis-Khan überrannt zu werden. Die Mongolen eroberten auch das Xixia-Reich, das im Nordwesten errichtet worden war. Die Ming vertrieben 1368 die mongolische Yuan-Dynastie aus China, mußten aber 1644 ihrerseits einem anderen mongolischen Herrscherhaus, den Mandschus (Qing), weichen.

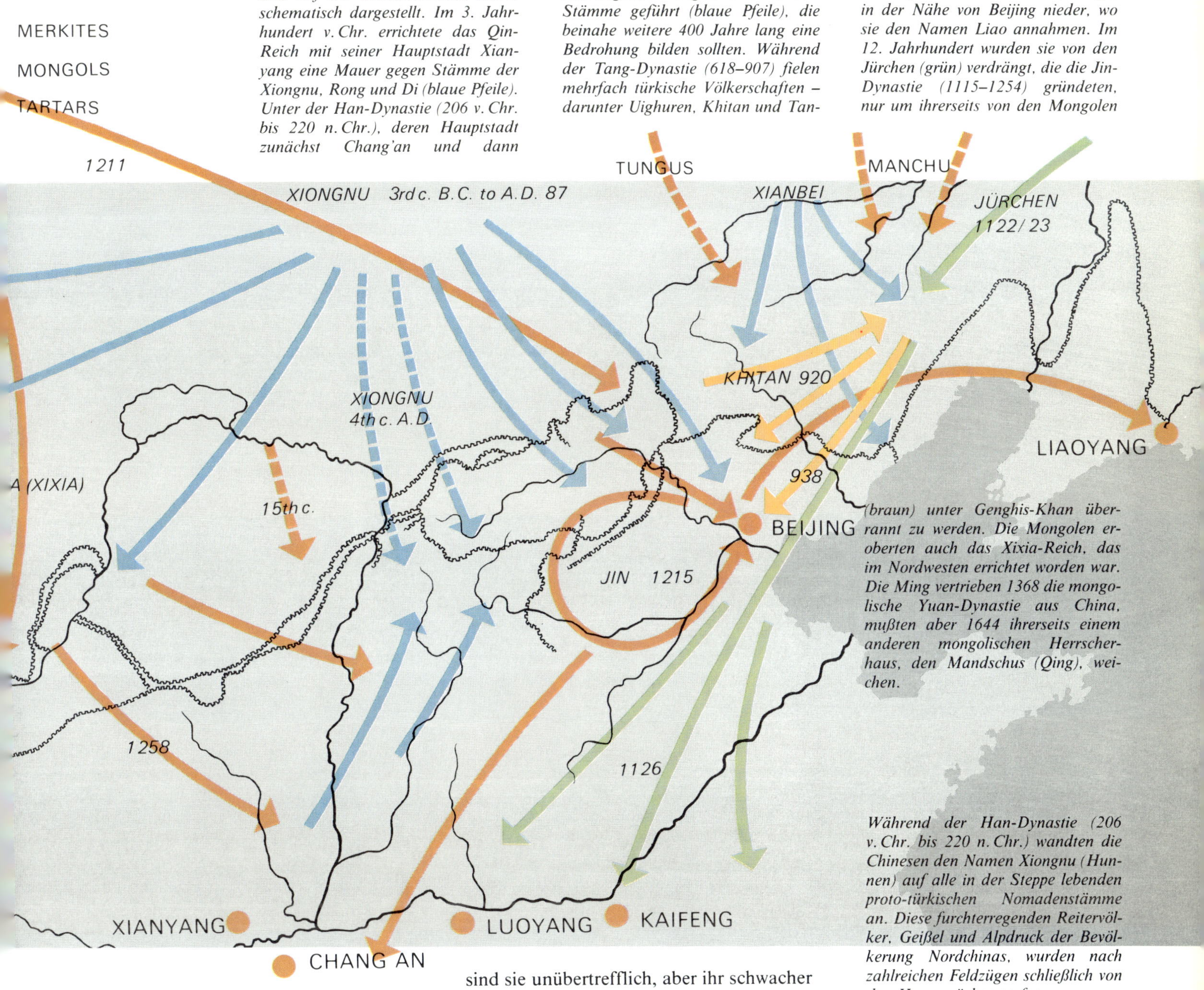

Während der Han-Dynastie (206 v. Chr. bis 220 n. Chr.) wandten die Chinesen den Namen Xiongnu (Hunnen) auf alle in der Steppe lebenden proto-türkischen Nomadenstämme an. Diese furchterregenden Reitervölker, Geißel und Alpdruck der Bevölkerung Nordchinas, wurden nach zahlreichen Feldzügen schließlich von den Han zurückgeworfen.

mögen und Körnerfrüchte anbauen, sich aber zugleich gegen mögliche Einfälle der Xiongnu wappnen. Dann können wir hohe Mauern errichten und tiefe Gräben ausheben, und innerhalb der Mauern können wir Felsblöcke und Hindernisse herrichten. An strategisch wichtigen Punkten und Pässen können wir kleinere Städte mit jeweils tausend Haushalten anlegen.«

Rund sieben Jahrhunderte später, im Jahr 487 n. Chr., gab ein Beamter namens Gao Lu mit fast denselben Worten dem Kaiser Xiao Wen der Nördlichen Wei-Dynastie folgenden Rat:

»Die Nördlichen Di sind ein tapferes, aber unwissendes Volk. In offenem Gelände sind sie unübertrefflich, aber ihr schwacher Punkt ist die Erstürmung von Städten. Wir müssen ihrer starken Seite aus dem Wege gehen und uns ihre Schwäche zunütze machen. Das Volk der Di lebt zerstreut an Teichen und Tümpeln in freier Landschaft und zieht häufig auf der Suche nach Weideland und Wasser umher. Wir sollten die Mauer entlang dem Gelände nördlich der sechs strategischen Posten anlegen, um die Stämme aus dem Norden zum Halten zu bringen. Wenn diese Mauer fertig ist, wird sie jahrhundertelang von Nutzen sein. An den strategischen Punkten können wir Durchlässe einrichten und dann neben jedem eine kleine Stadt anlagen. Wenn die Di dann kommen, können wir die Grenze dank der Stadt und der Garni-

Am Ende des 8. Jahrhunderts v. Chr. besiegten die Quanrong-Barbaren den König You der Zhou-Dynastie, einen Herrscher, der wegen seiner Frivolität und Unfähigkeit in schlechtem Ruf stand. Man sieht hier die Quanrong beim Angriff auf Gaojing, Hauptstadt dieses Feudalstaats. Die Zhou zogen sich daraufhin nach Osten zurück und setzten ihre Regierung fort.

Unten: Zwei Jahrtausende nach den Quanrong überfielen die Jürchen, Bewohner der heutigen Mandschurei, von neuem China. Ihr Anführer Nurhaci, Gründer der Qing-Dynastie, ist hier auf einem Feldzug zu sehen.

Unten rechts: Kampfszenen an der Großen Mauer. Es war keine geringe Leistung, dieses gewaltige Hindernis zu überwinden, vor allem, wenn die Zahl der barbarischen Angreifer gering und die Ausbildung der chinesischen Wachmannschaften gut war. Manche Angreifer gelangten bis zur Mauer, aber nicht weiter.

son verteidigen. Wenn sie nicht kommen, um die Stadt einzunehmen, werden sie überhaupt nicht kommen; sie werden sicherlich wieder abziehen, sobald sie nicht mehr genug Gras finden.«

Übrigens stammte die Nördliche Wei-Dynastie, von der hier die Rede ist, ursprünglich ebenfalls von Barbaren aus dem Norden ab. Sobald sie sich in den großen zentralen Ebenen niedergelassen und ihr Wanderleben

Seit alter Zeit haben (die Xiongnu) nichts zurückgelassen als weiße Gebeine in Flächen gelben Sandes.
Das Haus Qin baute die Mauer
als Schutzwehr gegen die Hu,
das Haus Han fügte die Signalfeuer hinzu,
jene Feuer, die nie aufhören zu brennen . . .
Li Bo (705–762)

aufgegeben hatten, waren auch sie an stabilen Verhältnissen interessiert. Und ihre vordringlichste Maßnahme gegen die neuerliche Invasionsdrohung war – der Bau einer Mauer.

Als unter der mächtigen Tang-Dynastie (Gründung 618 n. Chr.) die innere und äußere Stabilität zunahm, zeigte sich nicht nur ein Nachlassen des Interesses an solchen Verteidigungsmauern, sondern auch – was noch viel erstaunlicher ist – eine geringschätzige Einstellung gegenüber der Errichtung solcher Abwehranlagen. Li Shihmin, der 626 an die Regierung kam, ließ die Patrouillen entlang der Mauer einstellen, stellte das Ganze als ein Bauwerk bar jeden strategischen Werts dar und erklärte einem seiner Generäle, der soeben die Türken in die Flucht geschlagen hatte: »Du bist eine bessere Große Mauer als die, die Yangdi (ein früherer Kaiser) gebaut hat!« Die Tangs waren überzeugt, daß nur energische militärische Offensiven gegenüber streitsüchtigen Nachbarn

Chinesische Prinzessinnen wurden oft zu bloßen Schachfiguren im politischen Spiel und wurden den Oberhäuptern benachbarter Barbarenvölker als Gemahlinnen angeboten. Der Nomadenfürst, dem eine solche Braut zugeführt wurde, fühlte sich gewöhnlich durch ein solches Schaustück chinesischer Pracht hochgeehrt, und der so geschaffene Goodwill konnte sich für die Aufrechterhaltung bestehender Verträge als nützlich erweisen. Es kam allerdings auch vor, daß chinesische Prinzessinnen von Verehrern entführt wurden, und eine ganze Anzahl von ihnen wurde in chinesischer Kunst und Literatur zu Berühmtheiten wie die beiden hier gezeigten Damen. Die Han-Prinzessin (links) wird 195 n. Chr. hoch zu Roß als eine Gefangene der Xiongnu davongeführt. Oben ist die Tochter des Gelehrten Cai Yong, Cai Wenji, Ende des 2. Jahrhunderts v. Chr. in der Gefangenschaft im Lager der Xiongnu in der inneren Mongolei zu sehen. Diese kultivierte junge Witwe, eine Dichterin und Musikerin, war mit einem Barbarenfürsten verheiratet und gebar ihm zwei Kinder. Der Erzählung zufolge gelang es ihr dann, nach China zurückzukehren.

erfolgreich seien, und nicht defensive Maßnahmen wie Mauern.

Wie kam es nun, daß die Ming zu der alten (und nach Auffassung der Tang seltsamen und abergläubischen) Gepflogenheit des Mauerbauens zurückkehrten? Unter ihrer machtvollen Herrschaft (1368–1644) nahm die Mauer eine größere Bedeutung an, als sie jahrhundertelang gehabt hatte; die Ming-Kaiser setzten die Mauer auf ihrer ganzen Länge instand und hielten sie Meile um Meile in ständiger militärischer Alarmbereitschaft, beharrlicher, tatkräftiger und über einen längeren Zeitraum, als dies je unter einem früheren Herrscher geschehen war. Um diese engagierte Einstellung gegenüber der Großen Mauer zu verstehen, müssen wir die Vorgeschichte der Ming-Zeit untersuchen und dabei unser besonderes Augenmerk auf die wirklich entscheidenden Invasionen richten, die so nachhaltige Eindrücke im Bewußtsein des chinesischen Volkes hinterlassen haben.

Die Stabilität der Tang-Herrschaft fing im 8. Jahrhundert an, durch eine Reihe von Einfällen aus dem Westen und Norden untergraben zu werden. Im Jahre 763 plünderten Tibeter und Uighuren (Türken) chinesische Städte, und obwohl sie sich wieder in ihre heimatlichen Gefilde zurückzogen, bildeten die Uighuren und andere proto-türkische Völker bis in die Mitte des 9. Jahrhunderts eine Bedrohung. Auf die Tang-Dynastie folgte eine Periode des Chaos (907–960), in der mehrere Generäle und kleine Despoten sich in schneller Folge ablösten, wobei sie oft nur kleinste Gebiete beherrschten. Dann kam es zu einer zwei Jahrhunderte währenden Teilung zwischen Nordchina, das von den Khitan regiert wurde, und Südchina mit seinem kultivierten Leben unter der Song-Dynastie.

Die Khitan waren, wie viele Hirtennomaden im Laufe der Jahrhunderte, in das Gebiet von Beijing eingefallen (938), hatten sich in den Großen Ebenen niedergelassen und viele chinesische Lebensgewohnheiten angenommen, wobei ihr Herrscherhaus sich die Bezeichnung Liao-Dynastie zulegte. Diese Leute, die in der Mandschurei gelebt hatten, ihrer Abstammung nach Xianbei waren

Der Mann, dem es gelang, die Mongolen zu gemeinsamem machtvollem Handeln zusammenzuschließen, war Genghis-Khan (1167–1227). Zu Beginn des 13. Jahrhunderts erstreckte sich sein Reich von Samarkand bis Korea und schloß ganz China nördlich des Gelben Flusses ein. Der posthume Titel Genghis-Khans war Taizu, »Der Große Ahnherr«. Das Bild ganz außen rechts zeigt ihn auf dem Kaiserthron, an seiner Seite seine offizielle Gemahlin.

Die Jürchen hatten durch die Gründung der Jin-Dynastie der Herrschaft der Nördlichen Seng ein Ende bereitet. Sie wurden ihrerseits von den Mongolen vertrieben. Die Mogul-Malerei zeigt die Mongolen beim Angriff auf eine chinesische Stadt. Die Kanone im Vordergrund ist eine anachronistische Beigabe.

und eine mongolische Sprache sprachen, wurden durch die Annehmlichkeiten eines seßhaften Lebens in China bald verweichlicht. Auch blieben ihre Grenzen nicht lange ruhig. Im Westen besetzten die Tangut, ein Volk von Tibetern oder Westlichen Xia, die Gegend von Gansu und zogen Tribute ein. Zu Anfang des 12. Jahrhunderts wurden die Khitan Opfer neuer Eindringlinge, der Jürchen (oder Nuzhen) unter ihrem Anführer Akuta. Die Nachfahren dieses Volkes waren Mandschu, die Jahrhunderte später ganz China regierten. Die Jürchen, die in ihrer Hauptstadt Yanjing in der Nähe von Beijing die Jin-Dynastie gegründet hatten, gaben sich mit den nordchinesischen Reichen nicht zufrieden, sondern nahmen 1125 oder 1126 auch noch den Song-Kaiser mitsamt seinem Hof gefangen.

Alle diese Invasionen, die in einem kurzen Überblick wie dem unsrigen naturgemäß nur in gedrängter Form geschildert werden können, dürfen nicht über die Tatsache hinwegtäuschen, daß dazwischen längere Zeiten relativer Ruhe lagen. Dennoch kann kein Zweifel bestehen, daß im 12. Jahrhundert diese Einfälle von Nomadenvölkern neue Formen annahmen. Sie wurden immer mehr zu dauernden Besetzungen, die dann auch zur Gründung von Dynastien mehr oder weniger chinesischen Stils führten (wie die der Liao und der Jin) und 100 Jahre oder mehr überdauerten. Außerdem fingen die neuen Herrscher aus dem Norden an, ihren Herrschaftsbereich immer weiter über chinesisches Gebiet auszudehnen. Das Vordringen der Jürchen durch das Song-Reich nach Süden war nur ein Vorspiel zu den viel weiter reichenden Eroberungen in mongolischer Zeit.

Gerade die Mongolen sollten nämlich mit dem Aufstieg Genghis-Khans zur Macht die weitreichendsten und umwälzendsten Änderungen herbeiführen und damit einen Höhepunkt der Flutwelle von Invasionen bilden, die China vom 9. bis zum 12. Jahrhundert überschwemmte. Noch viel schlimmer war es, daß die Mongolen im Gegensatz zu früheren Invasoren Fremde blieben, die den verfeinernden Einflüssen der chinesischen Kultur widerstanden. Die Chinesen betrachte-

Die Unterwerfung der Barbaren (oben rechts) oder Chinesen (oben) war gewöhnlich der jeweils letzte Akt in einem nie endenden Ringen.

ten ihrerseits diese neuen Herrscher als Fremdlinge.

Entstehung und Ausbreitung des Mongolenreiches sind eine bemerkenswerte Geschichte, die dank der legendären Taten des schrecklichen Genghis-Khan weit und breit bekannt sind. Er wurde zwischen 1155 und 1167 unter dem Namen Temujin geboren und sammelte eine große Zahl proto-türkischer und mongolischer Stämme um sich, mit denen er große Gebiete Innerasiens zu erobern begann. Bis zum Jahre 1206 hatte er seine Herrschaft über einen Bund von Steppenvölkern soweit gefestigt, daß diese ihm bei einer großen Zusammenkunft den Titel Genghis-Khan – »Größter aller Herrscher« oder »Kaiser aller Menschen« verliehen.

Es scheint, daß ihn Ehrgeiz und Ruhmsucht zu rücksichtslosen Eroberungszügen anspornten. Unter seiner Führung wurden die Mongolen zu einer überwältigenden militärischen Macht, wozu im übrigen eher der Schrecken beitrug, den allein schon ihr Name verbreitete, als ihre verhältnismäßig geringe Zahl (ein Heer von nur etwa 250 000 Mann bei einer Gesamtbevölkerung von vielleicht zweieinhalb Millionen). Viele Städte und Staaten ergaben sich, bevor es überhaupt zu einem Angriff gekommen war. Einer der ersten Erfolge der Mongolen war ihr Sieg über die Tangut oder Xia am westlichen Ende der Mauer im Jahre 1209. Zwei Jahre später begann Genghis-Khan seinen Feldzug gegen das Jin-Reich in Nordchina.

Die Große Mauer erwies sich für Genghis-Khan nur in ihrem am stärksten befestigten Abschnitt als Hindernis – an dem Tor von Juyongguan, das den Weg zur Hauptstadt Yanjing deckte. Es gelang ihm dennoch, die Mauer zu überwinden, aber die Hauptstadt, geborgen hinter ihren zwölf Meter hohen Mauern und ihren Befestigungswerken mit Türmen und Wassergräben, vermochte er nicht zu nehmen. Nach einer langwierigen Belagerung mußten sich die Mongolen fürs erste zurückziehen. Sie befestigten ihre Stellung, indem sie weitere Gebiete in China besetzten, und kehrten schließlich 1215 – vier Jahre nach ihrem ersten Anlauf – zurück, und diesmal fiel Yanjing in ihre Hand.

Die Eroberungen der Mongolen in China, in Innerasien und darüber hinaus gingen weiter, unbeirrt vom Tode Genghis-Khans im Jahre 1227. Am Ende des 13. Jahrhunderts erstreckte sich ihr Reich quer durch Asien, von Korea bis Polen und Ungarn, von Südchina bis in die Türkei. Ihre Anführer versuchten sich gegenseitig auszustechen, bis sich Genghis-Khans Enkel Kublai-Khan 1260 zum Kaiser aufschwang. Sein ausgedehnter Herrschaftsbereich war jedoch in-

Auch die Barbaren hatten ihre Heldenprinzessinnen und edlen Frauen (oben). Der verwegene Reiter (rechts) gehört zum Stamm der Rouran, die im 5. und 6. Jahrhundert besonders gefürchtet waren.

Kublai-Khan setzte die von Genghis-Khan eingeleitete Eroberung Südchinas fort und brachte sie um 1278 zum Abschluß. Er machte Khanbalik (das heutige Beijing) zu seiner Hauptstadt, wo ihn Marco Polo aufsuchte. Er erwies sich als hervorragender, wenn auch recht strenger Landesherr. Trotz seines Mißtrauens gegen die Chinesen, die er so weit wie möglich von den Regierungsgeschäften fernhielt, hatte er sich gegen Ende seines Lebens (1294) den chinesischen Lebensgewohnheiten stark angepaßt.

zwischen für die wirksame Machtausübung eines einzigen Mannes zu groß geworden, so daß er seinen Tatendrang ganz auf China richtete, das er sehr erfolgreich regierte. Er stellte 1279 die Einheit Chinas wieder her, indem er das Song-Reich eroberte und die Yuan-Dynastie gründete. Bis zu seinem Tode war das Land militärisch und wirtschaftlich stark geworden und erfreute sich bedeutender Fortschritte in den Wissenschaften und Künsten. Trotz allem aber blieben die Yuan-Kaiser Fremde, und unter Kublais Nachfolgern begann der Niedergang der Mongolenherrschaft, während die einheimischen Chinesen Widerstandbewegungen von zunehmender Stärke organisierten. Eine von ihnen vertrieb schließlich unter der Führung eines gewissen Zhu Yuanzhang aus Südchina den letzten Yuan-Kaiser aus der Hauptstadt Beijing, drängte die Mongolen auf die Nordseite der Großen Mauer zurück und gründete 1368 die Ming-Dynastie.

Obwohl die Mongolen die Herrschaft über China an die Leute aus dem Süden hatten abgeben müssen, bewahrten sie doch in der Steppe und den weiter entfernten Gebieten einiges von ihrer früheren Stärke und waren daher in der Lage, Angriffe gegen die Ming zu führen (darunter eine sehr heftige Offensive im Jahre 1408). In der Geschichte der Ming-Dynastie findet sich folgender Kommentar: »Nachdem sie aus China vertrieben worden waren, versuchten die Nachfahren der Yuan-Dynastie (d. h. die Mongolen) immer wieder, die verlorene Herrschaft zurückzugewinnen. Als der Yongle-Kaiser (Zhu Di) die Hauptstadt wieder nach Norden verlegte, war die Große Mauer damit auf drei Seiten ganz in ihrer Nähe gerückt, aber der Feind wurde von Tag zu Tag zudringlicher. Die Verteidigung der Mauer wurde daher mit dem weiteren Bestehen der Ming-Dynastie zu einer immer vordringlicheren Aufgabe.«

Die Herrschaft der Ming war somit vom ersten Tage an von den Mongolenvölkern bedroht, die in der Vergangenheit ganz China besetzt hatten und deren fast hundertjährige Herrschaft noch nicht vergessen war. Die Notwendigkeit einer energischen militärischen Verteidigung – ganz besonders im Norden – war daher für die Ming eines der grundlegenden »facts of life«, eine der wesentlichen Voraussetzungen des Überlebens überhaupt.

So war es nicht anders zu erwarten, als daß auch unter der Ming-Dynastie einer aus der Zunft der militärischen Ratgeber, die wir schon zu Beginn dieses Kapitels mehrfach erwähnt hatten, an den Kaiser schrieb und ihn mit inzwischen wohlvertrauten Worten

Der andere große Eroberer Chinas, Nurhaci, scharte die vereinten Kräfte der Mandschuren um sich, um die

Ming-Dynastie zu stürzen. Diese Aufgabe wurde ihm dadurch erleichtert, weil die Ming-Dynastie bereits durch Intrigen stark geschwächt war.

Daß fremde Botschafter ihnen den Hof machten, wie es auf diesem Tang-Fresko dargestellt ist, betrachteten die Chinesen als Anerkennung ihrer Souveränität und als Beweis für die Macht ihres Landes.

Während der letzten Jahre der Ming-Dynastie führte General Wu Sangui (unten) die Heere, die die Nordostgrenze gegen die jüngsten Feinde aus dem Norden, die Qing aus der Mandschurei, verteidigen sollten, die schon so oft die Große Mauer durchbrochen und in Teile der nordchinesischen Ebene eingefallen waren. Inzwischen war jedoch eine bäuerliche Rebellenarmee unter Li Zicheng, dem Sohn eines Dorfschulzen in Shaanxi, zu einer viel größeren Bedrohung geworden. Als die Bauern Beijing nahmen, verbündete sich General Wu Sangui mit den Qing. Sie besiegten Li Zicheng und seine Rebellenarmee und nahmen 1644 auch die Hauptstadt wieder in Besitz. Auf diese Weise kam es zur Gründung der Qing-(Mandschu-)Dynastie.

beschwor, die Nordgrenze mit einer Mauer zu schützen. »Die Minderheiten in Nordchina, die ein nomadisches Leben führen und hervorragende Reiter und Bogenschützen sind, überfallen und plündern die Grenzgebiete, wobei ihr Kommen und Gehen nie vorherzusehen ist. Unter den früheren Dynastien waren dort Truppen stationiert, deren Aufgabe es war, die Grenzen zu bewachen. Wir müssen von natürlichen Grenzen wie Bergen und Flüssen Gebrauch machen. Entlang den strategisch wichtigen Terrain-Abschnitten sollten künstliche Hindernisse errichtet werden. Unser Land hat die Eindringlinge, die Rong und die Yuan, vertrieben und ist wieder vereint. Um es weiter zusammenzuhalten, sollten wir eine Reihe strategischer Kommando-Abschnitte – *zhen* – errichten und dort Truppen stationieren.« Der Verfasser, Wei Huan, schließt mit der Feststellung, daß es von entscheidender Bedeutung sei, die Große Mauer instand zu setzen und zu verlängern.

Dies war jedoch nicht die einzige Methode, die die Ming anwandten, um die Mongolen abzuwehren. Sie versuchten es vielmehr mit allen drei Maßnahmen, die am Anfang dieses Kapitels aufgezählt wurden: Präventivschläge, diplomatische Schritte und Mauerbau. Ein Beispiel für die erste Methode bot Zhu Di, der Kaiser Chengzu, der zu Beginn des 15. Jahrhunderts die Hauptstadt von Nanjing nach Beijing verlegte, um dadurch seine militärischen Maßnahmen zu erleichtern. Er führte persönlich bei fünf verschiedenen Gelegenheiten große Heere auf Vorstöße in den Norden, um noch zusammenhaltende mongolische Streitkräfte aufzureiben. Außerdem sandte er jeden Herbst Truppen 200 oder 300 Kilometer tief in die Gebiete nördlich der Grenze, um die Grassteppe abzubrennen und den Gegner auf diese Weise der Weidemöglichkeiten und des Futters für ihre Pferde zu berauben. Wo es um friedliche diplomatische Bemühungen ging, erkundigte sich Kaiser Chengzu persönlich nach den Sitten und Gebräuchen der im Nordosten lebenden Jürchen-Stämme und nahm jede Gelegenheit wahr, Einflußmöglichkeiten zu finden und zu erhalten. Dementsprechend wurden auch die politischen und wirtschaftlichen Kontakte mit diesen Nachbarn gepflegt. Diese Politik war übrigens schon von dem ersten Ming-Kaiser, Zhu Yuanzhang, verfolgt worden, der sich sehr bemühte, mit den Mongolenfürsten und den Jürchen gute Beziehungen zu unterhalten.

Neben diesen beiden Methoden blieb natürlich die letzte, der Verlaß auf die Verteidigungsmauer, immer die Hauptstrategie des Ming-Reiches. Die Große Mauer spielte eine so bedeutende Rolle, daß der erste Ming-Kaiser, Zhu Yuanzhang, neun seiner Söhne an die Nordgrenze schickte, um die neun dortigen Abschnittskommandos – *zhen* – zu befehligen, deren Aufgabe der Patrouillendienst entlang der Befestigungslinie war. Dieser Kaiser sandte Jahr um Jahr mehr Truppen nach Norden und baute weitere Verteidigungswerke.

Angesichts der riesigen Invasionen, die die Chinesen in der Vergangenheit erlebt hatten, ganz besonders aber der Mongolenherrschaft, die der Ming-Dynastie unmittelbar vorausgegangen war, ist es nicht verwunderlich, daß die Chinesen die jahrhundertealte Tradition des Mauerbauens wieder aufnahmen – und diese Tradition weiter trieben, als es je unter einem früheren Herrscher geschehen war.

Der Mandschu-Führer Nurhaci (unten), 1559–1626, gab vor, ein treuer Vasall des »Reichs des Himmels« der Ming zu sein; er stellte jedoch heimlich ein Nomadenheer auf und erklärte China den Krieg. Das untenstehende Bild zeigt ihn bei der Eröffnung eines Feldzuges, umgeben von nach Mandschu-Art bezopften Soldaten. Nurhaci starb an den Verwundungen, die er auf einem dieser Feldzüge erlitten hatte.

Oben: Die Erstürmung von Befestigungsanlagen, die im 17. Jahrhundert oft so ausgesehen haben mag. Sogar Pferde sind oben auf der Mauerkrone zu sehen.

Auch in einem hitzigen Kampfgeschehen ist Nurhaci zu sehen (links): Er führt seine berittenen Bogenschützen zum Angriff. Bei seinem Tode 1626 übernahm sein Sohn Abahai den Befehl. Da er Beijing, das zu gut befestigt war, nicht einzunehmen vermochte, konzentrierte er seine Anstrengungen auf Korea, das er unterwarf. Aber nach seiner Rückkehr in die Mandschurei war er nicht in der Lage, die Widerstandskraft der Chinesen zu zermürben. So wurden die Qing noch bis 1644 aus China herausgehalten.

Jean-Pierre Drège

Die Erbauer der Großen Mauer

Porträtgalerie der Ming-Kaiser

Taizu 1368–1398

Zhu Yuanzhang, auch als Kaiser Taizu bekannt, der Gründer der Ming-Dynastie, war von einfacher Herkunft. Wie viele seiner Vorgänger, erklomm er jedoch sehr gewandt die soziale Stufenleiter bis zum Kaiserthron (rechts und Seite gegenüber).

In den herkömmlichen Geschichtsbüchern wurde die Ming-Dynastie oft als eine Phase der Restauration behandelt, da es eine chinesische Dynastie war, die auf eine Periode der Mongolenherrschaft folgte.

Es war während der ständig zunehmenden Aufstände zu Beginn des 14. Jahrhunderts, daß Zhu Yuanzhang, dem es bestimmt war, der erste Ming-Kaiser zu werden, zum ersten Mal in Erscheinung trat. Die Aufstandsbewegungen gingen von politisch-religiösen Geheimgesellschaften aus, dem Weißen Lotos und ganz besonders den Roten Turbanen. Das Oberhaupt dieser letzteren Organisation, mit dem Zhu Yuanzhang verbündet war, ernannte sich selbst zum Kaiser einer neuen, aber sehr kurzlebigen Song-Dynastie. Nachdem es Zhu gelungen war, rivalisierende Bewegungen auszuschalten, gründete er in Nanjing die Ming-Dynastie. Der Name »Ming« selbst, der soviel wie »Heller Glanz« bedeutet, hat wahrscheinlich gewisse manichäische Nebenbedeutungen. Für seine Regierungszeit wählte er den Namen Hongwu. Während die Kaiser früherer Dynastien ihre jeweiligen Regierungszeiten in mehrere Abschnitte einteilten, bezeichneten die Ming- und später die Qing-Kaiser ihre jeweilige Regierungszeit mit nur einem Namen. Dies hatte zur Folge, daß sie unter dem Namen ihrer Ära oft bekannter sind als unter ihrem Vor- und Familiennamen.

Der Gründer der Ming-Dynastie, der später Taizu genannt wurde, widmete sich zunächst der Aufgabe, die Mongolen zu vertreiben. Tatsächlich gelang es ihm, sie bis nach Karakorum weit jenseits der Wüste Gobi vor sich herzujagen. Die Reorganisation des Reichs, die als eine Restauration, also eine Wiederherstellung althergebrachter chinesischer Institutionen dargestellt wurde, stützte sich in Wirklichkeit weitgehend auf Einrichtungen, die von der Yuan-Dynastie übernommen wurden. Die Bevölkerung wurde in erbliche Gruppen unterteilt: Bauern, Soldaten und Facharbeiter. Wenn ein Angehöriger einer dieser Gruppen starb, so war seine Familie gezwungen, einen Ersatzmann zu stellen. Militärkolonien, deren Bewohner mit landwirtschaftlichen oder militärischen Aufgaben beschäftigt waren, wurden aus den Grenzgebieten bis in das Landesinnere ausgedehnt. Teile der Bevölkerung wurden aus der Yangzi-Region in den Norden, der infolge der Kriegswirren entvölkert war, umgesiedelt. Große Projekte wurden in Angriff genommen, um das Land zu rekultivieren, zu bewässern und wieder zu bewalden. Trotz dieser Bemühungen mußte jedoch Getreide immer noch aus dem Yangzi-Tal auf dem langen Seeweg entlang der Shandong-Küste nach Norden transportiert werden. Unglücklicherweise war diese Route oft

Das China der Ming-Zeit umfaßte etwa das heutige China, jedoch mit folgenden wesentlichen Ausnahmen: Dem autonomen Gebiet der Inneren Mongolei, den westlichen Teilen von Qinghai und Xizang (Tibet) sowie den im Nordwesten gelegenen Provinzen der Mandschurei. Aus eben diesen Provinzen tauchten die Mandschu-Heere auf, wenngleich diese Gebiete dem Griff der Ming-Kaiser bereits lange vor ihrem Sturz entglitten waren.

Huidi 1399–1403

Kaiser Huidi (Zhu Yunwen), der seinem Großvater Taizu auf den Thron folgte, regierte nur vier Jahre, und auch diese sind von seinem Nachfolger, der ihn absetzte, aus der Geschichte – zumindest den Geschichtsbüchern – nahezu getilgt. Daher gibt es von ihm auch kein Porträt.

Chengzu 1403–1424

Kaiser Chengzu (Zhu Di) war der Onkel Huidis, der durch einen Staatsstreich an die Macht kam. Er hat Beijing, das er zur Hauptstadt machte, neu angelegt und war auch einer der Haupterbauer der Verteidigungsanlagen an der Nordgrenze. Er war nicht nur ein hervorragender

Taktiker, sondern auch eine dynamische Führerpersönlichkeit, der es gelang, in die Staatsgeschäfte wieder Ordnung zu bringen. Seine Regierungszeit (die Yongle-Ära) war ein glänzender Erfolg.

Renzong 1425–1426

Kaiser Renzong (Zhu Gaozhi) regierte nur ein Jahr. Er hatte kaum Zeit, den starken Druck, den sein Vater auf allen Gebieten der Politik und der Verwaltung zwanzig Jahre lang im ganzen Lande ausgeübt hatte, zu mildern.

Xuanzong
1426–1436

Yingzong
1436–1450/1457–1464

Xianzong 1465–1487

Xiaozong 1488–1505

Wuzong
1506–1521

Kaiser Xuanzong (Zhu Zhanji) leitete einige erfolgreiche Reformen in der Verwaltung des Reiches ein und setzte die von Chengzu begonnene Verstärkung der Großen Mauer fort.

Yingzong (Zhu Qizhen), angeblich ein Sohn des Kaisers Xuanzong, regierte beinahe 30 Jahre. Er ließ eine zweite Verteidigungslinie (die innere Große Mauer) errichten. Nachdem er 1450 bei einem fehlgeschlagenen Feldzug in den Norden von den Mongolen ein Jahr lang gefangengehalten worden war, wurde er bei seiner Rückkehr mehrere Jahre lang in Nanking festgehalten.
Daizong (Zhu Qiyu) war provisorischer Kaiser während der Gefangennahme und Haft seines älteren Bruders Yingzong von 1450 bis 1457. Obwohl oft gut beraten, war er unentschlossen und konnte die Ereignisse nicht im Griff behalten, die durch die Wiedereinsetzung seines älteren Bruders ausgelöst wurden (kein Bild).

Kaiser Xianzong (Zhu Jianshen) war der älteste Sohn Yingzongs. Trotz der glänzenden Feldzüge in den damaligen 80er Jahren war sein Einfluß auf die Regierung schwach. Südchina erlebte um diese Zeit eine große wirtschaftliche Blüte.

Kaiser Xiaozong (Zhu Yutang) war ein scheuer und argwöhnischer Mann von einfachen, selbst asketischen Gewohnheiten. Er unternahm kaum etwas, weder im Landesinnern noch an den Grenzen, doch war er geschickt in der Zerschlagung von Intrigen.

Kaiser Wuzong (Zhu Houzhao) war seinem Temperament nach das genaue Gegenteil seines Vaters. Auch er war an den Staatsgeschäften wenig interessiert und bevorzugte meist aufwendige Vergnügungen; in seinen Entscheidungen war er launisch und unberechenbar, die

Wei Zhongxian war einer der Eunuchen, der beim Sturz der Ming-Dynastie eine verhängnisvolle Rolle spielte. Während der Regierungszeit des Kaisers Xizong errichtete er ein Terrorregime: 1627 ließ Kaiser Zhuangliedi ihn umbringen.

durch schwere Stürme und Piratenüberfälle gefährdet.

Die Regierungsweise Taizus war zentralistisch und totalitär, worin sich die Herkunft des Kaisers widerspiegelte. Da er aufgrund seiner bäuerlichen Abstammung weder über eigene Mittel noch über Familienverbindungen verfügte, brachte er es auch nicht über sich, den hohen Beamten und Funktionären Vertrauen zu schenken, die der Intelligenz des Landes angehörten. Er ging so weit, seinen eigenen Waffenkameraden zu mißtrauen. Er veranstaltete einen systematischen Verdächtigungsfeldzug, bei dem es zu groß-angelegten Säuberungsaktionen kam – wie im Falle Hu Weiyongs, in den 15 000 Personen verwickelt waren. Seine Brutalität kam besonders bei den »hoch-offiziellen Bastonaden« zum Ausdruck, bei denen in Ungnade gefallene Beamte öffentlich gedemütigt wurden. Im Jahre 1382 wurde eine regelrechte Geheimpolizei, die »Brokat-Brigade«, geschaffen, die allenthalben umherspionierte, Verhaftungen vornahm, folterte und Menschen ohne Gerichtsurteil umbrachte. Auf diese Weise wurde der gesamte Machtapparat in den Händen Taizus konzentriert. Die Aufgaben der Beamten wie der Höflinge waren schriftlich genau festgelegt. Frauen und Eunuchen, die herkömmlicherweise aufgrund der besonderen Vertrauensverhältnisses zum Kaiser einen besonderen Einfluß auf ihn ausübten, wurden von Taizu von allen politischen Vorgängen ferngehalten. Eunuchen wurden nur in kleiner Zahl aus den unteren Klassen rekrutiert. Diese Vorsichtsmaßnahmen erwiesen sich allerdings als unwirksam, da es den Eunuchen bald gelang, die meisten Schalthebel der Macht zu besetzen.

Nach Taizus Tod gelang es seinem Enkel Huidi nicht, seine Autorität gegenüber seinen Onkeln, besonders gegenüber Zhu Di, dem Fürsten von Yan, durchzusetzen. Nach drei Jahren Bürgerkrieg wurde Huidi abgesetzt und sein Onkel begann ein neues Regiment, das unter dem Namen Yongle (Ewige Freude) bekannt wurde. Der neue Kaiser, der später Chengzu genannt wurde, war höchstwahrscheinlich der Sohn einer koreanischen Konkubine Taizus. Huidi hatte getan, was in seinen Kräften stand, die Macht

Shizong 1522–1566

Muzong 1567–1572

Shenzong 1573–1620

Guangzong 1620

Xizong 1620–1627

Führung des Staates überließ er einem Eunuchen.

Als Wuzong ohne direkten Erben starb, folgte ihm sein Vetter (Zhu Houzong), der den Namen Shizong annahm. Er war zwar ein Despot, kümmerte sich jedoch kaum um die Geschicke des Landes und unternahm nichts, um die Einbrüche der Mongolen im Nordwesten und die Überfälle japanischer Seeräuber an der Küste zu verhindern. Unter seiner Regierung beschleunigte sich der Niedergang der Zentralgewalt, er selbst wäre 1542 beinahe gewaltsam getötet worden.

Die Regierung Muzongs (Zhu Zaihou) währte nur fünf Jahre. Es war großenteils seinem Minister Zhang Juzheng zu verdanken, daß das Reich eine kurze Zeit Frieden und wirtschaftliche Blüte erlebte.
Die Regierungszeit Shenzongs (Zhu Yiju) war zuerst sehr gedeihlich, fing dann jedoch 1580 an, Verfallserscheinungen zu zeigen. Das Ende des 16. Jahrhunderts war gekennzeichnet durch das Unvermögen, mit der Bedrohung von außen oder der finanz- und gesellschaftspolitischen Krise im Innern fertig zu werden.

Guangzong (Zhu Changluo) regierte nur zwei Monate und wurde wahrscheinlich vergiftet.

Die Regierungsjahre Xizongs (Zhu Youxiao) waren eine lange Folge von Rückzugsbewegungen im Angesicht innerer Unruhen und der wachsenden Bedrohung an den Grenzen.

Der letzte Ming-Kaiser, Zhuanglie-di (1628–1643), zeigte zwar mehr Entschlußkraft als seine unmittelbaren Vorgänger, aber es war zu spät. Er starb 1646 in der Gefangenschaft (kein Bild).

Unten: Kaiser Yingzong inspiziert seine Truppen.

der kaiserlichen Fürsten zu schwächen, und Chengzu tat seinerseits das gleiche. Der erste Ming-Kaiser hatte Nanjing zu seiner ersten Hauptstadt gemacht, Kaifeng (Henan) zu der des Nordens und Fengyang (Anhui), wo er herstammte, zur Hauptstadt der Mitte. Der neue Kaiser erhob Beijing, das bisher Beiping (nördlicher Friede) geheißen hatte, zur Ersten Hauptstadt. Diese Verlagerung erfolgte jedoch nur schrittweise mit dem Fortschreiten der Wiederherstellung des Großen Kanals vom Yangzi zum Gelben Fluß, einem Unternehmen, das dazu beitragen sollte, den Getreidetransport nach dem Norden zu verbessern, nachdem der Seeweg gefährlich geworden war.

In Beijing ließ der Kaiser den früher von den Yuan bewohnten Palast völlig neu errichten. Dieses Bauvorhaben nahm 14 Jahre in Anspruch und beschäftigte mehrere 100 000 Arbeiter. Zugleich wurde die Arbeit am Mausoleum im Norden von Beijing aufgenommen. Der erste Ming-Kaiser hatte sein Grab in der Nähe von Nanjing anlegen lassen; Chengzu und seine Nachfolger – mit Ausnahme Daizongs, der entthront worden

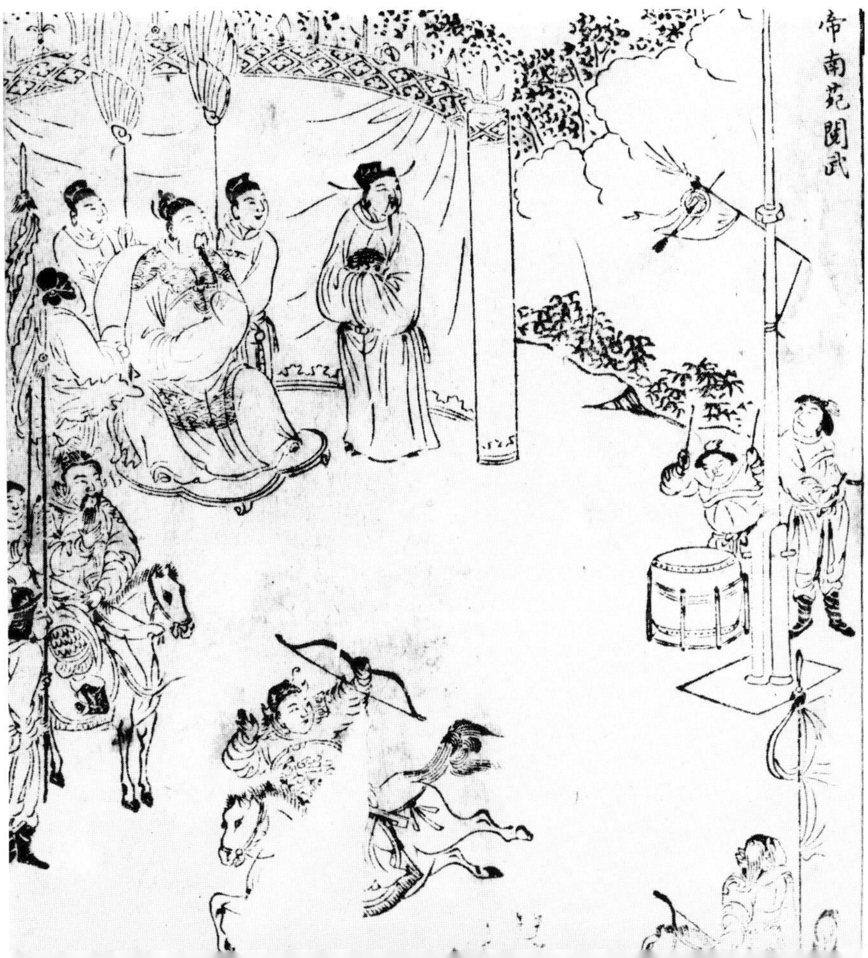

Mehr als zu jeder anderen Zeit machte die Porträtmalerei große Fortschritte. Das nebenstehende Bildnis stellt die Kaiserin Xiaolie dar, die Gemahlin Shizongs. Sie war es, die ihren Gemahl vor dem Mordanschlag der Hofdamen 1542 rettete.

Unter den Ming erlebte die Gesellschaft auch wohlhabende Zeiten. Die Ursache lag im Aufstieg eines recht wohlhabenden städtischen Bürgertums, das von einem wirtschaftlichen und industriellen Boom getragen wurde. Die traditionellen Künste der Intellektuellen – Dichtung und Malerei – wurden im Vergleich mit denen der Mittelklasse etwas vernachlässigt; so erlebten vor allem Romane eine große Blüte. Reiche Kaufleute suchten »das gute Leben« in einer reich ausstaffierten häuslichen Umgebung; damit wurde aber auch die Kunst der Raumausstattung, ein Synonym für Luxus, mehr und mehr überspannt und unnatürlich.

war – wurden alle in derselben Gräberstadt beigesetzt, die uner dem Namen Die Dreizehn Gräber (Shisan ling) bekannt ist.

Die Regierungszeit Chengzus war gekennzeichnet durch eine Intensivierung der diplomatischen und kommerziellen Aktivitäten in Übersee. Zu Beginn des 15. Jahrhunderts war die chinesische Flotte derjenigen der Portugiesen und Spanier noch voraus. Zwischen 1405 und 1433 führte Zheng He, ein muslimischer Eunuch aus Yunnan, sieben Expeditionen nach Java, Sumatra, Zeylon, Indien, dem Persischen Golf und der Arabischen Halbinsel durch. Es gelang ihm sogar, an der ostafrikanischen Küste in der Nähe von Mogadiscio zu landen.

Während der Regierungszeit von Chengzus Nachfolgern, Renzong und Xuanzong, setzte eine Periode der Untätigkeit ein, die zu einer Aufgabe aller Aktivitäten zur See und zu Lande führte. Die Mongolenstämme der Oirat oder Wala begannen mit ihren Einfällen. Im Jahre 1449 unternahm der Eunuch Wang Zhen einen Feldzug, an dem auch der junge Kaiser Yingzong teilnahm. Infolge seiner völligen Unerfahrenheit in der Kriegführung war das Unternehmen ein Fiasko. Bei Tuma (Hebei) wurde der Kaiser von Esen, dem Anführer der Oirat, gefangengenommen. Er kam erst 1475 wieder frei, als es ihm unter größten Schwierigkeiten gelang, den Kaisertitel zurückzugewinnen, indem er seinen Bruder wieder absetzte.

Von diesem Zeitpunkt an breitete sich der Streit der Parteien, den die Eunuchen ausgelöst hatten, ungehindert aus. Ihr Einfluß, den der Gründer der Dynastie zu unterbinden sich so große Mühe gegeben hatte, erreichte ein Ausmaß, wie es das bisher in der chinesischen Geschichte nicht gegeben hatte. Als einzige männliche Wesen, die in nächster Nähe der kaiserlichen Familie lebten, konnten sie aus dem zentralistischen und im verborgenen wirkenden System den Vorteil für sich gewinnen, die bevorzugten Helfer und Handlanger des Kaisers zu werden. Ihre Aufgabe war es, alle kaiserlichen Erlasse,

Im kaiserlichen China hatte jede Dynastie ihren Anteil an neuen, von den einzelnen Herrschern betriebenen Bauprojekten: Instandsetzung oder Verlängerung der Großen Mauer, Errichtung einer neuen Hauptstadt, Anlage von Deichen entlang den Flüssen und anderen Gewässern. Letztere Art von Unternehmen war allerdings mehr Notwendigkeit denn kaiserlicher Ehrgeiz, weil die chinesischen Flüsse häufig durch Flachland führen und bei Hochwasser zu riesigen Katastrophen führen können. Aus dieser Ming-Kopie nach einem Gemälde aus der Yuan-Dynastie sind die verschiedenen Techniken beim Bau eines Deiches deutlich erkennbar: Pfähle werden in den Uferboden getrieben, während Reisigbündel als Füllung bereitgelegt werden. Der Bau der Großen Mauer zwang zu einer ähnlichen kollektiven Anstrengung, und es besteht kein Zweifel, daß die für dieses Verteidigungswerk zwangsrekrutierten Arbeiter sich der Gefahr, die von ihren nördlichen Nachbarn ausging, ebenso bewußt waren wie ihren Landsleuten die Katastrophen gewärtig waren, die die über ihre Ufer tretenden oder ihren Lauf ändernden Flüsse verursachten.

Diese Karte von Beijing, die im 21. Jahr der Wanli-Ära (1593) gezeichnet wurde, ist die älteste heute bekannte Karte der Stadt. Auf ihr sind die öffentlichen Anlagen eingetragen, die Chengzu zu Beginn des 15. Jahrhunderts bauen ließ, als er Beijing zu seiner Hauptstadt machte.

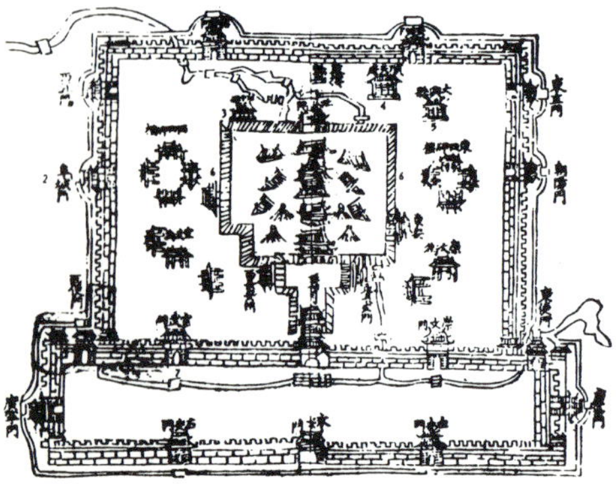

Die Krieger- und Tierfiguren, die als Wächter für die Gräber einiger Ming-Kaiser dienten, zeigen zwar nicht dieselbe künstlerische Qualität wie manche Standbilder früherer Epochen, sind aber nicht weniger dramatisch. Die Abwechslung und das exotische Äußere der Tierfiguren bezweckte zweifellos, dem Betrachter einen Eindruck von der umfassenden Macht der toten Kaiser zu vermitteln.

Die Errichtung von Palästen war ein ebenso beliebter wie teurer Zeitvertreib mehrerer Ming-Kaiser. Dieser hier (rechts), der in den Wolken, gleichsam wie am Himmel aufgehängt scheint, ähnelt im Stil dem kaiserlichen Palast in der Verbotenen Stadt, den Chengzu hatte erbauen lassen.

mündlich wie schriftliche, weiterzuleiten und zu verbreiten. Nachdem sie zunächst mit den vom Kaiser eingerichteten Organisationen der Geheimpolizei zusammengearbeitet hatten, waren sie schließlich diejenigen, die diese überwachten. Die Zahl der Eunuchen, die unter der Herrschaft Taizus auf 100 begrenzt gewesen war, stieg bald auf über 10 000, und mit der wachsenden Zahl wuchs auch ihre Macht. Die gesamte Verwaltung des Palasts geriet in ihre Hände. Xuanzong gründete eine besondere Schule für die Erziehung des Schreibens unkundiger Eunuchen und stellte zehn von ihnen als seine persönlichen Sekretäre ein. Selbst außerhalb des Palastes übernahmen Eunuchen diplomatische Missionen und militärische Kommandos.

Von der zweiten Hälfte des 15. Jahrhunderts an vernachlässigten die meisten Kaiser die Staatsgeschäfte. Mit der Weiterentwicklung des Handels und des handwerklichen Könnens zum Schaden der Landwirtschaft kam es zu sozialen und wirtschaftlichen Veränderungen, wie der Fernhandel mit Seide und Porzellan bezeugt. Die letzten Jahre der Ming-Dynastie waren besonders unstabil; denn zu den Krisen in der politischen Führung und im Finanzwesen kamen nun auch noch Volksaufstände, die es den Mandschus schließlich ermöglichten, die Macht zu ergreifen.

Und dennoch gibt es auch heute noch sehr viel mehr als nur die Große Mauer, um Zeugnis für die wahrhaft glanzvollen Jahre der Ming-Dynastie abzulegen. Der Besucher des heutigen Beijing ist überwältigt von der Pracht und den gewaltigen Abmessungen des Kaiserpalastes, der einst die »Verbotene Stadt« genannt wurde und heute Palast-Museum heißt. Nirgends versteht man so wie hier, wie die Idee von einem »Reich des Himmels« entstehen konnte – die Vorstellung, daß hier wirklich der Mittelpunkt des Universums sei. Und nicht nur in der Stadt der lebenden Kaiser finden wir Anlagen von so gewaltigen Dimensionen, denn ihre Gräber, 30 Kilometer nördlich von Beijing, sind ebenso eindrucksvolle Zeugen einer ultraaristokratischen Gesellschaft, deren Mitglieder sich für die wahren Himmlischen in diesem Reiche des Himmels hielten.

Luo Zewen

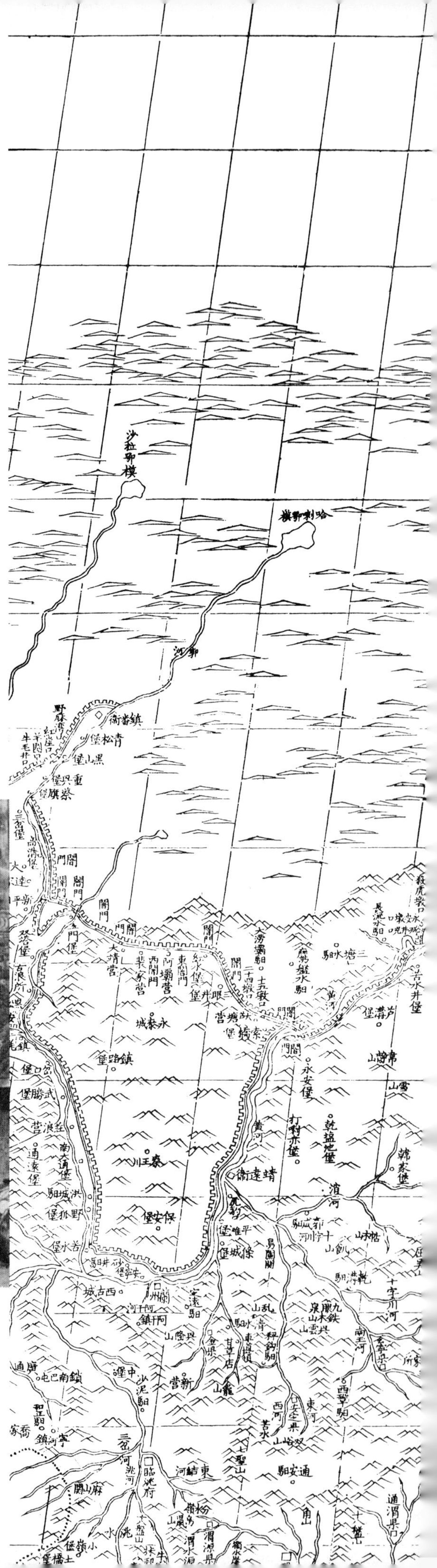

Die Karte, die den Verlauf der Großen Mauer quer durch das Ordos-Gebiet innerhalb der Schleife des Großen Flusses zeigt, wurde auf Betreiben der Jesuiten zusammengestellt, die während der Kangxi-Zeit (Anfang des 18. Jahrhunderts) am Hofe des Mandschu-Kaisers lebten. Die hierfür erforderlichen Vermessungsarbeiten nahmen zehn Jahre in Anspruch, aber das Ergebnis war allem, was die Europäer im Westen damals zustande brachten, weit überlegen.

Die Mauer

Die Große Mauer ist eine ans Wunderbare grenzende Ingenieurleistung, ein achtes Weltwunder; ihre erstaunliche Länge stellt einen Rekord dar und ist eine statistische Größe. Aber wo fängt die Mauer denn nun wirklich an, und wo hört sie auf? Diese Frage ist weniger leicht zu beantworten.

Ein Wächter aus der Ming-Zeit, aus jenem Zeitabschnitt, der auch als »Chinesische Renaissance« bezeichnet wird, hätte die Mauer als endlos ansehen können. Bestenfalls hätte er sich vorstellen können, daß sie zwei Enden habe, das eine weit im Osten, das andere weit, weit entfernt im Westen, beide so weit entrückt wie die Unendlichkeit. Der Seemann von einst, der, über das Gelbe Meer kommend, des »Alten-Drachenkopf-Turms« ansichtig wurde, muß diesen für den Anfang der Großen Mauer gehalten haben, denn dies ist die Stelle, wo sie das Meer erreicht. Und hier liegt auch die Festung Shanhaiguan, die eine Inschrift trägt, die etwa folgendermaßen wiedergegeben werden kann: »Das Erste Tor auf Erden«.

Die Mauer sah hier anders aus als im fernen Westen, in der Gelben Wüste auf dem 89. Längengrad. Für die Pilger auf ihrem ge-

Diese drei Schutzgötter wurden in einem Heiligtum am Malanyu-Paß nordöstlich von Beijing aufgestellt, um die Große Mauer zu beschützen. Sie waren nicht die einzigen Wächter dieses ausgedehnten Bauwerks, aber ihr Aufstellungsort sollte noch eine Überraschung in petto haben: Sie stammen zwar aus der Zeit der Qing-Dynastie, aber sie wurden genau an der Stelle aufgestellt, von der später die Mandschu-Eroberung ihren Ausgang nahm.

喀喇莽尼鄂模
烏藍鄂模
黃河
清水河
保安縣
安塞縣
延長縣
宜川縣
鄜州
中部縣
慶陽府

Dieses Buch kann nur die jüngsten Beispiele (vom 15. Jahrhundert an) chinesischer Kartographie zeigen, die aber schon viel früher einen Höhepunkt erreicht hatte. Unter dem Zwang militärischer und wirtschaftspolitischer Bedürfnisse zögerten die chinesischen Herrscher nie, Expeditionen auszusenden, um geodätische Vermessungen durchzuführen, die mitunter Daten von bemerkenswerter Genauigkeit erbrachten. Mit Hilfe verhältnismäßig ingeniöser Geräte und recht weit fortgeschrittener mathematischer Kenntnisse (vor allem in der Trigonometrie) war es ihnen möglich, Karten anzufertigen, die im Europa dieser Zeit als umwälzend angesehen worden wären; früh wurden auf chinesischen Karten Gitternetze und Symbole verwendet.

Die Herkunft dieser Karte, die 1952 im Lateran-Museum entdeckt wurde, ist weitgehend unbekannt. Sie wurde zur Zeit der Qing-Dynastie gestochen, und der in ihren sechs Teilblättern dargestellte Abschnitt der Mauer reicht von Jiayuguan, ihrem westlichen Ende, bis in die Gegend von Datong in Shaanxi. Die Karte ist nach Süden ausgerichtet, Westen ist also rechts. Die Ordos-Schleife ist im ersten Viertel von rechts zu erkennen.

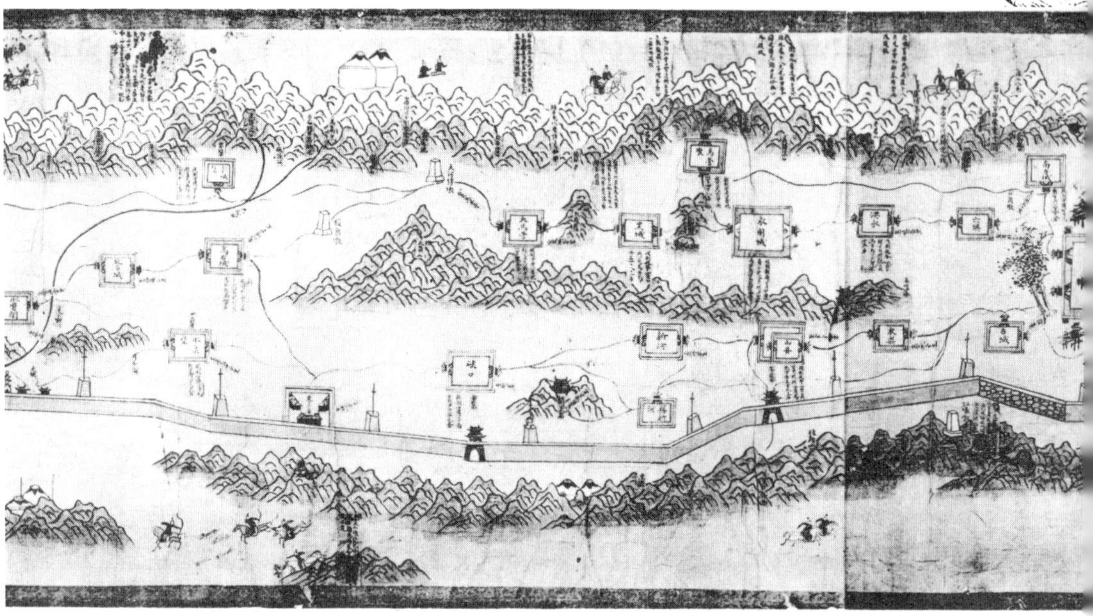

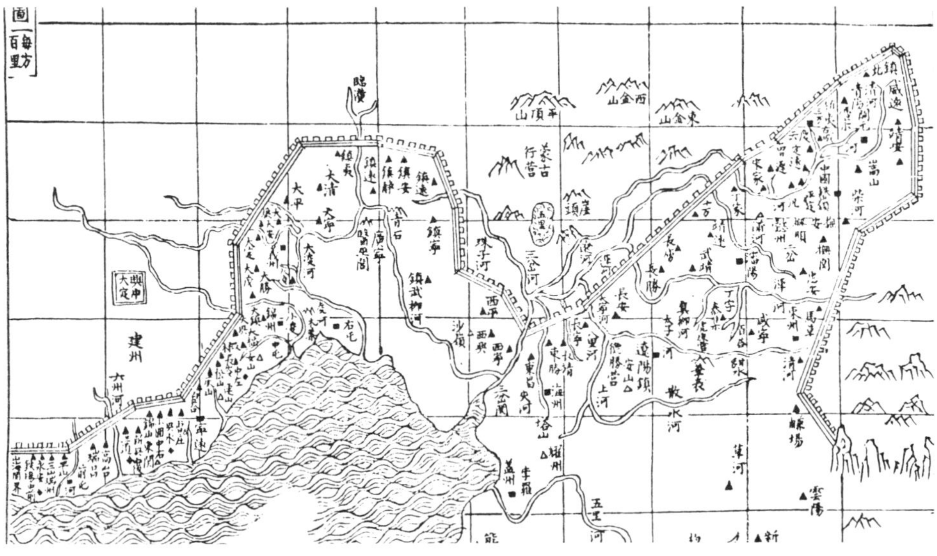

Die Fortsetzung der Mauer über Shanhaiguan hinaus in Richtung Nordwesten findet sich in einem Atlas Chinas aus dem 16. Jahrhundert dargestellt. Die Mauer folgt der Küste des Golfs von China (der Bohai-See) und umschließt teilweise die zentrale Ebene der Provinz Liaoning. Schriftquellen, die auf diese Anlage Bezug nehmen, erwähnen lediglich mit Weiden bepflanzte Erdwälle (siehe auch Seite 127).

fährlichen Wege zu den heiligen Stätten Indiens war die Stadt und Festung Jiayuguan (»das Jadetor«) der Rand der bewohnten Welt, das Ende von Sicherheit und Geborgenheit, der Schlußpunkt der Großen Mauer. Jenseits dieses Tores lag eine feindliche Welt, eine von bösen Geistern bewohnte Einöde. Und doch war unter der Han-Dynastie (3. Jahrhundert v. Chr. bis 3. Jahrhundert n. Chr.) die Große Mauer 500 Kilometer über dieses »Ende« hinaus verlängert worden, wenn auch nur zeitweilig genutzt.

Völlig anders war die Aussicht für den Reisenden, der aus der anderen Richtung kam, von der Seidenstraße her, mit einer Karawane von den fernen Ländern des Westens quer durch Innerasien. Für ihn bedeutete der Anblick von Jiayuguan, daß er die Entbehrungen, Strapazen und Gefahren der Reise glücklich überstanden hatte. Hier, am äußersten Ende der Mauer, begann die zivilisierte und behütete Welt, das Ziel seiner Reise: China.

An dieser Stelle beginnt auch die Darstellung der Großen Mauer in diesem Buch: Am westlichen Anfang und Ende bei Jiayuguan, unter den eisbedeckten Häuptern des Qilian-Gebirges. Die Mauer, die wir hier verfolgen – die der Ming-Dynastie (1368–1644) – zieht sich etwa 12 000 *li* (6000 Kilometer) durch die geographisch unterschiedlichsten Gebiete Nordchinas.

Auf dem Wege von Jiayuguan nach Osten verläuft die Mauer durch den 1000 Kilometer langen, von Bergen flankierten Hexi-Korridor. Obwohl sie an den südlichen Ausläufern der Wüste Gobi entlangführt, ist die Gegend nicht gänzlich trocken. Die Gobi war einst mit genügend Wasser gesegnet, um Gürtel bebauten Landes sowie Weideland und Oasen gedeihen zu lassen. Auch waren

Die Ortsannalen, eine Art historisch-geographisches und ethnographisches Merkbuch für jeden Regierungsbezirk, enthalten Titelbilder, die besonders wichtige Baudenkmäler oder Örtlichkeiten zeigen. Ein Beispiel ist Yulin Xian Zhi, wo die Große Mauer im Osten beginnt. Der hier gezeigte Abschnitt liegt nicht weit von Shanhaiguan.

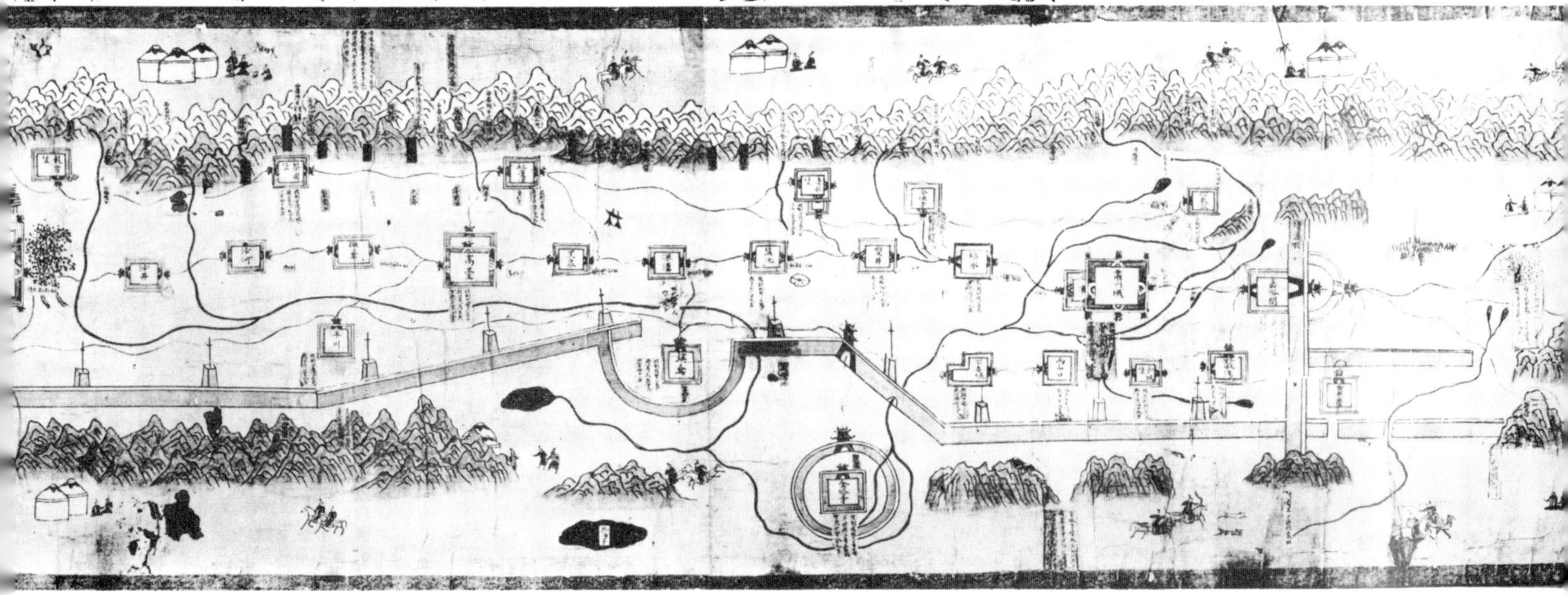

hier schon in alter Zeit Dörfer und Städte entstanden.

Ungefähr 50 Kilometer südöstlich der Stadt Wuwei biegt eine Abzweigung der Mauer nach Süden, bis sie auf den Gelben Fluß stößt, umfängt mit einem großen Bogen die bedeutende Stadt Lanzhou und schwenkt dann wieder entlang dem Gelben Fluß nach Nordosten, um an der Stelle, wo auch der andere Zweig der Mauer den Gelben Fluß erreicht, sich wieder mit ihr zu vereinigen. Es gibt mehrere kartographische Versionen über den Verlauf der Schleife bei Lanzhou, was im übrigen auch für andere Abschnitte der Mauer gilt. Der Punkt, wo die beiden Mauern wieder aufeinandertreffen, liegt an der Grenze zwischen der Provinz Gansu und dem Autonomen Gebiet von Ningxia. Dann wendet sich die wieder vereinigte Mauer nordwärts entlang den Helan-Bergen, überquert den Gelben Fluß, der hier nach Norden strömt, und folgt ihm dann jenseits seiner großen Schleife wieder nach Süden zur Nordgrenze der Provinz Shaanxi.

Wir befinden uns hier im Hetao- oder Ordos-Gebiet des Stromtals des Gelben Flus-

Der auf dieser Karte gezeigte Abschnitt beginnt nur 50 Kilometer von der Stelle, wo das Landschaftsbild oben auf dieser Seite aufhört. Die zahlreichen Ortsnamen (vornehmlich Militärbasen und Mauerdurchlässe auf der Südseite) und das Fehlen entsprechender Angaben auf der Nordseite sind bemerkenswert.

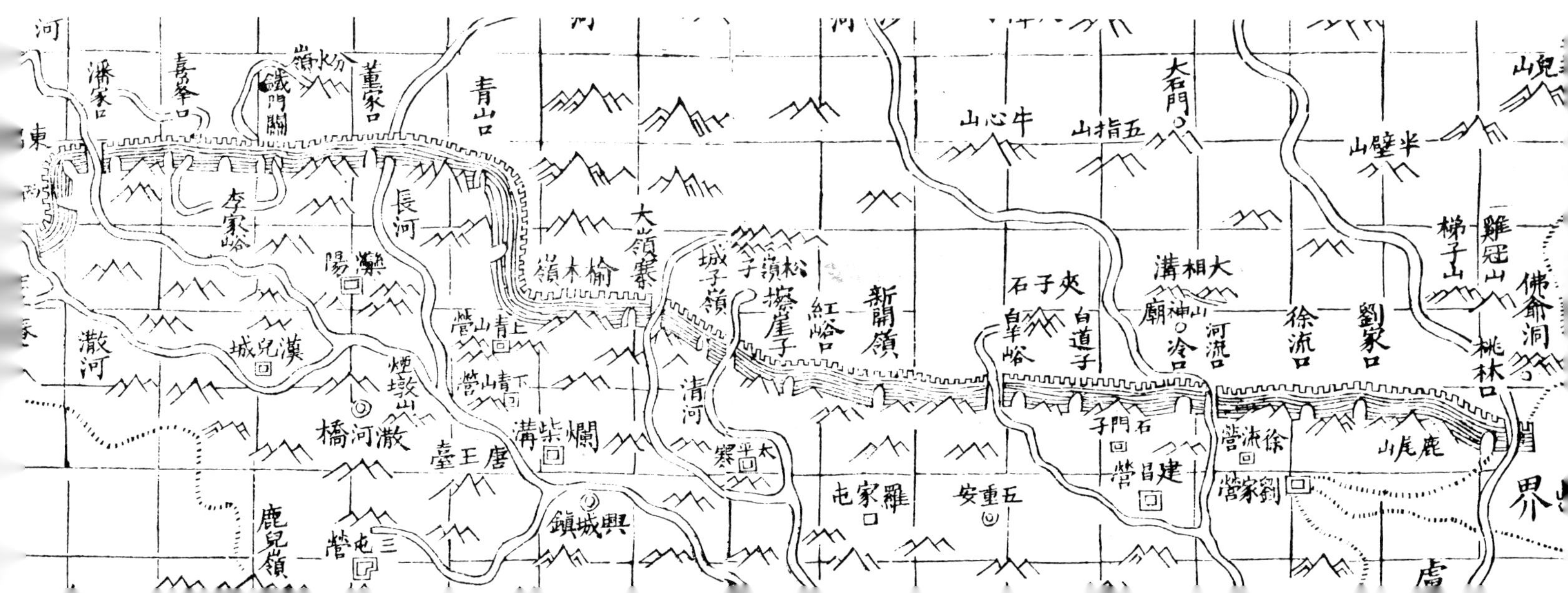

Die Karte rechts zeigt die Große Mauer der Ming-Dynastie in ihrer gesamten Ausdehnung über 21 Längengrade hinweg. Sie enthält alle Örtlichkeiten, Festungen, Garnisonen und Städte, die wegen ihrer reichen Kunstwerke oder ihrer Baudenkmäler schon immer von Bedeutung waren. Bis heute leben in der Nachbarschaft der Mauer viele ethnische Gruppen in verschiedenen religiösen Glaubensgemeinschaften. Es gibt zahllose Heiligtümer, Heiligenschreine, Klöster, Heilige Berge und geweihte Stätten. Das Gebiet der Mauer besitzt außerdem eine außerordentlich reiche Flora und Fauna, darunter diesen Schwarzhalskranich (oben). Unten: Eine typische Garnison nahe der Mauer.

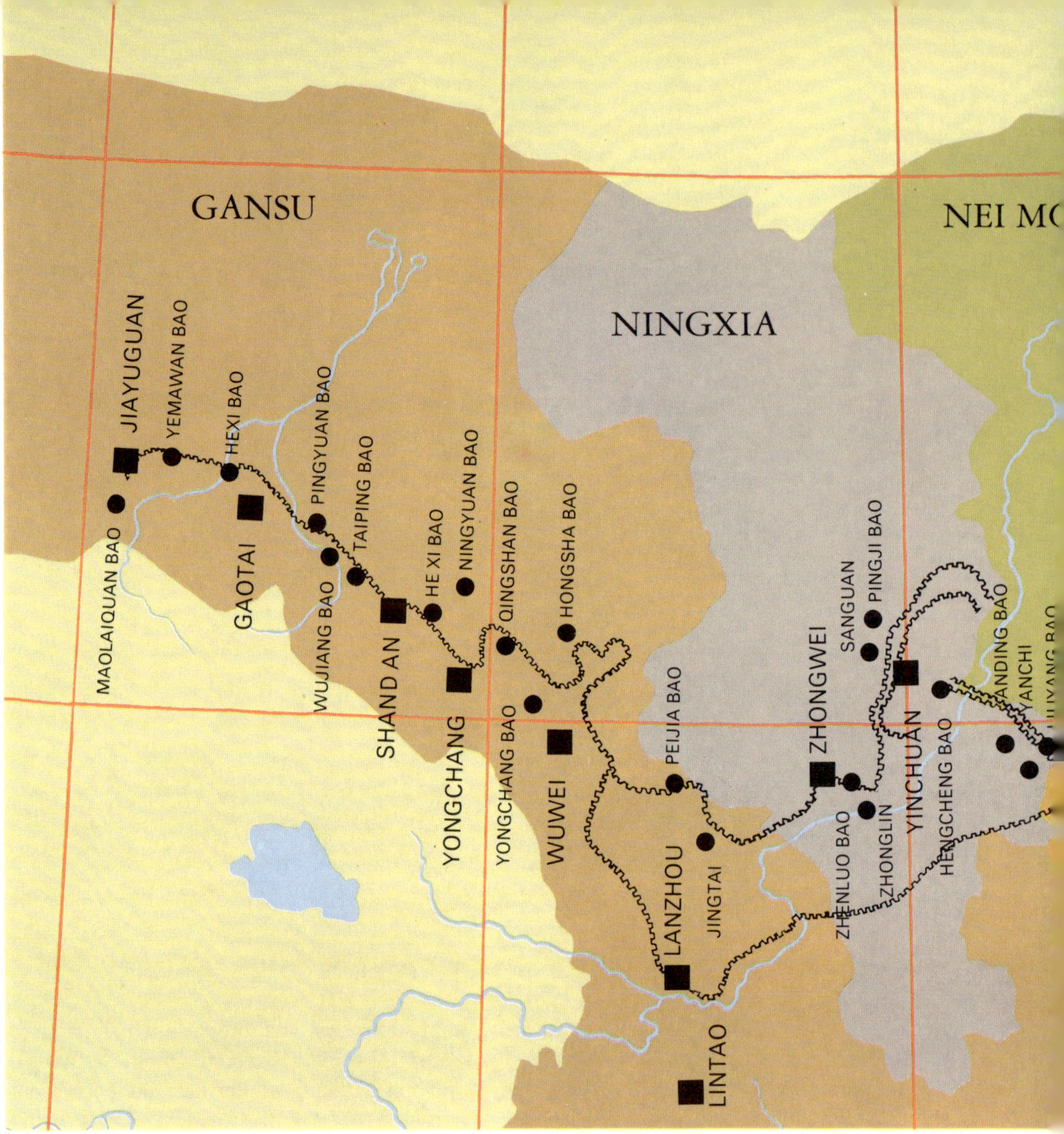

ses, wo dieser sich in mehrere parallele Arme gabelt. Über eine Strecke von 200 Kilometern schlängelt sich die Mauer am Gelben Fluß entlang und überquert ihn an mehreren Stellen. Nachdem die Mauer sich ihren Weg durch eine Wüste, ein Lößplateau und Grasland gebahnt und auf der anderen Seite der großen Schleife den Gelben Fluß erneut überquert hat, teilt sie sich in zwei parallele Arme, die gewöhnlich als die Innere und die Äußere Mauer der Ming-Dynastie bezeichnet werden. Der nördliche Teil erklettert die Fengzhen-Hügel am Fuß der Yinshan-Berge (der Grenze zwischen dem Autonomen Gebiet der Mongolei und der Provinz Shanxi) und endet bei Juyongguan in der Nähe von Beijing, nördlich der Taihang-Berge. Der südliche Teil überquert das Lößplateau in Nord-Shanxi, dann die Kette der Taihang-Berge, um schließlich bei Juyongguan mit der nördlichen Mauer wieder zusammenzutreffen.

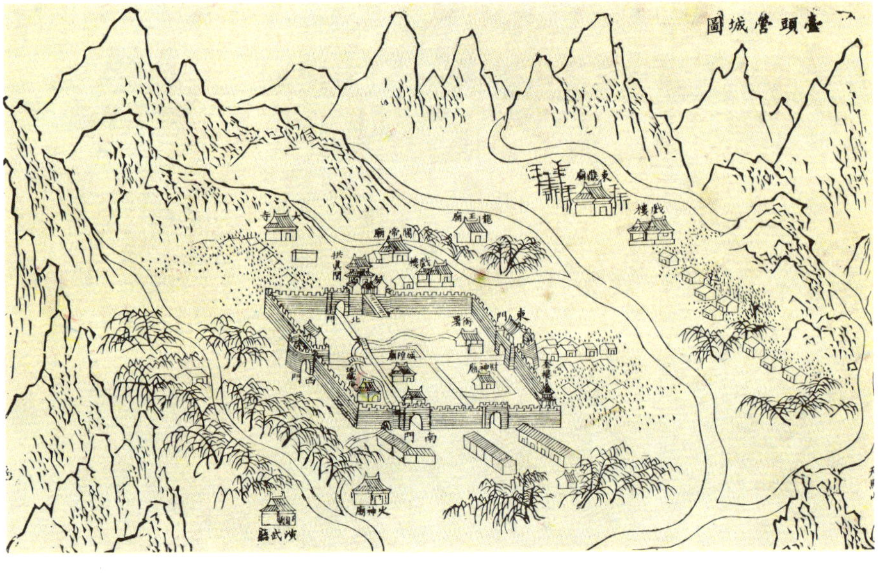

Zwischen dem Gebiet von Beijing und dem Meer befindet sich der großartigste, massivste und besterhaltene Teil der Großen Mauer der Ming-Dynastie, ein 600 Kilometer langes Stück, das sich ostwärts entlang den hohen Kämmen des Yanshan-Gebirges nach Shanhaiguan erstreckt.

Die Mauer war selbstverständlich vor allem anderen ein militärisches Bollwerk, eine

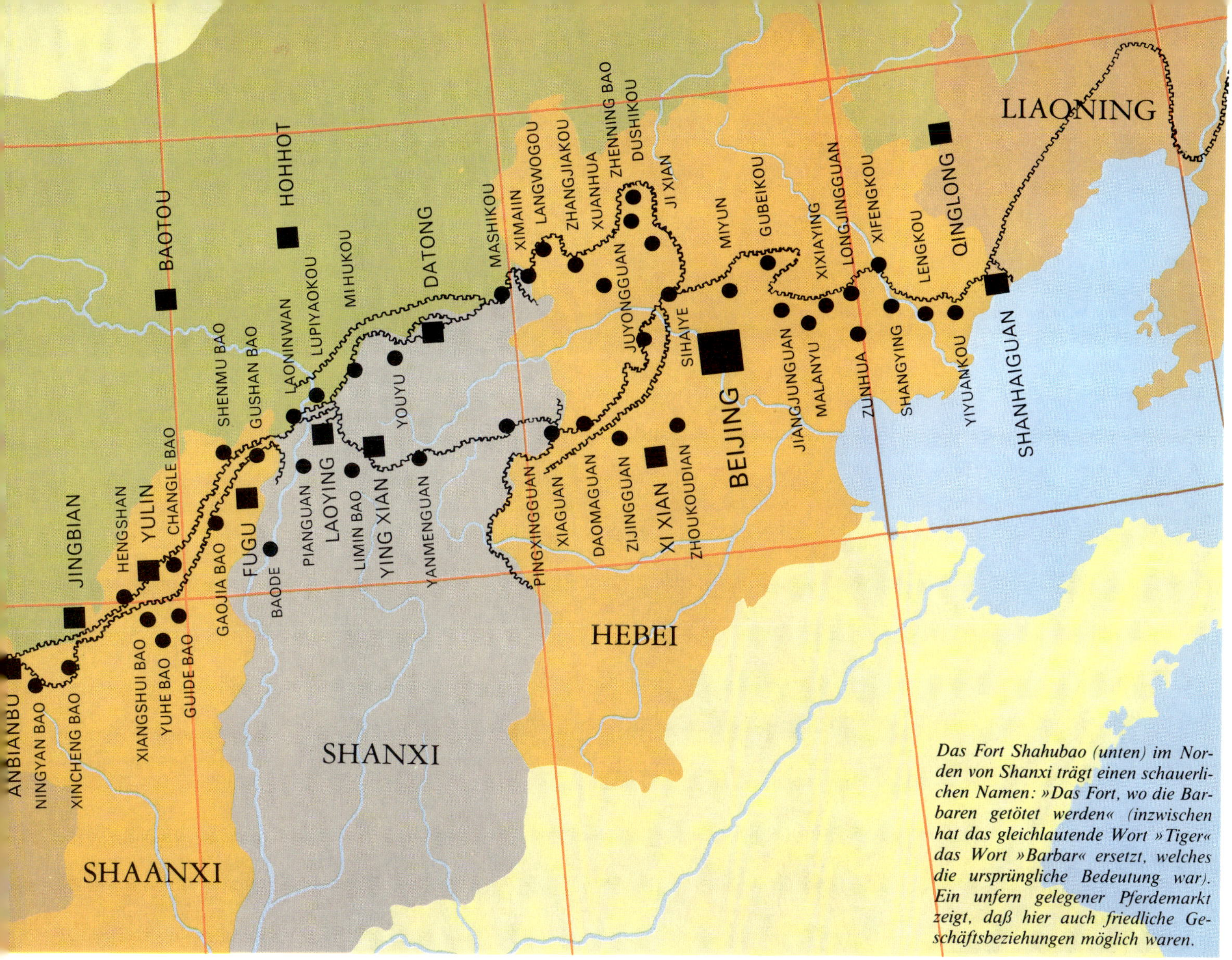

Das Fort Shahubao (unten) im Norden von Shanxi trägt einen schauerlichen Namen: »Das Fort, wo die Barbaren getötet werden« (inzwischen hat das gleichlautende Wort »Tiger« das Wort »Barbar« ersetzt, welches die ursprüngliche Bedeutung war). Ein unfern gelegener Pferdemarkt zeigt, daß hier auch friedliche Geschäftsbeziehungen möglich waren.

Verteidigungslinie. Auf ihren 6000 Kilometern Länge gab es Hunderte von Toren und Durchlässen, Tausende von Wachttürmen, Militärposten, Festungen und Garnisonen. Zur Zeit der Ming-Dynastie, als die Verteidigungsanlagen noch voll funktionsfähig waren, soll die Stärke der Wachtruppen eine Million betragen haben. Sie waren in neun militärische Befehlsabschnitte gegliedert, die *zhen* (Abschnittskommandos), von denen jeder eine Anzahl von Wachstationen befehligte, die sich nach den örtlichen strategischen Gegebenheiten richtete.

Jeder, der die Mauer in ihrer ganzen Länge bereisen würde, träfe bald die Feststellung, daß er nicht nur die vielgestaltigsten Landschaften durchquere, die China aufzuweisen hat, sondern auch einige der historisch bedeutendsten Gebiete. Seit der allerältesten bis in die neuere Zeit kam es in diesen Gegenden immer wieder zu gegenseitiger Durchdringung, Vermischung und Neubildung vielfältigster Völkergruppen, die schließlich die chinesische Bevölkerung von heute entstehen ließen. Zu beiden Seiten der Mauer sind bei archäologischen Grabungen wichtige Funde zutage gefördert worden. Aus den Gräbern der Jin-Dynastie in der Nähe von Jiayuguan haben Forscher in neuerer Zeit herrlich verzierte, in kräftigen Farben bemalte Ziegel geborgen. Bemalte Tongefäße aus der Jüngeren Steinzeit, die in der Nähe von Lanzhou und im Hexi-Korridor ausgegraben wurden, fallen durch ihre schönen Formen auf. Bedeutende, 2000 Jahre alte Hinterlassenschaften der Hunnen sind in der Nähe der Großen Mauer im Gebiet der Autonomen Ningxia-Region, in der Provinz Shaanxi und in der Autonomen Region der Mongolei ans Licht gekommen. Aus diesen Gebieten wurde das Qin-Reich gebildet, von dem dann die Einigung Chinas zum Ersten Kaiserreich vollzogen wurde – ein Ereignis von größter Bedeutung für die Geschichte des Landes.

Die Lokalgeschichte – die Kunde von den zahlreichen Völkergruppen und Staatsgebilden, die im Bereich der Mauer existiert haben – hat ebenfalls beredte künstlerische und archäologische Zeugnisse hinterlassen. Die

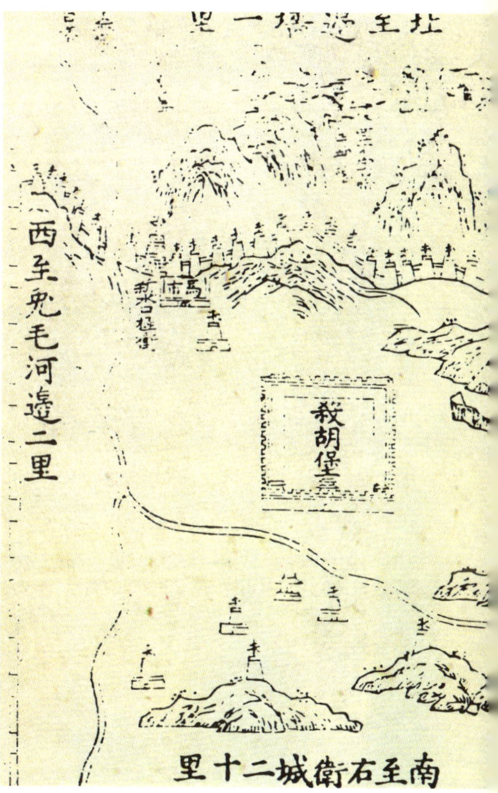

Der Abschnitt der Mauer, der sich über den Berg Badaling nordwestlich von Beijing hinwegwindet, ist einer der am besten erhaltenen und wird daher auch gern ausländischen Besuchern gezeigt. Von der obersten Plattform hätte man 1644 die Mandschu-Heere sehen können, wie sie den Juyongguan-Paß überschritten, um Beijing zu erobern.

Die Mauer windet sich wie ein Drache und paßt sich auch den kleinsten Unregelmäßigkeiten des Geländes an. Die Rekonstruktionszeichnung mag eine Vorstellung vermitteln, wie die Arbeiter buchstäblich wie Ameisen schufteten und die Baumeister unentwegt Vermessungen und Berechnungen durchführen mußten.

In den letzten Jahren hat sich in China das Interesse für die Große Mauer neu belebt. Auch die überall verstreuten »kleinen Mauern« sind näher erforscht worden, wie beispielsweise im Norden von Huhehot (Innere Mongolei), wo eine Anlage untersucht wird, die möglicherweise aus dem 3. Jahrhundert v. Chr. stammt. Der zweite von rechts auf dem obigen Foto ist Professor Luo Zewen.

wohlbekannten alten Städte in Nord-Shaanxi, die Yunguang-Grotten der Nördlichen Wei-Dynastie bei Datong in der Provinz Shanxi und die Tempel der Liao- und der Jin-Dynastie sind allesamt unsterbliche Meisterwerke. Viele alte Schlachtfelder und Paßsperren erinnern uns noch heute an den oft heldenhaften Widerstand gegen die Liao-Invasion zur Zeit der Song-Dynastie. Vor allem aber ist Beijing, die Hauptstadt der Dynastien der Liao, Jin, Yuan, Ming und – während der letzten Jahre der chinesischen Feudalgesellschaft – der Qing, bemerkenswert reich an archäologischen Funden und historischen Stätten jener Zeit. Auf der ganzen Länge des von Beijing nach Norden verlaufenden Mauerzuges stoßen wir auf Ruinen der Staaten Yan und Zhao aus der Zeit der Streitenden Reiche.

Auf beiden Seiten der Mauer liegen kleinere oder größere Städte, von denen viele in vergangenen Zeiten wichtige Handelszentren waren. Die Regierungsbezirke Wuwei, Zhangye, Jiuquan und Dunhuang in der Provinz des Hexi-(oder Gansu-)Korridors waren Hauptstationen an der Seidenstraße, die China mit der Welt des Westens verband. Zu den großen Provinzhauptstädten, die in der unmittelbaren Nachbarschaft der Mauer liegen, gehören Lanzhou, Yinchuan, Xi'an, Taiyuan, Huhehot und Shenyang; und Beijing, die Hauptstadt der Volksrepublik China, liegt unmittelbar innerhalb eines strategisch entscheidenden Abschnitts der Ming-Mauer. Während mehrerer Jahrhunderte gab es entlang der Mauer mehr als 100 größere Marktflecken für Groß- und Kleinvieh, Zugtiere und andere Waren.

Als ein Überrest aus Chinas großer Vergangenheit, als Zeuge der Stärke und Überlebenskraft seines Volkes, lohnt die Große Mauer eine gründliche Betrachtung aus nächster Nähe, wie sie in der schematischen Darstellung auf den folgenden Seiten zu finden ist. Dort ist auf einen Blick zu sehen, wie außerordentlich verschieden die Mauer auf ihrer großen Länge ist – welche gewaltigen Höhen sie erklimmt, wie sie den Gelben Fluß nicht weniger als viermal überquert, um dann wieder auf Meereshöhe hinabzusteigen.

Es gibt eine Unzahl von Sagen und Legenden im Zusammenhang mit der Mauer, die bis heute dem chinesischen Volk lieb und teuer sind, die in die Literatur Eingang gefunden und das Theater bereichert haben. Eine solche Legende berichtet, wie ein hilfsbereiter Drache den Arbeitern die Trasse der Mauer über Berg und Tal vorzeichnete und wie die Werkleute schließlich den Spuren des Drachen folgten. Es gibt auch viele Lieder und Gedichte, sogar eines von Mao Zedong, das er verfaßte, als er einmal über die Mauer hinwegflog.

Eine sorgfältige Untersuchung dieses erstaunlichen Bauwerks über seine Tausende von Kilometern kann uns viele interessante Einsichten vermitteln – ja, manche Geheimnisse Chinas erschließen.

Gegenüber: Die letzte Bastion ist ebenso riesig wie luxuriös. Karren konnten auf der schrägen Rampe bis zu den auf den Festungswällen stehenden Pavillons gelangen. Unten: Sonnenuntergang hinter Jiayuguan, der letzten Festung im Westen, die »Heroische Torfeste im Himmel«, wie die Inschrift auf der Tafel besagt. Ganz unten: Das Qilian-Gebirge, im Vordergrund die Festung Jiayuguan.

Das westliche Ende – oder der Anfang

Der Jiayuguan-Paß war ein Ort von strategischer Bedeutung am westlichen Ende der Großen Mauer, die unter der Ming-Dynastie (1368–1644) gebaut wurde. Der Paß liegt am Fuß des Jayu-Berges 40 Kilometer westlich von Jiuquan in der heutigen Provinz Gansu. Südlich davon liegt das Qilian-Gebirge, das während des ganzen Jahres schneebedeckt ist. Die Große Mauer erstreckt sich von Wuwei in Gansu nach Westen, durch die Berge des Qilian bis hinaus zum Jiayuguan-Paß. Nördlich des Passes liegt die Mahi-Hügelkette und dahinter Wüste. Eine klare Quelle, eine Oase und Ackerland liegen vor dem Paß, so daß die Soldaten mit frischem Trinkwasser versorgt waren und Feldfrüchte anbauen konnten.

Die Festung vor dem Jiayuguan-Paß liegt in einem Tal 1773 Meter über dem Meeresspiegel. Sie ist auf der Westseite breiter als auf der Ostseite und leicht treppenförmig angelegt. Ihr Umfang mißt 640 Meter. Die Mauern sind zehn Meter hoch und dauerhaft, wenn auch nur aus gestampftem Lehm, während die Tortürme, Brustwehren und Schießscharten aus Ziegeln sind.

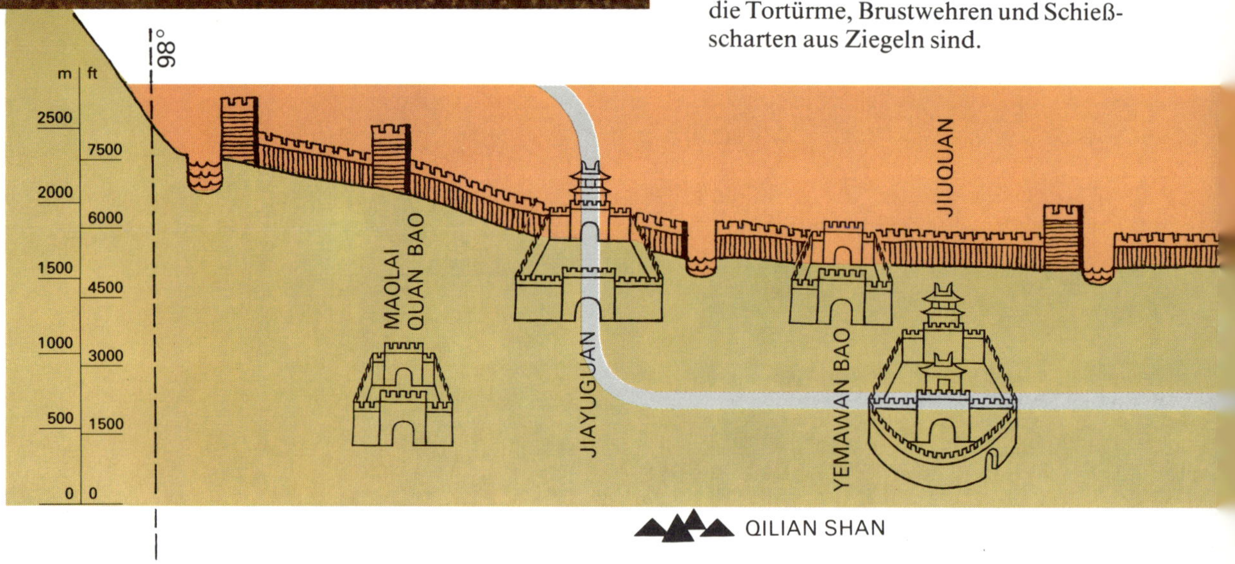

Das Fort besitzt zwei Tore, das Guanghua-Tor im Osten und das Rouyuan-Tor im Westen. Jedes Tor trägt einen dreistöckigen, 17 Meter hohen Turmaufbau. Diese Türme haben bemalte Pfeiler und geschnitztes Balkenwerk und ein Dach mit einfacher Traufenkante und aufwärts gebogenen Ecken – eine Mischung der herkömmlichen Dächer mit zwei oder vier ineinander übergehenden Dachschrägen. Sie wirken großartiger als die Tortürme am Shanhaiguan-Paß. Außerhalb des Rouyuan-Tores liegt noch ein Außentor, das den Weg zum Jiayuguan-Paß

freigibt. Oben auf dem Tor befand sich früher eine waagerechte Tafel mit der Inschrift: »Erstes befestigtes Tor der Erde«. Der Jiayuguan-Paß mit dieser Devise und der Shanhaiguan-Paß mit der Inschrift: »Erstes Tor der Erde« bildeten das westliche und das östliche Ende der Mauer, 5000 Kilometer voneinander getrennt. Leider wurde der Torturm in Jiayuguan mitsamt der Tafel 1928 abgerissen. Das Denkmal mit der Inschrift: »Stärkste Paßfeste der Erde«, das heute außerhalb des Westtores von Jiayuguan steht, wurde im 14. Jahr der Jiaqing-Ära der Qing-Dynastie (1809) errichtet. Die Paßstellung wurde im 5. Jahr der Hongwu-Ära des Kaisers Taizu der Ming-Dynastie (1372) gebaut, aber später vorübergehend verlassen. Im zweiten Jahr der Zhengde-Ära (1507) und im 18. Jahr der Jiajing-Ära (1539) wurde sie wieder instandgesetzt und verstärkt. Es war die erste Befestigung, die den Gansu-Korridor beherrschte. Westlich von Jiayuguan befinden sich die Reste der Großen Mauer, die von dem Han-Kaiser Wudi (140–87 v. Chr.) errichtet worden war. Zu dieser Zeit sorgten die Xiongnu, die damals in Nordchina eine Minderheitsgruppe bildeten, im Herrschaftsbereich der Han für ständige Unruhe.

Der Kaiser veranlaßte eine Gegenoffensive gegen die Xiongnu und schickte Zhang Qian als Gesandten in die Westgebiete, wo viele Staaten freundschaftliche Beziehungen mit der Han-Dynastie anknüpften. Um seinen Herrschaftsbereich gegen die Einfälle der Xiongnu zu schützen und um den reibungslosen und sicheren Verkehr durch den Gansu-Korridor zu gewährleisten, schickte der Kaiser Arbeiter nach Hexi (in der heutigen Provinz Gansu), um eine Mauer zu bauen, die nahe vom heutigen Baotou über Jinquan, Yumen und Dunhuang bis zum Yanze (dem heutigen Lopnur) ging. Mehr als 2000 Jahre lang, beginnend mit dem 2. Jahrhundert v. Chr., wurden große Mengen von Seidengarnen und -stoffen sowie andere Waren durch den Gansu-Korridor und über den Congling (den Pamir) transportiert und dann in Innerasien und Europa verkauft. Dieser Handelsweg wurde als Seidenstraße bekannt und spielte in der Geschichte eine bedeutende Rolle: Sie förderte friedliche Kontakte zwischen China und asiatischen, europäischen und afrikanischen Ländern sowie den wirtschaftlichen und kulturellen Austausch zwischen China und dem Westen.

Links: Ein junger Kasache, Angehöriger einer völkischen Minderheit, die im Umkreis des westlichen Endes der Mauer ansässig war.

Rechts: Diese Pflanzen wurden von den Bewohnern des Gebietes um Jiayuguan jahrhundertelang als Brennmaterial benutzt.

Unten: Dieser Ziegelstein von einem Grab des 3. Jahrhunderts v. Chr., der 1972 in Jiayuguan gefunden wurde, zeigt, daß der Ackerbau in Nord-Gansus immer eine wichtige Rolle gespielt hat. Dies gilt auch für die Tierhaltung (rechts außen).

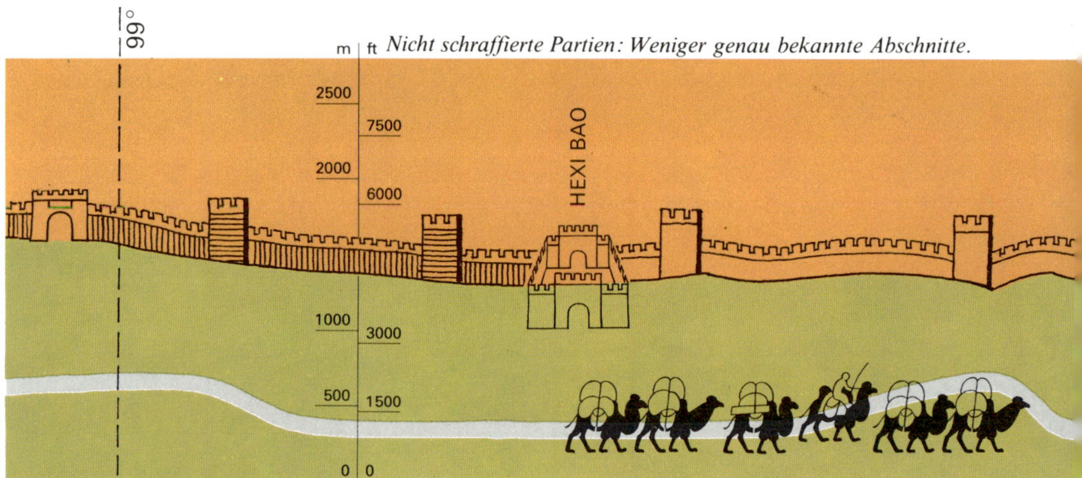

Nicht schraffierte Partien: Weniger genau bekannte Abschnitte.

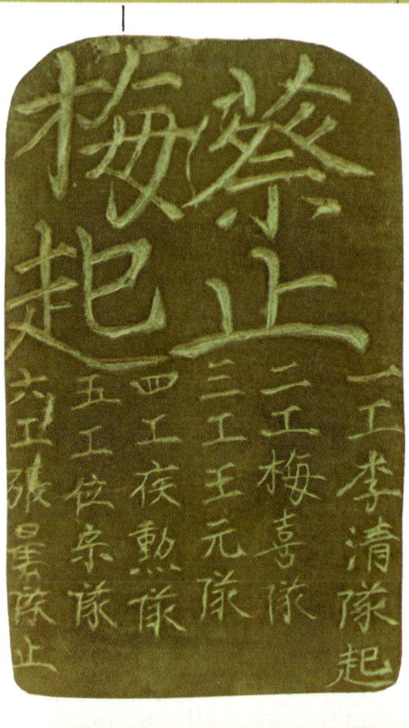

Von Zeit zu Zeit werden lebensnahe Zeugnisse vergangener menschlicher Tätigkeit in diesem Gebiet entdeckt, wie z. B. diese Erinnerungstafel mit den Namen der Maurermeister zur Zeit der Wiederinstandsetzung der Wälle (14. Jahrhundert) und dieses Tiermotiv (rechts) vom Siegel eines Ming-Generals.

Rechts außen: Eine andere Zeit, ein anderer Ort: Ölpflanzen werden im Gebiet von Jiayuguan in großem Umfang angebaut.

Die Ruinen der Stadt Luoto

In diesem Gebiet (99. bis 100. Längengrad) verläuft die Große Mauer vom Jiayuguan-Paß über den Beida-Fluß bis in den Süden des Regierungsbezirks Jinta, verläuft dann vom Regierungsbezirk Gaotai ostwärts und erreicht die alte Stadt Zhangye. Gaotai nahm an der alten Mauer eine bedeutende Stellung ein, und selbst heute kann man in den angrenzenden Gebieten noch viele historische Überreste finden. Am Rande der Wüste Gobi, 22 Kilometer südwestlich der Bezirkshauptstadt Gaotai, liegen die Ruinen der Zitadelle von Luoto (der »Kamelstadt«), von Xusanwan und Yangtigou, die alle mit der Mauer eng verbunden waren. Luoto ist bei weitem die größte der drei und diente eine Zeitlang als Stationierungsort für Truppen, deren Aufgabe es nicht nur war, die Grenze zu bewachen, sondern auch Ödland zu erschließen.

Dem archäologischen Befund zufolge stand die alte Stadt während der Han- und Tang-Dynastie etwa sechs oder sieben Jahrhunderte lang in Blüte. Nach dem 9. Jahrhundert begann ihr Niedergang, und sie wurde nach und nach verlassen. Luoto (was nicht der ursprüngliche Name der Stadt war) wurde nach dem Kamel benannt, weil in den Ruinen Herden wilder Kamele lebten.

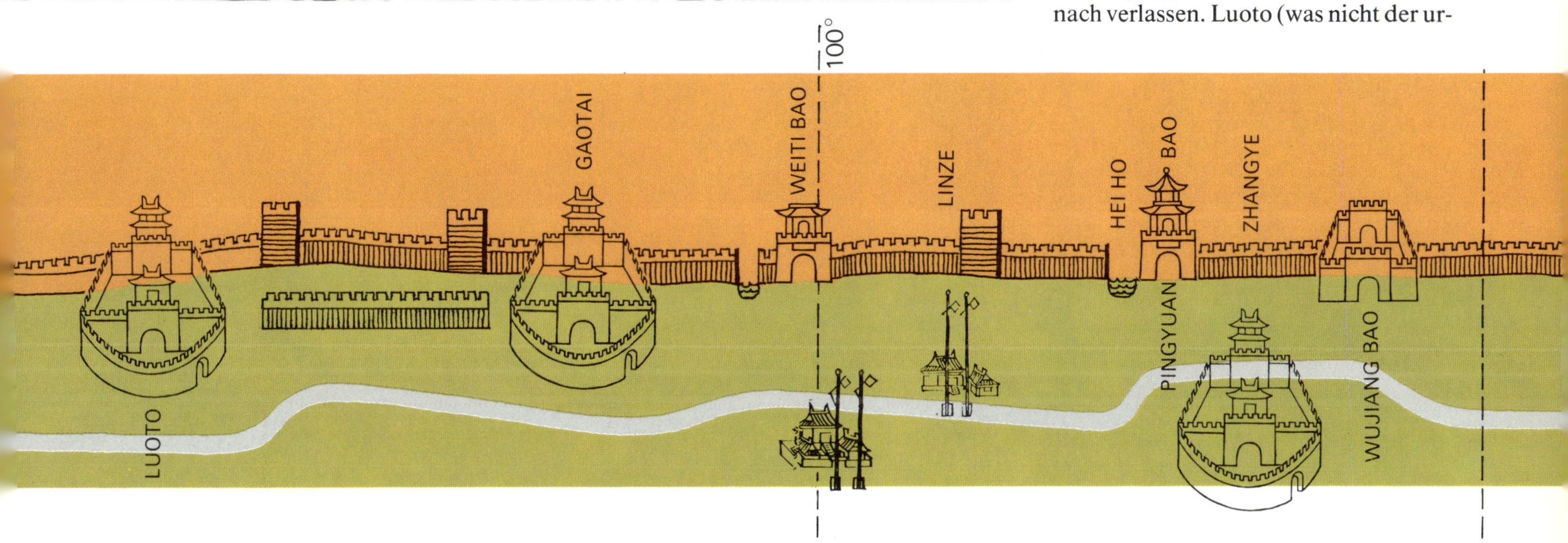

Die Ruinen von Xusanwan sind nur fünf Kilometer von Luoto entfernt. Sie messen 66 Meter von Osten nach Westen und 84 Meter von Norden nach Süden, sind also viel kleiner als Luoto. Es scheint demnach nur eine kleine, Luoto zugeordnete Festung gewesen zu sein, um dort Truppen unterzubringen. Die genaue Gründungszeit ist noch nicht ermittelt.

Zhangye: eine alte Stadt

In dem Bereich zwischen dem 100. und dem 101. Längengrad verläuft die Große Mauer vom Regierungsbezirk Gaotai durch die Regierungsbezirke Linze und Zhangye, dann von dort weiter ostwärts, bis sie den Regierungsbezirk Shandan erreicht.

Zhangye liegt auf halbem Wege durch den Hexi-Korridor. Seit der Han-Kaiser Wu die vier Regierungsbezirke in diesem Korridor einrichtete, war Zhangye eine der politisch und militärisch wichtigen Städte in Westchina und ist heute Sitz der Bezirksregierung.

Dieser Abschnitt der Großen Mauer wurde in der Zeit von 121 bis 111 v. Chr. gebaut, was der Zeit entspricht, zu der Kaiser Wu seine Gesandten in die Westregion schickte. Die Ming-Kaiser fügten der Mauer in diesem Gebiet ein weiteres Stück hinzu, womit sie Zhangye zu einem strategisch wichtigen Punkt mit Namen Gansu-Zhen machten, also einem der Jiuzhen (der neun Abschnittskommandos der Ming-Zeit). Es gehörte zu der Verteidigungszone von Gansu und Suzhou (dem heutigen Jiuquan) und führte das Oberkommando über den Mauerabschnitt im Hexi-Korridor. Wie nicht anders zu erwarten, ist auch dieses Gebiet sehr reich an Kulturdenkmälern und archäologischen Fundstellen. Zu den berühmtesten Stätten gehört die Stadt der Heishuiguo (des »Staates des Schwarzen Wassers«), der Tempel des Großen Buddha, der Glokkenturm sowie die Bronzeglocke und die Hölzerne Pagode aus der Tang-Zeit (wobei in Wirklichkeit nur die beiden oberen Stockwerke aus Holz sind, was jedoch nichts daran ändert, daß sie eines der wenigen erhaltenen Bauwerke ihrer Art ist).

Da Zhangye an der wichtigen Handelsstraße, die China und den Westen verbindet, immerhin 2000 Jahre lang eine von Leben erfüllte Stadt war, sind in diesem Gebiet sowie in benachbarten Orten viele Relikte gefunden worden. So ist beispielsweise ein beschriebener Holzstreifen, der in Juyan (Edsen) in der Inneren Mongolei aufgefunden wurde, das Doppel einer Dienstanweisung des in Zhangye residierenden Generals der Han-Zeit an die in Juyanhai (Edsen Git) zur Bewachung der Mauer in Garnison liegenden Truppen. Zu den an Ort und Stelle gemachten archäologischen Funden gehören bronzene Kanonen, die in der Yongle-Ära der Ming-Dynastie (1399–1402) gegossen worden waren und für den Schutz der Mauer eingesetzt wurden.

Die Stadt Zhangye, am Nordzugang zum Gansu- oder Hexi-Korridor gelegen, bewahrt Wahrzeichen ihrer Vergangenheit als einer Station an der Seidenstraße und auf dem Pilgerwege zu den Stätten des Buddhismus. Ein Gemisch aus buddhistischen Motiven und einheimischer Mythologie zieren diese Glocke aus der Tang-Zeit und den Glockenturm. Der Turm mit dem ursprünglichen Namen Jinyuanlou und Gulou (Trommelturm) steht im Mittelpunkt der Stadt. Er wurde im 2. Jahr der Zhende-Ära der Ming-Dynastie (1507) errichtet, also zu der Zeit, als die Ming-Kaiser die Abwehrkraft der Großen Mauer im Hexi-Korridor verstärkten. Der zweigeschossige Glockenturm ist ein Bauwerk mit doppelten Traufenkanten und einem kegelförmig gewalmten Dach.

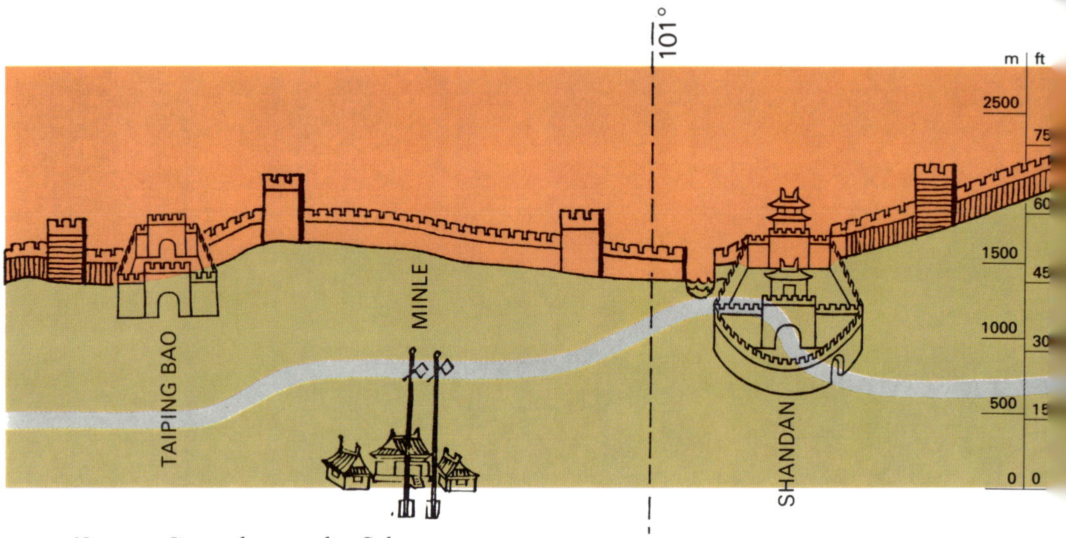

Die aus Ziegeln und Holz gebaute Zhangye-Pagode mit ihren acht Stockwerken und einer Höhe von 50 Metern hat den Stürmen der Zeit erfolgreich getrotzt.

Ein großer Teil der Mauer im Gansu-Abschnitt ist nur aus gestampftem Lehm gebaut und von Wind und Wetter stark mitgenommen. Das Stück im Nordosten von Minle ist noch das besterhaltene. Die Abbildung zeigt die Mauer in dieser Gegend; sie ist normalerweise für Touristen nicht zugänglich.

Die Stadt Minle, nicht weit von Zhangye, bewahrt ebenfalls Zeugnisse buddhistischer Frömmigkeit, so dieses während der Yuan-Dynastie (1277–1367) gebaute Heiligtum, ein wohlerhaltenes Bauwerk von eindrucksvoller Dimension. Minle liegt etwas südlich der Mauer in dem gleichnamigen Regierungsbezirk, in dem Überreste aus der Jüngeren Steinzeit gefunden worden sind.

Diese Weißlippenhirsche, eine heute sehr seltene und geschützte Art, leben in den Gebirgen südlich der Großen Mauer, wie etwa den Qilian-Bergen, in Höhen über 4000 Meter. Ihr Geweih kann eine Ausladung von bis zu einem Meter erreichen. Die Chinesen schreiben dem »Hirschhorn« große Heilkräfte zu.

Shandan und Yongchang

Zwischen dem 101. und dem 102. Längengrad, die zufällig mit der geographischen Lage der Städte Yongchang und Shandan zusammenfallen, ist der Hexi-Abschnitt der Mauer einigermaßen wohlerhalten. Sie wird von Signaltürmen und Signalhügeln begleitet, und neben ihr – teils auf der einen, teils auf der anderen Seite – verläuft die Fernstraße von Lanzhou nach Xinjiang. Sowohl die Mauer wie die Türme wurden aus gestampften Lehm gebaut, der kompakt und hart genug ist, Schaufel und Spaten zu widerstehen. Auch hier liegen in der Umgebung archäologische Fundorte mit interessanten Objekten: Die jungsteinzeitlichen Stationen im Bezirk Minle, die Ruinen der Stadt Yonggu, Gräber aus der Han-Zeit und die Höhlentempel von Tongzisi Shangtianle, die von besonderer archäologischer Bedeutung sind.

Die Große Mauer berührt die Bezirkshauptstadt Yongchang und biegt dann nach Norden ab bis in die Wüste, wobei sie dem Fluß Shiyang folgt. Fünf Kilometer von der Stadt entfernt steht eine hohle, viereckige Ziegel-Pagode aus der Zeit der Tang-Dynastie. Mit 1200 Jahren ist sie die früheste gemauerte Pagode des Hexi-Korridors. Etwa einen Kilometer vor der Stadt befindet sich ein von Weiden umstandener Quellsee mit Namen Beihaizi. Um ihn herum wurde eine Reihe von Bauten errichtet, darunter eine 31 Meter hohe Pagode, die auch nach 500 Jahren äußerlich unversehrt dasteht.

Im Regierungsbezirk Yongchang sind viele Abschnitte der Mauer noch gut erhalten. In der Nähe von Beihaizi ist sie noch immer sieben Meter hoch und fünf Meter dick. Vor allem sind die Zinnen auf der Mauerkrone noch erhalten, was in Gansu auf der 1000 Kilometer langen Strecke selten der Fall ist. Hier stößt man noch auf die Ruinen von Signaltürmen aus der Han-Zeit, von denen einige von den Ming-Garnisonen zusammen mit den von ihnen selbst gebauten benutzt wurden.

Gansu- oder Hexi-Korridor ist der Name des langgestreckten Tales im Nordwesten Chinas, durch das die westlichste Strecke der Großen Mauer verläuft. Nördlich davon liegt das Hochland der Mongolei, im Süden das großartige Qilian-Gebirge (rechts), dessen höchste Erhebung fast 6000 Meter hoch ist. Dieses Gebiet ist auch auf der Lateran-Karte aus dem 18. Jahrhundert dargestellt (oben), die bereits auf Seite 64 näher beschrieben wurde.

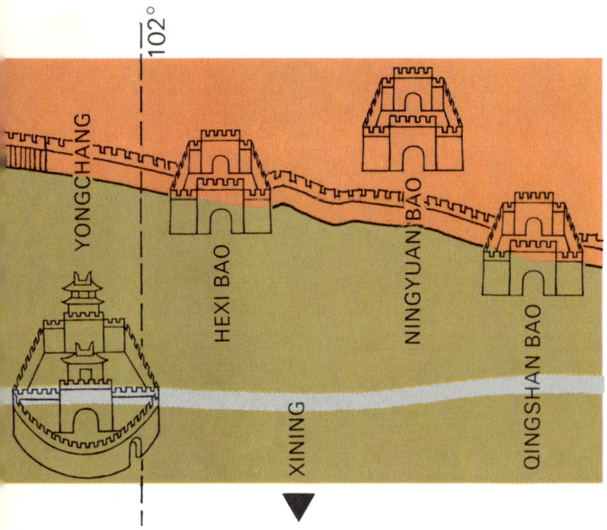

Unter der Han-Dynastie wurden zum ersten Mal die Grenzen nach Innerasien weiter vorgerückt und damit auch das chinesische Einflußgebiet erweitert. Die kleinen Tonmodelle von Häusern, wie sie in Gräbern der dortigen Gegend gefunden werden, sind klassische Beispiele für Grabschmuck. Der Sinn dieser Gegenstände war, eine vertraute Umgebung für die Toten zu schaffen. Heute sind sie ein wertvolles Hilfsmittel, die Lebensweise und die Bauformen dieser Zeit zu studieren.

Wuwei

Wuwei liegt in der Mitte der heutigen Provinz Gansu und ist ein Eisenbahnknotenpunkt, an dem die Linie Lanzhou-Yinjiang mit der Linie Yinchuan-Yinjiang zusammentrifft. Die Große Mauer durchquert dieses Gebiet im Norden und Osten. Hier waren in der ersten Zeit der Han-Dynastie die Xiongnu sehr aktiv, weswegen im zweiten Jahr der Yuanshuo-Ära (127 v. Chr.) hier von dem Han-Kaiser Wudi ein Bezirksamt eingerichtet wurde. Mehrfach wurden Bauern aus anderen Gegenden hierher zwangsumgesiedelt, um das Land urbar zu machen. Nachdem General Huo Qubing die Xiongnu zurückgeschlagen und die weiten, als Gansu-Korridor bekannten Gebiete westlich des Gelben Flusses besetzt hatte, wurden neue Festungen gebaut und eine politische und wirtschaftliche Infrastruktur geschaffen. Im Jahre 115 v. Chr. wurde das Bezirksamt in Jiuquan eingerichtet, anschließend das in Wuwei. In der Tang-Zeit wurde hier in großem Stil Land urbar gemacht und zur Bewässerung Deiche und Kanäle angelegt, so daß Ackerbau und Viehzucht gut gediehen.

Im Oktober 1976 fand man in einem Grab der Östlichen Han-Dynastie (25–220 n. Chr.) bei Leitai, nördlich von Wuwei, zahlreiche Bronzefiguren, Goldgegenstände und silberne Siegel. Zu den Bronzefiguren gehört ein großartiges Aufgebot von 39 Pferden, 14 Streitwagen, 17 Kriegern und 28 Mägden und Sklaven. An den Hälsen einiger Pferde finden sich Angaben eingraviert wie: »Ein Reitpferd nebst Reitknecht, Herrn Zhang, Befehlshaber von 1000 Mann in Zhangye gehörend.« Einige der menschlichen Figuren tragen Aufschriften wie »Herrn Zhangs Sklave« oder »Herrn Zhangs Dienstmagd«. Die spiegelbildlich eingravierten Schriftzeichen auf zwei silbernen Siegeln wurden als »Siegel des Generals« entziffert und zeigen, daß der Begrabene ein Han-Offizier war, der mit der Verteidigung der Mauer und ihres Hinterlandes betraut war.

Im November 1972 wurden in Hantanpo im Bezirk Wuwei ebenfalls in einem Grab der östlichen Han-Zeit medizinische »Bücher« gefunden. Diese »Bücher« bestehen aus Bündeln schmaler, meist etwa 24 Zentimeter langer, spachtelförmiger Brettchen, die durch je ein Schnur oben und unten so zusammengehalten sind, daß sie auseinandergefächert werden können. Im vorliegenden Falle enthalten sie über 30 vollständige Behandlungsvorschriften

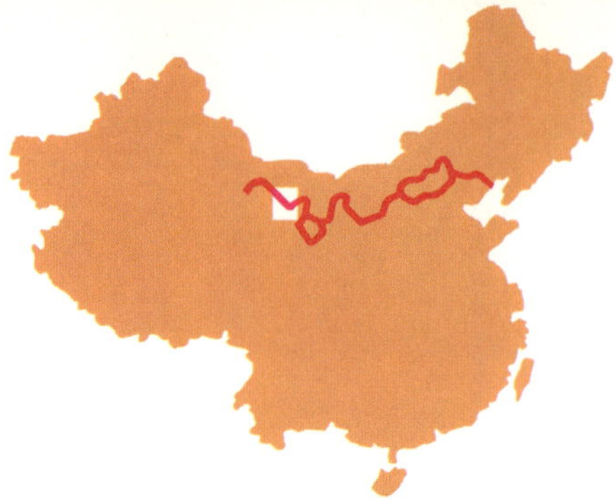

für Akupunktur und Moxibustion (Verglimmenlassen von Hütchen oder Stäbchen aus pflanzlicher Substanz auf der Haut zu Heilzwecken), innere Medizin, Chirurgie, die fünf Sinnesorgane (Ohren, Augen, Lippen, Nase und Zunge) und Gynäkologie. Diese Behandlungsvorschriften zählen über 100 verschiedene Arzneien auf pflanzlicher, tierischer oder mineralischer Basis auf. Dieser seltene Fund läßt in seiner Vollständigkeit das hohe kulturelle Niveau erkennen, das auch in dieser Gegend erreicht wurde. Zu den oberirdischen Überbleibseln aus der Ming-Zeit in Wuwei gehören Glockentürme, die in die Große Mauer einbezogen sind. Außerdem befindet sich auf einer Lößterrasse außerhalb der Stadt Wuwei ein Kloster.

Lintao und Lanzhou

Bei der Erwähnung der Großen Mauer wird man an Lintao erinnert, die Stadt, von der die von der Qin-Dynastie (221–206 v. Chr.) errichteten Mauern ihren Ausgang nahmen.

In der Zeit der »Drei Reiche« (220–280 n. Chr.) unternahm der Han-General Jiang Wei, dem Willen des inzwischen verstorbenen Kanzlers Zhuge Liang folgend, mehrere Offensiven gegen das Königreich Wei. Im Jahre 254 rückte der General mit seinen Truppen von Longxi (dem heutigen Shaanxi) aus und besiegte, nachdem er Gunwu belagert hatte, die Streitkräfte der Wei. Der Name Lintao rührt daher, daß die Stadt am Fluß Tao liegt (lin bedeutet »erreichen«). Sie war berühmt für eine besondere Gesteinsart, die sich hervorragend für die Anfertigung von Tusche-Reibsteinen eignet. Aus diesem Grunde war die Bezeichnung »Tao-Reibstein« so etwas wie ein Gütezeichen, das eine große Rolle als einer der »Vier Schätze im Studierstübchen des Gelehrten« – Papier, Tusche, Pinsel und Tuschreibstein – spielte. Zu den besten Reibsteinen gehören der »Duan-Reibstein« aus Duanzhou und der »Han-Reibstein« von Hanzhou. Die Tao-Reibsteine, die erst unter der Song-Dynastie (960–1279) lange nach den beiden anderen größere Verbreitung fanden, sind von besonde-

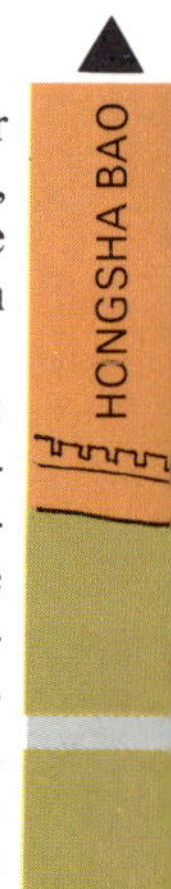

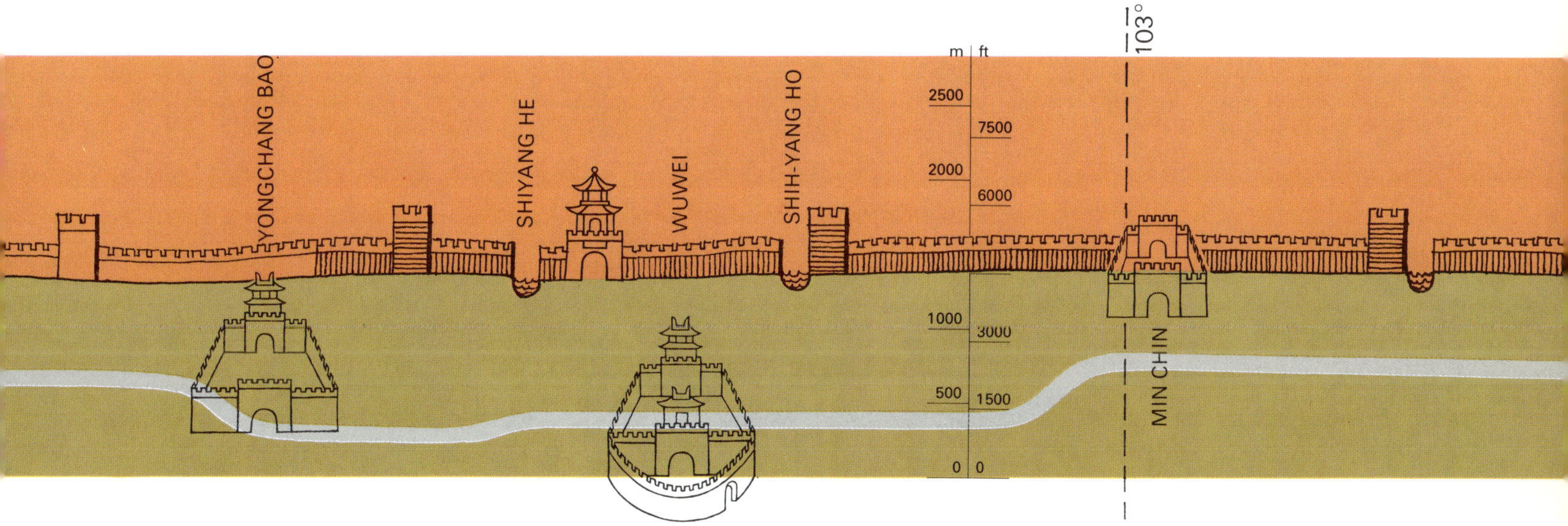

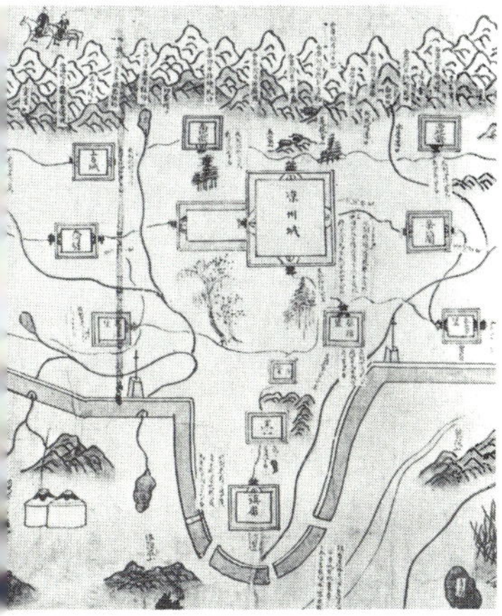

Diese Grabbeigaben aus Reitern und Wagen sind ein Zeichen für den hohen Rang des Toten. Wie das galoppierende Pferd zeigt, hatten die Grabfiguren am Ende der Han-Zeit einen künstlerischen Höhepunkt erreicht, selbst in dem abgelegenen Gansu, wo sie gefunden wurden. Eine andere Frage ist es, ob die Großplastik das Niveau der Qin-Zeit vier Jahrhunderte zuvor erreichte.

Zwei heutige Bewohner dieses Gebietes: Eine junge Frau der völkischen Minderheit der Baoa in Gansu und ein mongolischer Reiter aus dem Gebiet von Siziwang in der Nähe von Huhehot, der Hauptstadt der Inneren Mongolei.

Gegenüber: Bevor der Nachfolger Qin Shi huangdis ihn umbringen ließ, erwarb sich General Meng Tian gegen Ende des 3. Jahrhunderts großen Ruf durch den Bau von Mauern und die Verteidigung der Grenzen.

rer Qualität: Der smaragdgrüne, sehr feinkörnige Stein wurde großenteils an tiefen Stellen aus dem Flußbett des Tao gefördert.

Die Große Mauer Qin Shi huangdis ging von Lintao aus. Was dagegen heute noch erhalten ist, ist eine Mauer, die sich nördlich um Lanzhou herumschlängelt, das nördlich von Lintao liegt. Lanzhou, die heutige Hauptstadt der Provinz Gansu, hieß in alter Zeit Juncheng Jun (Jun bedeutet Bezirksamt). Es ist schon unter der Han-Dynastie (206 v. Chr.–220 n. Chr.) eine wichtige Stadt im Nordwesten gewesen. Von hier aus geht es über Pingliang im Osten nach der Provinz Shaanxi, und über den Jiayuguan-Paß im Westen in das Autonome Gebiet der Uighuren in Xinjiang (Sinkiang). Am Gelben Fluß gelegen, war Lanzhou 2000 Jahre lang eine Drehscheibe des Ost-West-Verkehrs. In diesen fernen Tagen stand für die Überquerung nur eine schwimmende Brücke aus Booten oder Flößen zur Verfügung, die ein Dichter als »die einzige Brücke unter dem Himmel über den Gelben Fluß« besang. Heute wird der Fluß von einer riesigen Stahlkonstruktion überbrückt, die einen emsigen Verkehr an Fahrzeugen aufnimmt und unter der die schlammigen Wasser wirbelnd dahinströmen.

Von hier aus fließt der Gelbe Fluß durch die Provinz Ningxia und die Autonome Region der Inneren Mongolei, entlang der Grenze zwischen den Provinzen Shaanxi und Shanxi, und erreicht dann die Provinz Henan, bevor er zu dem scharfen Knick nach Osten ansetzt. Diese ist allgemein als »die Biegung des Gelben Flusses« oder einfach »die Flußbiegung« bekannt. Dank guter Bewässerungsmöglichkeiten besitzt diese Region fruchtbares Ackerland, das große landwirtschaftliche Erträge bringt. Man nennt dies »den einzigen Segen des Gelben Flusses unter tausend Plagen«.

Die Stadt Lanzhou erlebte infolge ihrer strategischen Lage in der Mitte des Gansu-Korridors manch dunkle Stunden. Aber diese Lage brachte ihr auch großen Wohlstand, wie man an den vielen schönen und stattlichen Gebäuden sehen kann. Das Umland ist für seine Viehzucht bekannt. Auf dem Bild rechts stellt sich eine Yugu-Hirtin aus Süd-Gansu mit einem Zicklein dem Fotografen.

Außerhalb der Stadt Lanzhou liegt ein Berg namens Gaolan, wo der berühmte General Huo Qubing der Westlichen Han-Dy-

nastie (206 v. Chr.–23 n Chr.) in den Kriegen gegen die Hunnen seine Truppen ein festes Lager aufschlagen ließ und einen großen Sieg errang. Der »Geschichte der Han« zufolge wurde der General für seine Erfolge von Kaiser Wudi reich belohnt.

Über die militärischen Abenteuer des General bei Gaolon erzählt man sich eine – sicherlich legendäre – Geschichte. Als das Heer müde und durstig an dem Berg ankam, fand sich nirgends frisches Wasser. Angst und Verzweiflung waren groß. Aufs äußerste erregt, schlug General Huo mit seiner Peitsche längere Zeit auf den Boden ein. Auf einmal sprudelten nicht weniger als fünf Quellwasser aus den Stellen hervor, die seine Peitsche getroffen hatte. Daher war der Ort auch als der Berg der Fünf Quellen bekannt.

Die »Schleife von Lanzhou«

Ein Eindringling, der Lanzhou einnahm, wäre damit Herr der Provinz Shaanxi und des chinesischen Teils des Gelben Flusses geworden. Alle chinesischen Herrscher waren sich dieser Gefahr bewußt und bemühten sich, ihr vorzubeugen, wie die beiden Karten deutlich zeigen.
Qin Shi huangdi (Ende des 2. Jahrhunderts v. Chr.) war der erste Herrscher, der eine Mauer baute, die bei Lintao anfing (siehe Foto ganz unten) und im Norden den Gelben Fluß und das Gebiet von Yinchuan erreichte. Heute ist es streckenweise unmöglich, den Verlauf dieser Mauern festzustellen. Der kleineren Karte liegen die Arbeiten von Professor Jacques Gernet zugrunde. Die größere Karte stellt einen Versuch dar, dieses Netz-

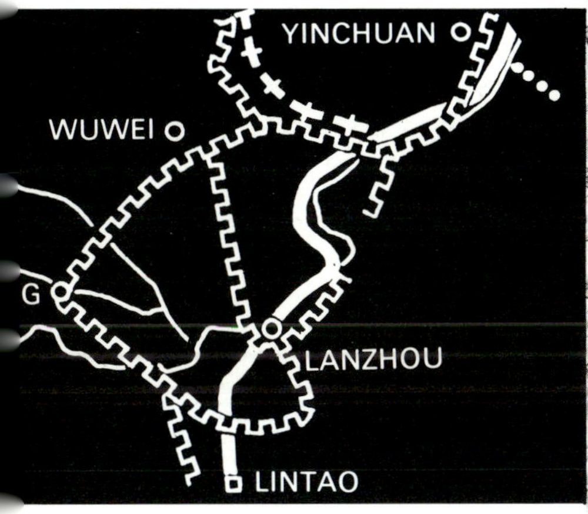

werk von Mauern auf eine moderne Landkarte zu übertragen. Darauf ist die Mauer Qin Shi huangdis gelb, die der frühen Han-Dynastie blau, und die Ming-Mauer rot angelegt. Da der Verlauf der Mauern an vielen Stellen unklar ist, haben wir uns auf J. B. William Geil und die Kartenskizzen von F. Ridley gestützt. Weitere Einzelheiten wurden Generalstabskarten aus der Zeit zwischen 1900 und 1910 sowie der Karte (rechts) der US Defense Mapping Agency Aerospace Center St. Louis (1974) entnommen.

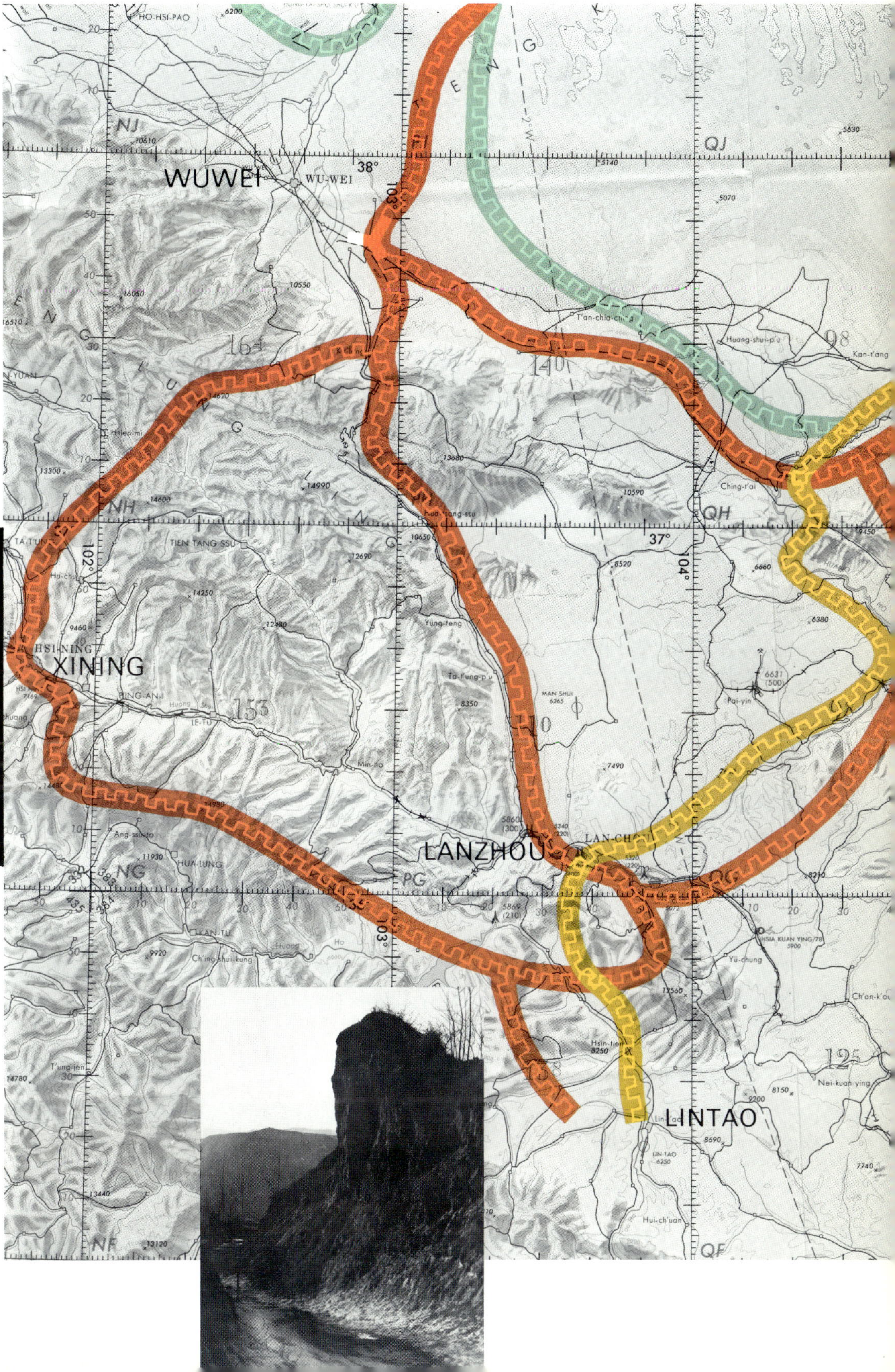

Pandas leben zwar vorliebend in der südlicher gelegenen Provinz Sichuan, doch kommen einige wenige auch im südlichen Teil von Gansu im Gebiet des Bailong vor, der zum Flußsystem des Blauen Flusses gehört. Diese Tiere werden von der chinesischen Regierung öfters als Zeichen der

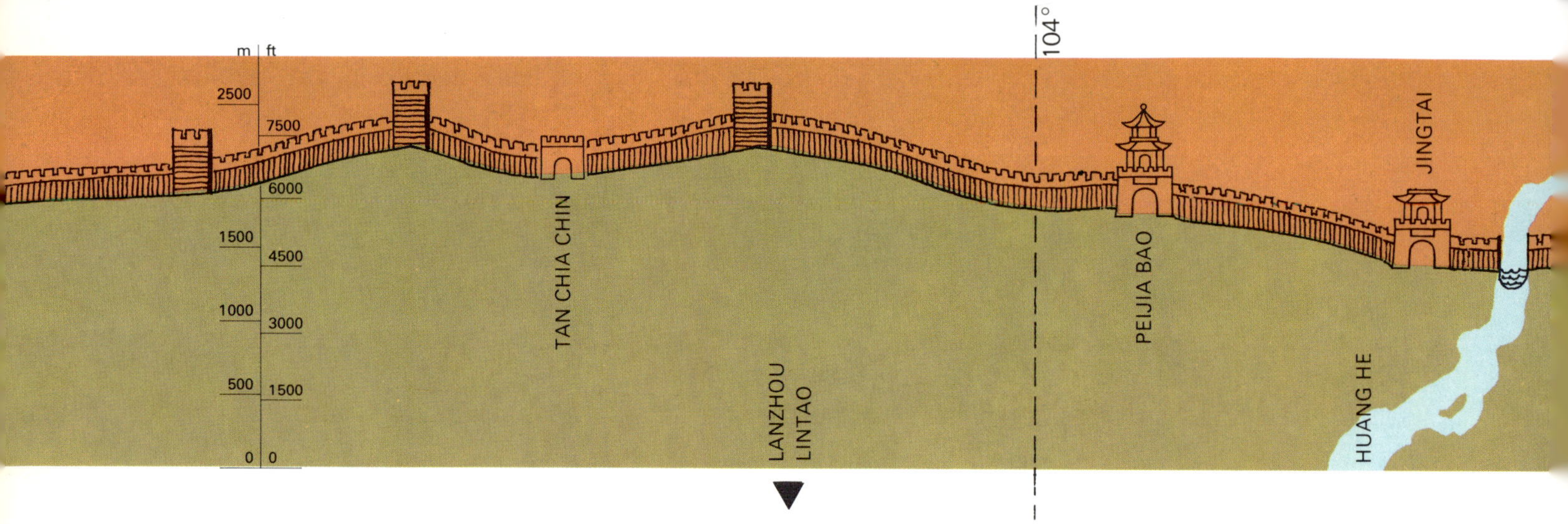

Freundschaft an andere Länder verschenkt.

Maijishan schuf im Süden von Gansu (oben rechts) nicht weniger als 194 Grotten und Nischen mit über 1000 Buddha-Figuren (rechts). Dieses Buddha-Heiligtum entstand im 6. Jahrhundert und ist seitdem ohne einen Bruch in der Tradition immer weiter ausgeschmückt worden, so daß es wichtige künstlerische und geschichtliche Hinweise liefert. Der größte Teil der Skulpturen stammt jedoch aus dem Mittelalter.

Zhongwei

Von Wuwei verläuft die Große Mauer in südöstlicher Richtung, bis sie (noch immer innerhalb der Provinz Gansu) bei Jintai auf den Gelben Fluß stößt. Dort schwenkt sie nach Nordosten und folgt dem linken Ufer des Flusses bis in die zu Ningxia gehörende Autonome Region Hui.

Zhongwei war einst unter dem Namen Ningxia Zhongwei bekannt, wörtlich »Die zentralen Garnison unter dem Abschnittskommando von Ningxia«, was auf seine Bedeutung als einen strategischer Punkt an der Großen Mauer hinweist. Irgendwann in der Mitte des 14. Jahrhunderts oder bald nach der Gründung der Ming-Dynastie wurde in Ningxia eine Garnison *(wei)* eingerichtet, die später zu einem Abschnittskommando *(zhen)* erhoben wurde. Zhongwei beherrscht die Öffnung zwischen der Tengger-Wüste und den Helan-Bergen, die an diesem Ende abrupt niedriger werden. Hierin lag die strategische Bedeutung von Zhongwei als einer Schlüsselfestung.

Zwischen Zhongwei und Zhongning, das weiter abwärts und auf der anderen Seite des Gelben Flusses liegt, dehnt sich eine Ebene wie ein 6 bis 20 Kilometer breiter Gürtel. Das Schwemmland in so großer Höhe entstand durch die ständigen Verlagerungen des Flußbettes, das hier nur geringe Höhenunterschiede aufweist. Der Gürtel bildet den südlichen Ausläufer der Ebene von Ningxia, die im Rufe steht, hinsichtlich ihrer Fruchtbarkeit den weiten Gebieten südlich des Yangzi-Flusses nicht nachzustehen. Groß- und Kleinviehhaltung sowie Ackerbau sind gleich wichtige Sektoren der dortigen Wirtschaft, wobei insbesondere die Schafzucht eine Rolle spielt.

Andere Erzeugnisse der Gegend um Zhongwei sind Lakritzwurzeln und die chinesische Wolfsbeere, die beide für medizinische Zwecke gebraucht werden.

Eine einsame Festung in den Bergen blickt hinunter in das Tal des Wei, der nicht weit von hier, im Gebiet von Weiyuan südlich von Lanzhou, entspringt.

Eine besondere Sehenswürdigkeit von Longxi, wenige Kilometer östlich von Weiyuan, ist dieser imposante Glockenturm (unten links).

Noch weiter östlich von Weiyuan liegt die Stadt Qin'an, wo zwei dreifarbige Stiere aus Ton gefunden wurden, von denen einer hierunter abgebildet ist. Es sind typische Beispiele für Tang-Keramik.

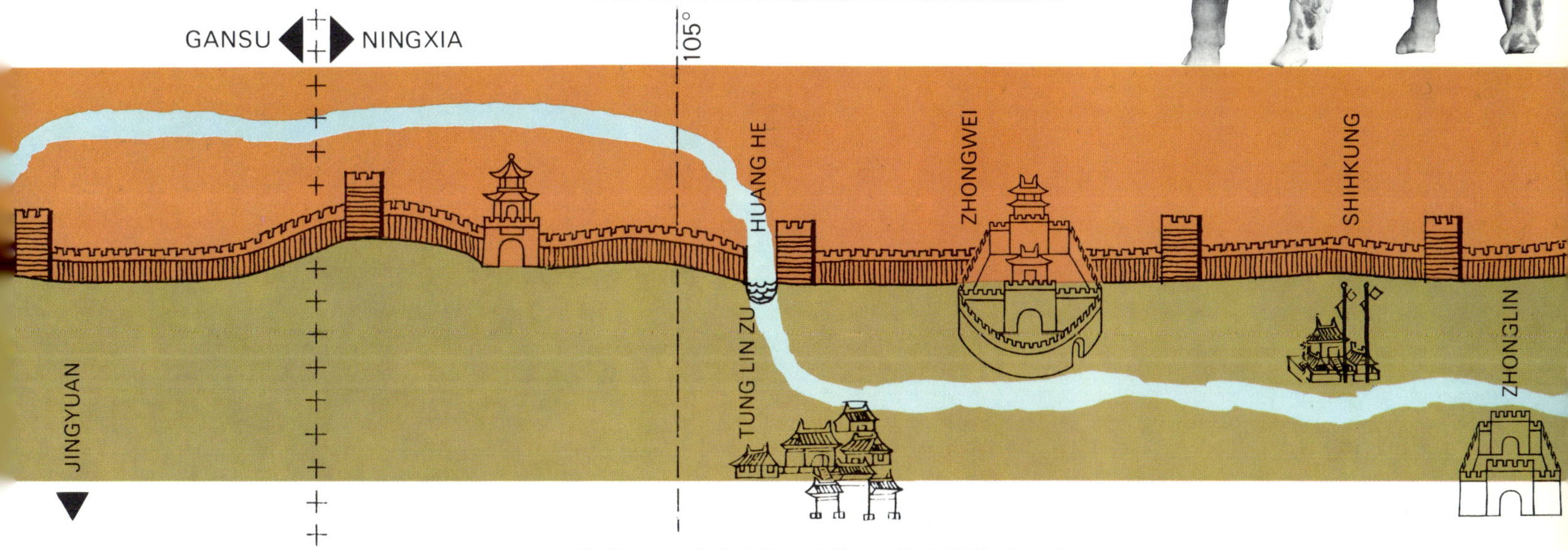

Westlich von Zhongwei fließt der Huanghe (der Gelbe Fluß) erneut zwischen der Mauer hindurch, wie schon weiter stromaufwärts bei Lanzhou und Jingtai. Weiter stromabwärts gibt es nochmals zwei solcher Durchflüsse, im Norden der Provinz Ningxia und nördlich von Fugu, wo der Gelbe Fluß die Grenze zwischen den Provinzen Shaanxi und Shanxi bildet. Der nebenstehende Ausschnitt der mehrfach erwähnten »Lateran-Karte« aus dem 18. Jahrhundert zeigt einen solchen Durchfluß.

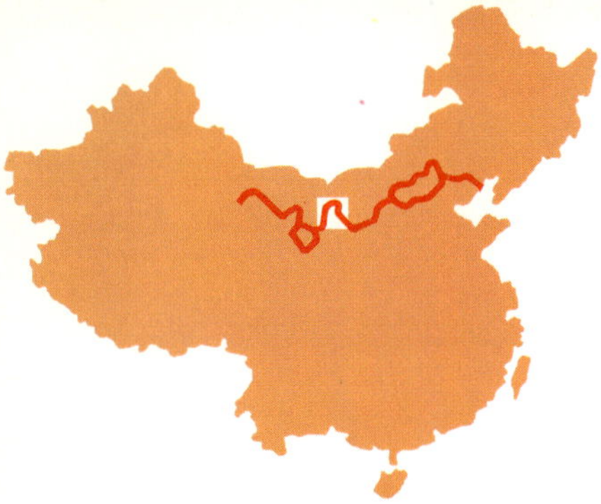

Die nördliche Hälfte von Ningxia gleicht ihrem großen Nachbarn im Westen, der Inneren Mongolei: Hier wie dort besteht die Landschaft aus Wüstenstrichen oder Weideland für Pferde (rechts außen).

Die Qingtongxia-Schlucht

Von der schmalen Ebene zwischen Zhongwei und Zhongning führt die Mauer am Fuße der Helan-Berge wieder nach Norden und erreicht die Außensiedlungen von Yinchuan in der Provinz Ningxia. Sie schützt hier die nördlichen Ausläufer der fruchtbaren Ningxia-Ebene. Hinter Yinchuan beschreibt die Mauer einen Bogen; sie kreuzt den Gelben Fluß, führt hinunter nach Hengcheng und dann weiter durch den Regierungsbezirk Lingwu ostwärts nach Yanchi.

Die Quingtongxia-Schlucht ist durch den Durchbruch des Gelben Flusses durch einen Gebirgszug entstanden. In dieser Gegend liegen kleine Ebenen und enge Täler nahe beieinander, so daß es gewaltige Möglichkeiten für eine wirtschaftliche Nutzung des Wasserkraftpotentials gibt. An der Schlucht, die praktisch das Tor zu der Yingwu-Ebene, dem nördlichen Teil der Ningxia-Ebene bildet, ist ein Schlüsselprojekt der Wasserregulierung verwirklicht worden. Die Ebene hat eine Fläche von ungefähr 150 Kilometer Länge und 50 Kilometer Breite und gilt als eines der wichtigsten landwirtschaftlichen Gebiete Chinas mit zuverlässigen Bewässerungsverhältnissen. Es ist mehr als 2000 Jahre her, daß die Hàn und andere Volksgruppen hier große Bewässerungsprojekte durchführten und den Qinqu-, Hangu- und Tanglaiqu-Kanal sowie eine Reihe anderer Anlagen in dieser Gegend bauten. Der Reisende sieht sich in einer ganz durch ausgedehnte Bewässerung geprägten Landschaft mit großen Reisfeldern, mit Schilf umwachsenen Tümpeln und stolzen Trauerweiden, die sich im Wasser spiegeln. Wenn man hier an einem schönen Morgen aufwacht, so kommt man sich eher wie in einer der üppigen subtropischen Regionen südlich des Yangzi vor als an einem Ort jenseits der Großen Mauer. Man möchte diese schöne und fruchtbare Ebene zwischen den Helan-Bergen und dem

Die mohammedanischen Hui bilden eine nicht unbedeutende religiöse Minderheit in China. Man findet sie vornehmlich im Norden des Landes, ganz besonders aber in Ningxia. Wie alle fremden Religionen, war auch der Islam starken chinesischen Einflüssen ausgesetzt, so bewahrt auch ihre Architektur wenig von den charakteristischen Elementen muslimischer Kunst. Dies zeigt sich deutlich bei der Moschee in der Nähe von Tongxin (oben), einem Ort etwa 250 Kilometer südlich von Yinchuan.

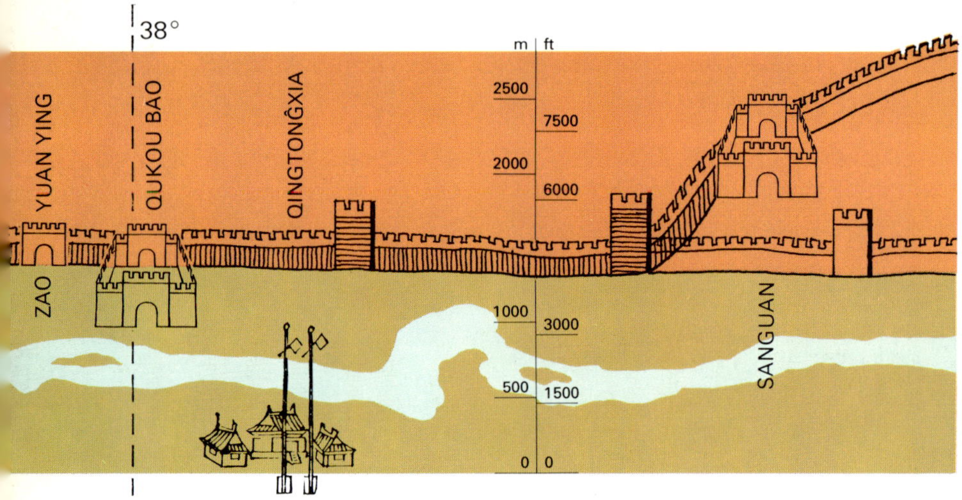

Nicht schraffierte Partien: Weniger genau bekannte Abschnitte.

Ordos-Hochland mit Intarsien aus grünem Jaspis vergleichen. Yinchuan ist lange Zeit eine wichtige Stadt an der Großen Mauer gewesen. In einer anderen Stadt in Ningxia namens Arashai hat sich Marco Polo auf einer seiner Reisen Ende des 13. Jahrhunderts kurz aufgehalten. Später berichtete er von dem Tuch aus Kamelwolle, das hier hergestellt wurde, und schilderte es als ein besonders feines Gewebe, das wohl mit Recht als das Beste und Schönste dieser Art gelten kann, was in der damaligen Zeit bekannt war.

Auf seinem Wege weiter nach Norden teilt sich der Gelbe Fluß in mehrere Arme.

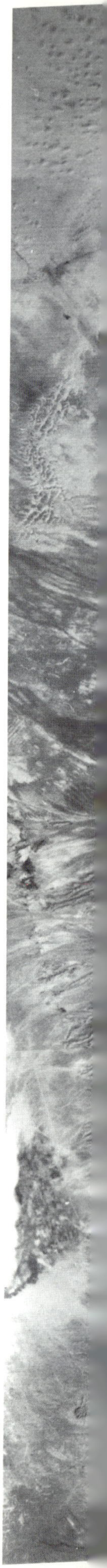

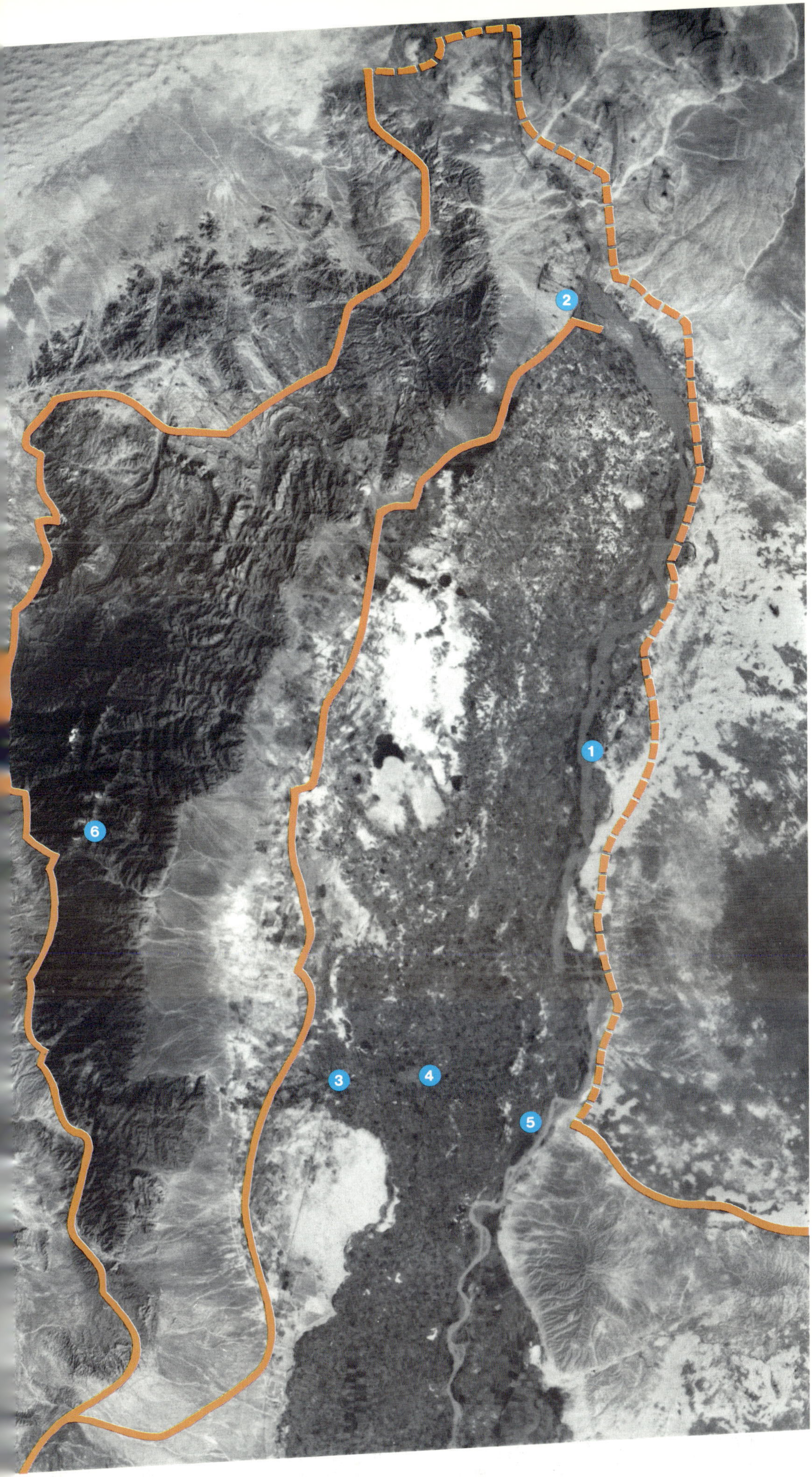

Die Helan-Berge sind im Westen von einer doppelten Mauer eingefaßt, deren Spuren aber kaum mehr auffindbar sind. Beide folgen einer Reihe von Gipfeln und schützen die an ihrem Osthang gelegene Stadt Yinchuan. Das Satellitenfoto zeigt topografische Einzelheiten. Die strategische Bedeutung Yinchuans am Ufer des Gelben Flusses ist augenfällig: Wer die Stadt in Besitz nahm, konnte, nach Süden vorstoßend, hinter die auf dem linken Ufer stromaufwärts angelegten Befestigungen gelangen. Dies geschah mehrmals.

Die Aufnahme zeigt das Gebiet zwischen dem 105. und 106. Längengrad (Ost) und zwischen dem 38. und 40. Breitengrad (Nord), in dem folgende für uns wichtige Einzelheiten

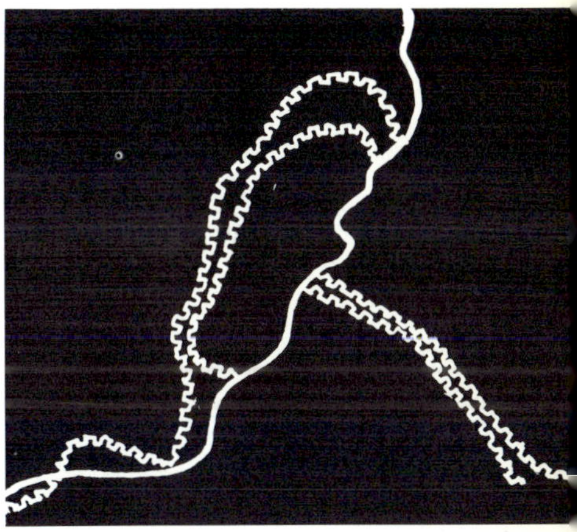

zu erkennen sind: (1) Huanghe, der Gelbe Fluß, (2) Shizuishan, (3) Xiucheng, (4) Yinchuan, (5) Yongjing, (6) höchster Gipfel, 3560 Meter.

Gegenüber: Das Helan- und Liupan-Gebirge, die im Süden durch die Provinz Gansu getrennt werden, sind mit 3550 Metern Höhe die höchsten Erhebungen in der Provinz Ningxia. Die üppige Vegetation dieses Gebietes bildet einen auffälligen Kontrast zu der umgebenden Steppenlandschaft. Der an ihrer Ostflanke nach Norden fließende Strom teilt sich hier in mehrere parallele Arme.

Ningxia und Guyuan

Die Autonome Region der Hui in Ningxia ist die kleinste der Provinzdistrikte; sie hat eine Fläche von weniger als 100 000 Quadratmeter und eine Bevölkerungszahl von nahezu zwei Millionen, von denen die meisten ihrer Nationalität nach Hui sind. Die Hui bilden eine der hauptsächlichsten Minoritäten in China, die weit im ganzen Lande verbreitet sind und eine Gesamtzahl von etwa vier Millionen erreichen.

Ningxia ist eine Zone engen Kontaktes und regen Austausches zwischen einer Vielzahl von Völkern. Sie wurde seit dem 1. Jahrhundert v. Chr. nacheinander oder gleichzeitig von den Xiongnu, Xianbei, Qing, Dangxiang, Mongolen, den Hui wie auch den Han bewohnt. Diese Situation förderte freilich nicht nur kulturellen Austausch und nationale Profilierung, sondern auch Streben nach Vormachtstellung.

Immer wieder kam es in Abständen zu Kriegen, und in den Pausen zur Instandsetzung und zum Neubau von Verteidigungswerken. In der hier beschriebenen Region trifft man auf die Ruinen von Anlagen, die uns die Chunqui und Zhanguo, Qin-Han und Sui hinterlassen haben. Die Ming-Dynastie, die die Mongolen vertrieben hatte, maß der Verteidigung dieser Region besondere Bedeutung bei.

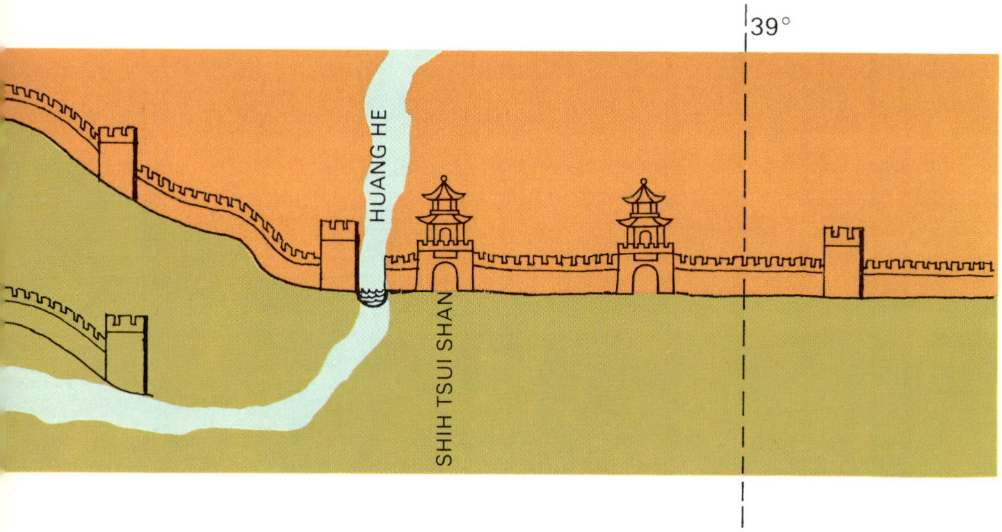

Yinchuan, die Hauptstadt der Autonomen Region von Ningxia, war dann Hauptquartier eines Abschnittskommandos *(zhen)*. Die Stadt und ihr Umland verdanken ihren Lebensunterhalt vornehmlich dem Gelben Fluß, an dessen Ufern sie liegen, und dem ausgedehnten Bewässerungssystem, das auf die Qin- und Han-Zeit zurückgeht. Zum Paß über die Helan-Berge im Westen von Yinchuan führt ein Durchlaß der Großen Mauer mit Namen Sanguankou oder »Dritter Paß«. Am Fuße des Berges befinden sich einige 100 Gräber des Xixia-Reiches, das im Gegensatz zu den Dynastien der Song und Liao beinahe 1300 Jahre bestand. Dieses Gräberfeld hat gewaltige Ausmaße und enthält neun Kaisergräber.

Das Abschnittskommando Guyuan hatte seinen Sitz in der heutigen Bezirksstadt gleichen Namens. Eingebettet zwischen zwei Gebirgszügen, dem Liupan im Süden und dem Quwu im Nordwesten, nimmt die Stadt eine strategische Lage ein, deren Bedeutung keiner regierenden Dynastie entging. Die Mauer der Qin-Dynastie ging von Lintao im Westen aus und wandte sich dann von Guyuan nach Osten. In der Nähe von Guyuan sind die Ruinen der Mauer und einiger Festungen aus dieser Zeit noch heute zu sehen. Unweit der Stadt ist der alte Xiaoguan-Paß, der während der ersten Jahre der Han-Zeit viele Male den stürmischen Einbruch und die nicht minder stürmische Flucht der Xiongnus erlebte.

Von einer Höhe von 50 Metern blickt der alte, aus Backsteinen und Ziegeln erbaute Lingwu-Turm hinab auf den Gelben Fluß im Westen und über die Mauern im Umkreis von Yinchuan im Norden. Noch höher (54 Meter) ist sein Nachbar in Yinchuan selbst, der Weiße Turm. Er stammt aus dem 5. Jahrhundert.

Zwischen Yinchuan und dem Helan-Gebirge, etwas westlich der Mitte, liegen die Gräber der Xixia-Herrscher (oben). Sie regierten dieses Gebiet noch bis zum 13. Jahrhundert.

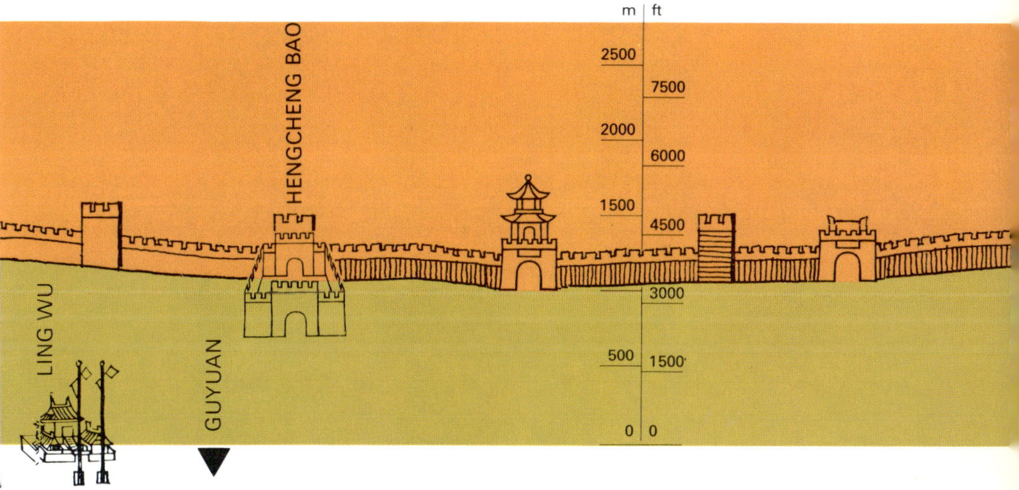

Linke Seite: Wie viele Kultstätten aus dem 5. Jahrhundert, wurde unter dem Einfluß der Wei aus dem Norden, die fromme Buddhisten waren, auch der bei Guyuan gelegene Berg Xumi mit riesigen Buddhas wie diesem aus der Tang-Zeit, sowie mit anderen religiösen Darstellungen im Innern der Höhlen geschmückt.

Linke Seite: Die mohammedanischen Hui machen etwa 30 Prozent der Bevölkerung von Ningxia aus. Ihre Religionsgemeinschaft schart sich vorwiegend um religiöse Zentren; diese Gläubigen haben sich vor der Moschee in Tongxin, im Süden von Ningxia, versammelt.

Löwe mit Kugel – in Wirklichkeit eine Art Chimäre – verkörpert ein altes mythologisches Thema, das zu Anfang der Ming-Zeit besonders verbreitet war. Die hier abgebildete Figur ist in Guyuan aufgestellt; sie besteht aus Eisen und stammt aus dem 15. Jahrhundert.

Lämmer sind eine wichtige Einkommensquelle der Provinz Ningxia, sowohl wegen ihrer Wolle als auch wegen des für seine Qualität bekannten Leders.

Diese köstlichen Früchte, die Lychees (links), wachsen in den fruchtbaren, bewaldeten Teilen Ningxias. Die eiförmige Frucht hat eine harte, schuppige Schale und einen kleinen harten Kern. Das Fruchtfleisch wird fest und süß, wenn es getrocknet wird. Der größte Teil der in Ningxia geernteten Lychees wird gedörrt und in das übrige China versandt, wo es als Delikatesse gilt. Im übrigen besitzen diese nördlichen Regionen eine Vegetation von beachtlicher Vielfalt; eine andere Pflanze, die vor allem weiter östlich in den Trockengebieten der Inneren Mongolei angebaut wird, ist die Sonnenblume.

Die Rote Weide ist eine seltene Pflanze, die in Ningxia nahe der Großen Mauer wächst. Sie ist eine der wenigen Pflanzen, die diese Wüstengebiete stellenweise beleben.

Der Tragopan ist eine Art Fasan, der in den Waldgebieten im Norden der Provinz Shaanxi lebt und unter Naturschutz steht. Der Tragopan ist ein Hühnervogel, der etwa in der Mitte zwischen Fasan und Rebhuhn steht. Die meisten Fasanenarten, die es heute auf der Erde gibt, stammen aus Asien. Viele werden in Gefangenschaft aufgezogen; in freier Wildbahn sind sie seit eh und je eine beliebte Jagdbeute, so daß die Bestände stark gelichtet sind. Außerdem sind sie auch durch die Zerstörung der Wälder in ihrer Existenz bedroht.

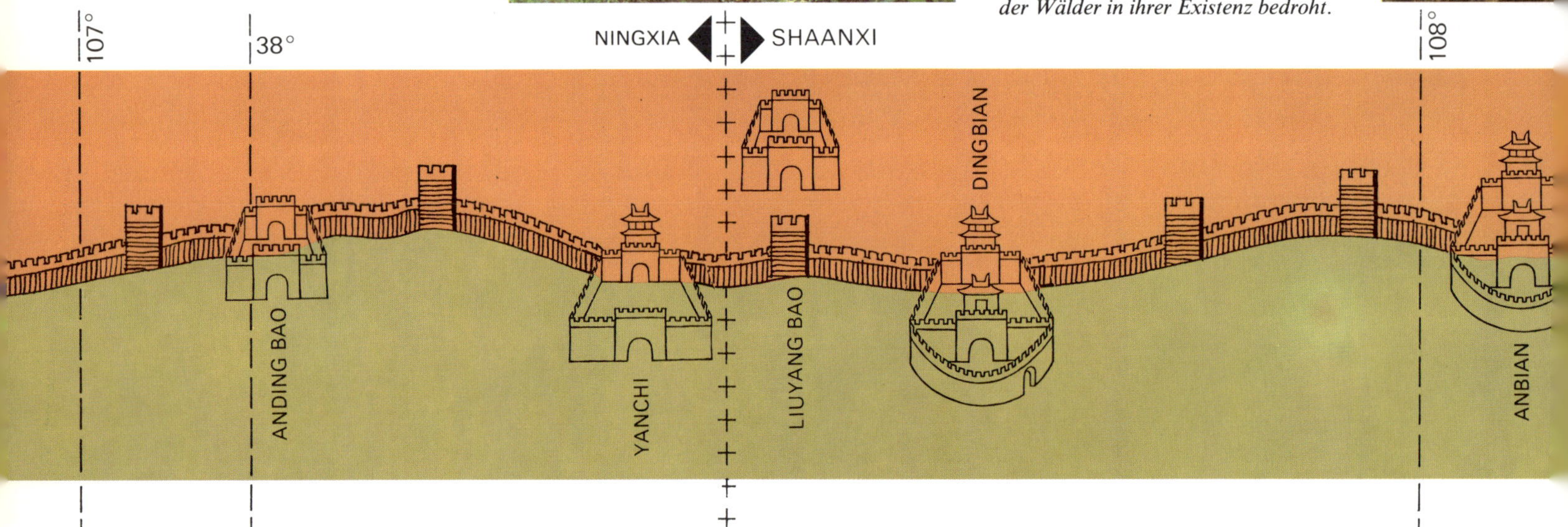

Der Süden Gansus und Ningxias wurde schon früh in den chinesischen Herrschaftsbereich einbezogen. Diese Landsitze, versteckt gelegene Schlösser und Sommersitze von Literaten und hohen Beamten, die in raffinierter Weise Luxus und Einfachheit verbinden (links) und vor allem in der Nähe des Wei-Tals anzutreffen waren, gehören heute der Vergangenheit an.

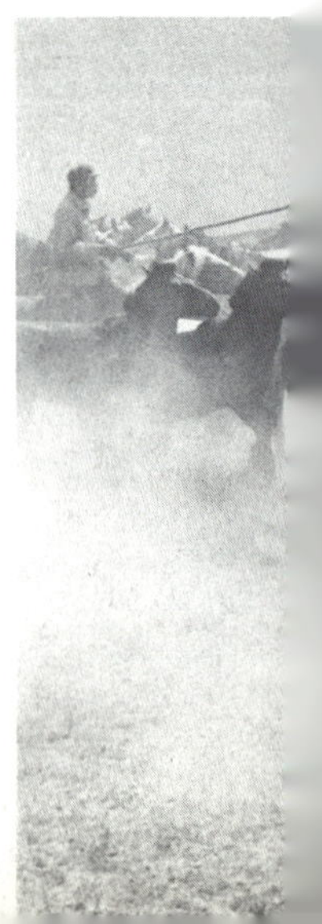

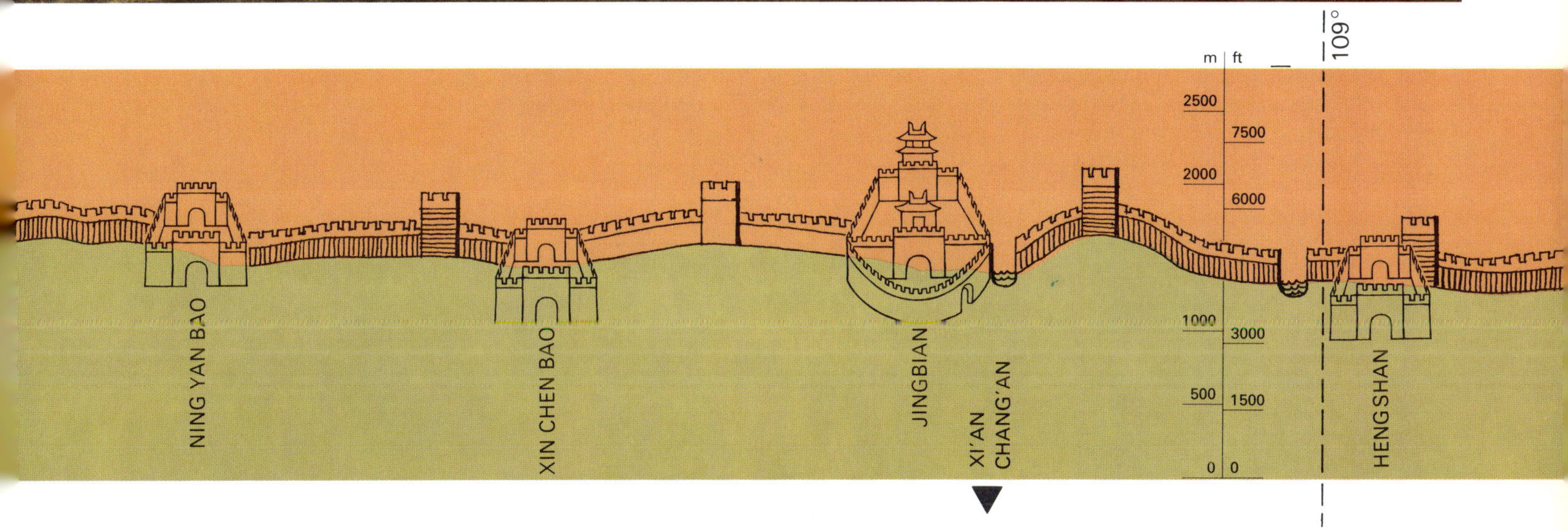

Die Kasachen im Norden von Gansu und Ningxia sind große Schafzüchter (oben), während die Hauptbeschäftigung der Mongolen nach uraltem Braucht die Pferdezucht ist. Dies führte zur Gründung der großen Steppenreiche. Die Mongolenpferde sind klein und stellen eine der ältesten Pferdearten der Erde dar; dieser Pferdetyp zeigt sogar gewisse allgemeine Merkmale seiner vorgeschichtlichen Ahnen.

Drei Städte in Nord-Shaanxi

Die Namen der drei Städte Dingbian, Anbian, und Jingbian in Nord-Shaanxi bringen die Hoffnungen zum Ausdruck, die seinerzeit die Menschen am Fuße der Großen Mauer bewegten, denn sie bedeuten zu deutsch »Sichere Grenze«, »Friedliche Grenze« und »Ruhige Grenze«.

Die Mauer überquert die Grenze zwischen Ningxia und Shaanxi bei der Stadt Yanchangpu einige Kilometer östlich von Yanchi und führt dann in nordöstlicher Richtung zunächst nach Yulin, wobei sie die vorher genannten drei Städte passiert.

Zu Anfang des 11. Jahrhunderts verlief die Grenze zwischen dem Kaiserreich der Nördlichen Song und dem Reich der Xia durch dieses Gebiet, das von den Dangxiang und den Han bewohnt war. Diese Zeit friedlichen Zusammenlebens und gutnachbarlicher Beziehungen wurde jedoch auch häufig von bewaffneten Zusammenstößen unterbrochen. Unter der Herrschaft der Ming-Dynastie unterstand dieser Teil der Großen Mauer dem Abschnittskommando in Yulin, dessen Aufgabe es war, die Grenze gegen die Einfälle mongolischer Stämme zu verteidigen. Daher wurde in Jingbian eine Befehlsstelle mit je einer Außenstelle in den beiden anderen Städten eingerichtet. Im Jahre 1466 wurde dann ein Projekt von gewaltigen Ausmaßen für lie Verstärkung der Großen Mauer in Angriff genommen; Wachttürme und Militäranlagen entstanden. Ein Jahrhundert später, im Jahre 1575, wurden weitere Maßnahmen ergriffen, die Verteidigungsanlagen im Bereich dieses Abschnittskommandos noch zu verstärken; dazu gehörte auch die Errichtung eines weiteren Hindernissystems, das neben der Großen Mauer herlief. Anbian als Außenstelle am linken Flügel des Abschnittskommandos Yulin war seinerseits weiteren zwölf Wachstationen übergeordnet.

Das Gebiet im Umkreis dieser drei Städte ist ein Teil der Hochebene von Nord-Shaanxi, die zwischen 1000 und 1600 Meter über dem Meeresspiegel liegt. Stürme aus der innermongolischen Ordos-Wüste führen Sand mit sich, aber die Regenfälle reichen aus, um in dem vom Sand zugewehten Erdboden eine genügende Menge Feuchtigkeit zu erhalten. Eine Flora von Hunderten von Pflanzen, darunter auch einige Weidenarten, könnten sich eines Tages für Maßnahmen, um das weitere Vordringen der Wüste aufzuhalten, als nützlich erweisen.

Yulin Zhen

Yulin Zhen war eines der neun Abschnittskommandos, das die Ming-Kaiser entlang der Großen Mauer eingerichtet hatten, und lag zwischen dem 109. und 110. Längengrad. Innerhalb dieses Bereichs und im Süden von Yulin liegen weitere strategisch wichtige Städte, darunter Hengshan, Yan'an, Xi'an und Lintong, die mit dem Bau und der Verteidigung der Großen Mauer eng zusammenhängen. Die Mauer verläuft von einem Punkt im Nordwesten des Regierungsbezirks Hengshan durch den Südzipfel der Ordos-Wüste nach Yulin. Im Bezirk Hengshan sind auch noch Überreste der Mauer der Qin-Dynastie zu sehen.

Yan'an hatte lange eine bedeutende Stellung in der Verteidigung der Großen Mauer inne. Yulin Zhen hieß früher Yansui Zhen, eine Kombination aus den Namen der Städte Yan'an und Suide. Heute findet man in dieser hochgelegenen Lößregion die langansteigenden Stufenreihen terrassierter Felder, ganze Kolonien von Höhlenwohnungen, die Grotten am Fuße des Qingliang, die Pagode auf dem Gipfel des Jialing-Berges und zahlreiche weitere historisch und kulturell bemerkenswerte Stätten.

Xi'an im Mittelpunkt der langgestreckten

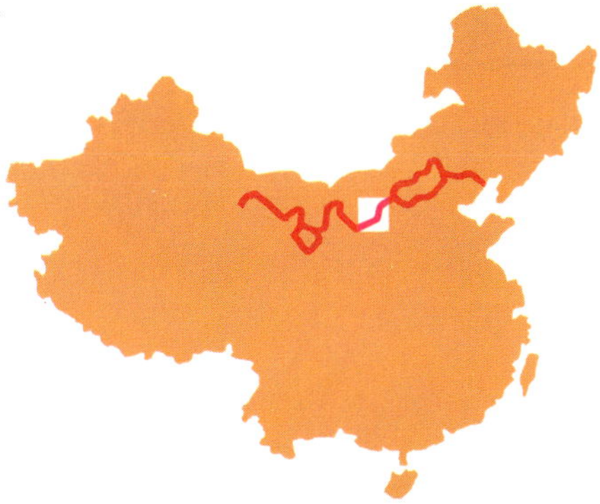

Eine Festung an der Großen Mauer in Yulin im Norden der Provinz Shaanxi (unten) und ein Beobachtungsturm (ganz rechts) von bescheidenen Dimensionen, dessen Überreste nicht weit von der mongolischen Grenze stehen.

Links gegenüber: Poyan, Feldherr Kublai-Khans, schlug mit Erfolg die den Süden des Landes verteidigende chinesische Armee. Etwa um 1270 nahm er Hangzou, und ihm ist es zu verdanken, daß unter der Yuan-Dynastie wieder ein geeintes Kaiserreich errichtet werden konnte. Auf dem Bild ist er dargestellt, wie er einen Reiter mit sich fortschleppt, nachdem er einen anderen aus dem Sattel gehoben hat.

Links: Pagode aus der Ming-Dynastie in der Nähe von Yulin – ein weiser Kompromiß zwischen irdischen Zwängen und frommem Streben.

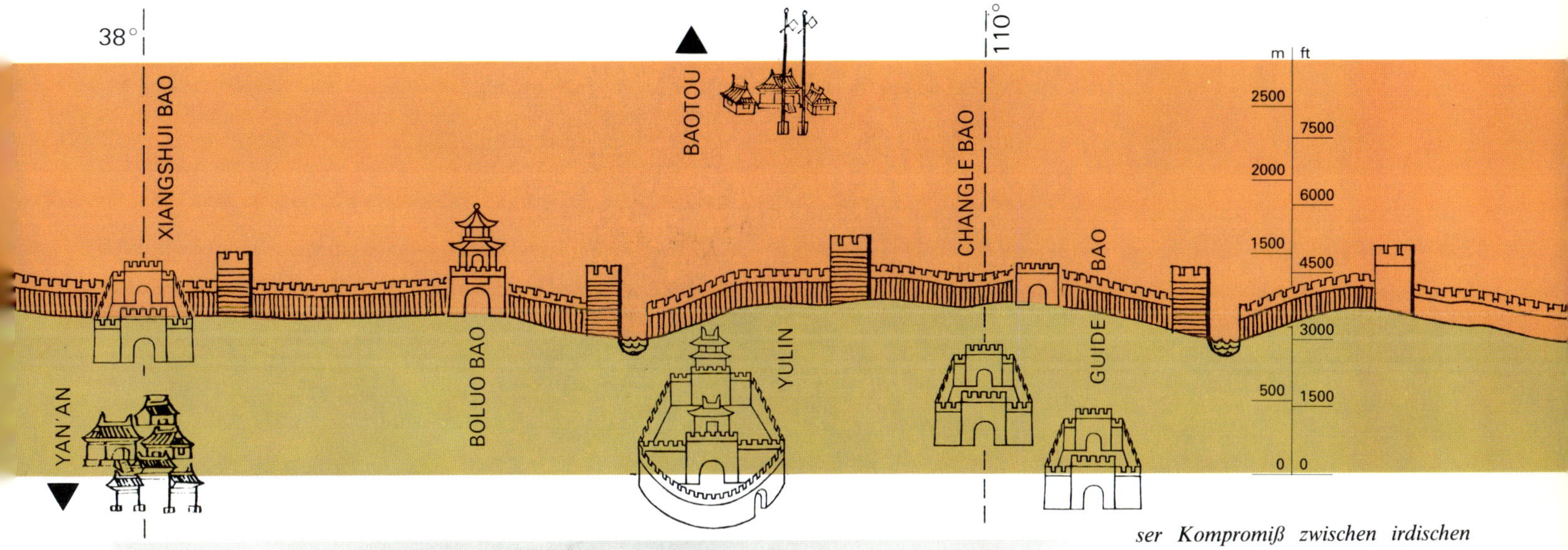

Eingang zu der Grabanlage des Tang-Kaisers Gaozong (Regierungszeit von 650–684), das rund 50 Kilometer westlich der Hauptstadt der Provinz Shaanxi liegt. Die mit ihm beigesetzte Kaiserin Wu war es, die in Wirklichkeit von 654 an die Zügel führte, Gaozongs Nachfolger absetzte und von 684 bis 704 offiziell regierte.

Ebene von Zentral-Shaanxi (der Flußebene des Wei) ist die größte alte Stadt Chinas, die elf Dynastien aus Hauptstadt diente, einschließlich der des Qin Shi huangdi, der dort den prachtvollen Opang-Palast errichtete.

Die auf die Qin-Dynastie folgende Han-Dynastie machte Xi'an ebenfalls zu ihrer Hauptstadt, der sie den Namen Chang'an gab. Ihre Überreste befinden sich in der Nähe der heutigen Stadt Xi'an.

Die Große Mauer ist im Norden von Yulin, am Rande der Wüste gebaut worden. Die Hälfte der Großen Mauer in diesem Abschnitt sowie ein Teil der nördlichen Stadtmauer von Yulin sind heute infolge des jahrhundertelangen Vorrückens der Wüste nach Süden unter dem Sand begraben. Ein aus dieser Wüstenregion kommender Fluß war lebenswichtig für die Stadt. Er wird in einem alten Gedicht über die namenlosen Gefallenen in den Grenzgebieten erwähnt, in dem es heißt: »Habt Mitleid mit den Gerippen am Fluß Wuding, denn sie sind die Männer in den Träumen junger Frauen«.

Von Yulin nach Fugu

Der Abschnitt der Großen Mauer zwischen Yulin und Fugu am Gelben Fluß ist zusammengestürzt, aber entlang der Strecke, die zwischen dem 110. und dem 111. Breitengrad durch den Zipfel der Ordos-Wüste und Shenmu verläuft, sind zahlreiche Festungen und Signaltürme auf den Bergen und in den Tälern erhalten. Es war dies auch die Trasse der unter Qin Shi huangdi errichteten Mauer. In Shenmu wurde unter der Dynastie eine größere Festung gebaut, und unter der Yuan-Dynastie stand hier eine Garnison. Unter der Ming-Dynastie erhielt Shenmu eine strategische Schlüsselstellung. Der Ort liegt am Kuye-Fluß, der aus der Inneren Mongolei kommt und in den Gelben Fluß mündet. Auf den Bergen, die sich über Stadt und Fluß erheben, stehen mehrere kleine Tempel. Man erzählt sich, daß die Gipfel dieses Gebirgszuges von Yang Jian hierher geschafft worden waren, einer Sagengestalt der chinesischen Mythologie. Im Süden von Shenmu liegt der Regierungsbezirk Suide, der ebenfalls eine strategisch wichtige Position an der Mauer einnahm. Die Stadt Suide liegt am Zusammenfluß zweier Flüsse, des Wuding und des Dali, und war angeblich unter der Qin-Dynastie der Standort einer riesigen Armee unter General Meng Tian und Fürst Fu Su, die die Xiongnu von hier vertrieb und dann die Qin-Mauer bauen half. Die Gräber des Generals und des Fürsten sind noch immer im Bezirk Suide zu sehen. Die beiden fielen vor mehr als 2000 Jahren einer Hofintrige zum Opfer: Als Kaiser Qin Shi huangdi auf einer Inspektionsreise plötzlich starb, riß der Eunuch Zhao Gao die Macht an sich und befahl dem Kanzler Li Si, einen Erlaß des Kaisers noch

Das im 15. Jahrhundert errichtete Heiligtum von Sanniangzi umgibt das Grab einer Mongolin, die den Versuch unternahm, Mongolen und Chinesen einander näherzubringen. Das Heiligtum liegt nahe dem Gelben Fluß östlich der Stadt Baotou in der Inneren Mongolei und gilt heute als Symbol chinesisch-mongolischer Freundschaft.

Nicht weit von Huangling in der Provinz Shaanxi, etwa 150 Kilometer südlich der Großen Mauer, steht eine Gedenkstätte für den Gelben Kaiser. Diese legendäre Gestalt wird von den Chinesen als einer der Väter chinesischer Zivilisation und Kultur besonders verehrt.

In der Nähe von Suide erinnert dieser Pavillon an Fu Su, den ältesten Sohn des Kaisers Qin Shi huangdi, der hierher in die Provinz Shaanxi gesandt worden war, um den Bau der Großen Mauer zu überwachen. Er wurde hier zum Selbstmord gezwungen.

Der Regierungsbezirk Lintong in der Provinz Shaanxi steckt voller historischer Erinnerungen. Hier befindet sich der Grabhügel Qin Shi huangdis wie auch der Huaqing-Teich, eine heiße Quelle, in der Yang Guifei, die berühmte Konkubine eines Tang-Kaisers, zu baden pflegte.

Dieser Wagenlenker aus Bronze gehört zu der berühmten Armee lebensgroßer Figuren, die in mehreren Komplexen unterirdischer Korridore der Grabanlage Qin Shih huangdis bei Lintong aufgestellt waren. Trotz der nachträglichen Zerstörungen hält er die Zügel nach beinahe 2200 Jahren noch in der Hand.

Flachrelief aus der Han-Zeit mit einem an einem Baum gebundenen Pferd; ausgegraben nicht weit von der Stadt Suide.

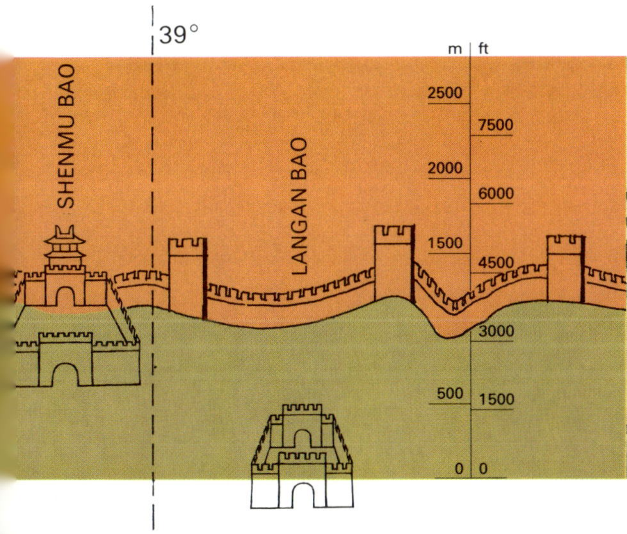

Diese Pferde aus Bronze, die ebenfalls zu der Grabanlage des Kaisers Qin Shi huangdi gehören, liegen noch so da, wie sie in der am Ende der Qin-Dynastie zerstörten unterirdischen Anlage in den siebziger Jahren gefunden wurden. Sie zeigen, daß die naturalistische Vollplastik damals bereits einen hohen Standard erreicht hatte. Nur ein kleiner Teil der Figuren wurde, soweit es möglich war, wieder zusammengesetzt und in seiner ursprünglichen Ordnung aufgestellt, der weitaus größere Teil schlummert noch unter der Erde oder wurde an Ort und Stelle wieder zugedeckt

auf dessen Sterbebett dahingehend zu fälschen, daß sein jüngster Sohn Thronfolger werden sollte, sein ältester Sohn Fu Su und General Meng Tian jedoch sich wegen Anzettelung einer Verschwörung zu erhängen hätten.

Zwischen dem 110. und 111. Längengrad windet sich der Gelbe Fluß in Mäandern, von Norden nach Süden, und bildet hier die natürliche Grenze zwischen Shaanxi und Shanxi. Vor der Zeit des Ersten Kaisers trafen hier so manches Mal die Fürsten der Wei, der Han und der Qin aufeinander und kreuzten die Klingen. Im 4. Jahrhundert v. Chr. baute der Staat Wei eine lange Mauer von Huaying im Süden am Gelben Fluß entlang aufwärts, von der heute nur noch ein Abschnitt im Bezirk Hancheng übrig geblieben ist. Diese Gegend ist die Heimat von Chinas erstem großen Geschichtsschreiber Sima Qian, dessen *Historische Aufzeichnungen* die erste allgemein-umfassende Geschichte Chinas darstellen.

Der Gelbe Fluß macht dann am Huashan, einem der berühmtesten Berge Chinas, eine scharfe Biegung nach Osten. Die von den Wei in der Zeit der Kämpfenden Reiche errichtete Mauer vom Fuße dieses Berges nach Norden sollte offensichtlich die Aufgabe haben, Angriffe des mächtigen Qin-Staates aus Westen abzuwehren. Aber diese Maßnahme verfehlte ihre Ziel, als Qin Shi huangdi 221 v. Chr. die sechs Reiche vereinigte und damit dieser Teil der Mauer zu einem bloßen historischen Erinnerungsstück wurde. Um auf den Gipfel des steilen Berges zu gelangen, muß man an einigen Stellen die Hilfe eiserner Ketten in Anspruch nehmen.

An der großen Biegung des Flusses ist auch ein alter Paß mit Namen Tangguan, der zu den großen Ebenen und den Hauptstädten der Qin- und Han-Reiche, Xianyang und Chang'an führte. Hier wurden zahlreiche Schlachten geschlagen.

Einer der großen Helden der chinesischen Geschichte hieß Li Zicheng. Von 1629 bis 1644 befehligte dieser zum Feldherrn gewordene Bauer Truppen, kämpfte in den Provinzen Shaanxi, Henan, Hebei und Hubei und stürzte schließlich die Ming-Dynastie. Er wuchs im Bezirk Mizhi am Wuding-Fluß auf, wo General Meng Tian und Prinz Fu Su über 1800 Jahre zuvor den Mauerbau befehligt hatten. Das Landvolk dort baute Li Zicheng einen Palast auf einem Hügel in der Nähe der Bezirkshauptstadt, aber er kam nie dazu, ihn zu bewohnen, da er in einer Schlacht in der Provinz Hubei fiel.

In den Weidegebieten der Inneren Mongolei ist Pferde- und Rinderzucht die alt-angestammte Beschäftigung. Die Märkte bestehen aus schnell auf- und abgebauten Ständen (links).

Der Berg Hua, der »West-Gipfel«, (rechts) am Schnittpunkt der drei Provinzen Shaanxi, Shanxi und Henan gilt den Chinesen als heilig. Jahrhundertelang ist er von ungezählten Pilgern und Naturfreunden besucht worden. Er ist mit einer ganzen Anzahl solcher Ehrenpforten geschmückt.

Die Hügel der Provinz Shaanxi sind schon seit langer Zeit für den Reisanbau terrassiert. Diese Terrassen befinden sich unweit von Suide bei Mizhi, dem Geburtsort des Feldherrn Li Zicheng, der die Ming-Dynastie stürzte.

Eines der sechs Schlachtrosse des Kaisers Taizong, die 637 in seinem Grabmal zur Erinnerung an seine Kämpfe im Grenzgebiet in Stein gehauen wurden. Die Abbildung von Pferden entwickelte sich während der Tang-Zeit zu einer blühenden Kunst; viele Maler, Keramiker und Bildhauer waren Meister dieses besonderen Kunstzweiges und vermochten Kraft und Temperament des Pferdes vollendet darzustellen.

Yan'an, ein bedeutendes Handelszentrum im nördlichen Shaanxi, ging 1936 in die Geschichte ein, als dort das provisorische Hauptquartier des Zentralkomitees der KPCh eingerichtet wurde. Hier verkündete Mao Zedong die Grundsätze einer revolutionären proletarischen Kultur. Das Foto zeigt die achteckige, 44 Meter hohe neunstöckige Baota-Pagode, die aus der Tang-Zeit stammt und zu einem Symbol der chinesischen Revolutionsbewegung wurde. Die am Yanhe gelegene Stadt nahm schon in der Tang-Zeit und unter den nachfolgenden Song-Dynastien eine wichtige Stellung ein; sie liegt inmitten der terrassierten Berghänge, die links abgebildet sind.

Fugu und Hohhot (Huhehot)

Fugu liegt am Ende des Yansuizhen-Abschnitts der Großen Mauer der Ming-Dynastie, zwischen dem Kuye und dem Gelben Fluß, und damit tiefer als das östliche Ordos-Hochland in der Inneren Mongolei. Wenn die Reiternomaden aus dem Norden in Shanxi einfielen, mußten sie den Fluß in der Nähe von Fugu überqueren. Die Stadt hatte daher eine äußerst wichtige Stellung inne. Bereits zur Zeit der Streitenden Reiche (475–221 v. Chr.), der Qin-Dynastie (221–207 v. Chr.) und der Ersten Han-Dynastie (206 v. Chr.–24 n. Chr.) lag der Ort im Landesinnern. Die von dem Qin-König Zhaoxiang gebaute Mauer nahm im Regierungsbezirk Ningxia in Gansu ihren Ausgang und verlief durch die Regierungsbezirke Weiyuan, Guyuan und Huanxian nach Jingbian in der Provinz Shaanxi. Im Norden des Regierungsbezirks Shenmu zog sie sich am Fluß entlang und verlief dann ostwärts in die Innere Mongolei, bis sie in Shierlian nordöstlich des Jungar-Banners endete.

Auf der anderen Seite des Flusses liegt das heutige Togtoh. Nordöstlich davon, auf dem Südufer des Dahei, ist die Stelle, an der sich Yunzhong, eine Bezirkshauptstadt des Staa-

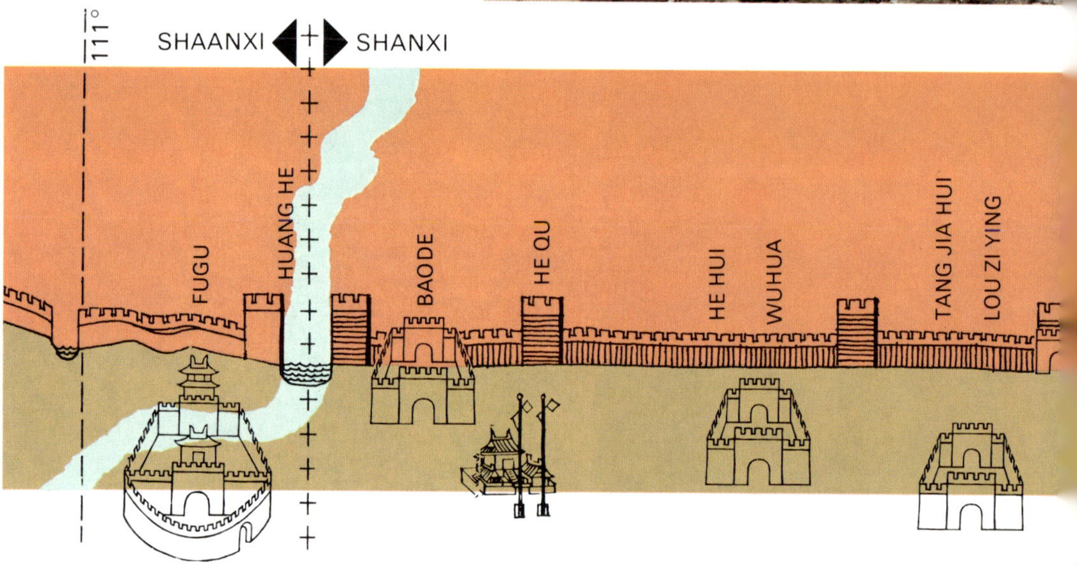

tes Zhao befand. Die Grenzwälle der Qin- und Han-Dynastie liegen in der Nähe der Linie Baotu-Hohhut. Unter der Östlichen Han-Dynastie erklärten sich die Südlichen Xiongnu (Hsiungnu) zu Untertanen der Han und bezogen südlich der großen Biegung des Gelben Flusses, im Norden der heutigen Provinzen Shaanxi und Gansu, Quartier.

Es handelt sich um eine Gegend, die für die Aktivitäten nördlicher Nomadenvölker eine wichtige Rolle spielte. Einige von ihnen, so die Xiongnu, die Xianbei (Sienpi), Tujue (Türken), Khitan, Jürchen und Mongolen, lebten zeitweilig in Hohhot. Zehn Kilometer nordwestlich von Hohhot, bei dem Dorf

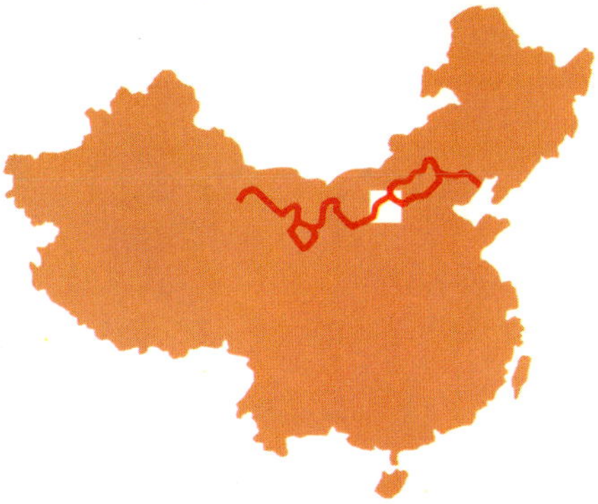

Links: Der Gelbe Fluß im Bezirk Pianguan. Die Große Mauer ist auf dem Foto auf der rechten Bildhälfte zu sehen. Diese Gegend war von außergewöhnlicher strategischer Bedeutung, weshalb sie auch durch ein ganzes Netz von Festungsanlagen und Militärstandorten geschützt war. Unten: Festung und Turm bei Fugu.

Äußere und innere Verteidigungslinie

Nachdem die Mauer auf dem Weg nach Osten den Gelben Fluß gekreuzt hat, folgt sie ihm ein kurzes Stück nach Norden, wendet sich dann wieder ostwärts, klettert hinauf in die Berge und erreicht westlich des 112. Längengrades den Punkt, wo sie sich in eine äußere und eine innere Linie teilt. Die beiden Linien treffen nördlich von Beijing, östlich des 116. Längengrades wieder zusammen. Von der Abzweigung (in dem schwarzen Feld des Schemas) verfolgen wir nun den Verlauf der äußeren Mauer bis zu ihrer Wiedervereinigung mit der inneren Mauer (Seite 107).

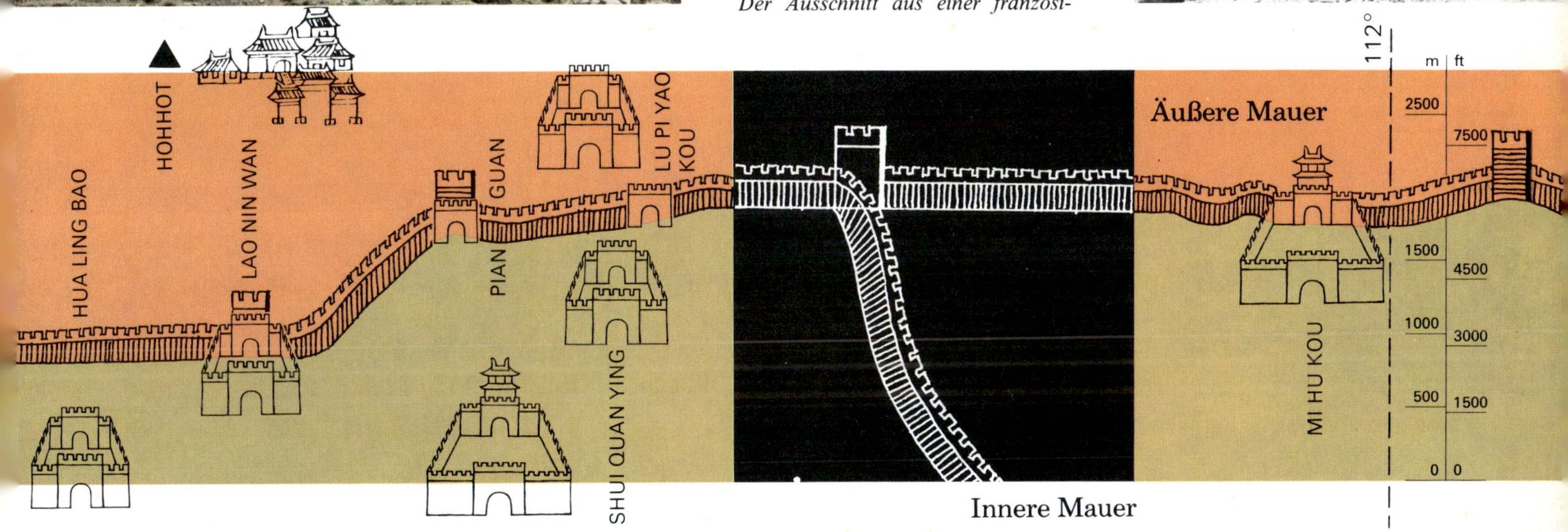

Der Ausschnitt aus einer französischen Generalstabskarte von 1901 (rechts unten) zeigt die Mauerverzweigung.

Gegenüberliegende Seite: Satellitenfoto des Gebiets zwischen Fugu und Hohhot einschließlich eines Teils des hier von Norden nach Süden fließenden Gelben Flusses. Der Verlauf der Großen Mauer ist rot markiert. 1. Huanghe, der Gelbe Fluß, 2. Hohhot, 3. Hovinger, 4. Qingshuhe, 5. Pianguan, 6. Fugu.

Links: Ansicht von Fugu.

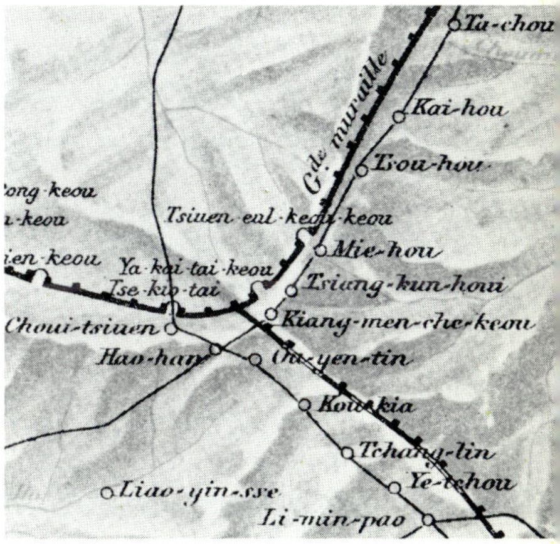

Es waren diese Grenzgebiete zwischen den Provinzen Shaanxi und Shanxi und der Inneren Mongolei, die immer wieder Einfälle der Mongolen über sich ergehen lassen mußten; unsere – verhältnismäßig späte – Darstellung zeigt einen Trupp mongolischer Krieger.

Wusutu am Fuße des Daqing (des Großen Blauen Hügels) findet man noch Reste der Mauer des Staates Zhao, an der die Lagen gestampfter Erde noch deutlich zu erkennen sind.

Eine ganze Anzahl ehemaliger Städte der Han-Dynastie sind in dem Gebiet nördlich und südlich der Yinshan-Berge und in der Umgebung der Furten des Gelben Flusses entdeckt worden. Diese Region war in Zeiten kriegerischer Auseinandersetzungen ein Schlachtfeld zwischen den vielen Völkerschaften, in Zeiten friedlichen Zusammenlebens eine Drehscheibe kulturellen und wirtschaftlichen Austausches. Ein solcher Austausch war übrigens selbst in Kriegszeiten nie ganz unterbrochen, und so zerschnitt auch die Große Mauer keineswegs die nachbarschaftlichen Beziehungen zwischen den verschiedenen Völkerschaften.

In der Nähe der Großen Mauer, seitlich des Shahukou-Passes bei Youyu in Shanxi, steht noch immer dieser Wachtturm, von dem Feuer- und Rauchzeichen gegeben werden konnten.

Anfang des 16. Jahrhunderts einte einer der Häuptlinge der Tumet (Tumed), Altan-Khan (auf chinesisch Dayan) einige Mongolenstämme und die Einwohner südlich der Wüste, woraufhin sich die Tumet hier niederließen. Im neunten Jahr der Wanli-Ära der Ming-Dynastie (1581) wurde die Stadt Hohhot offiziell gegründet und von den Ming-Herrschern Guihua, von den Mongolen die »Blaue Stadt« genannt.

Foto gegenüberliegende Seite: Das Blaue Grab von Huhehot. Die Konkubine Wang Zhaojun, die Heldin zahlreicher romantischer Erzählungen seit dem 1. Jahrhundert v. Chr., half zwischen dem Han-Kaiser Yuandi und dem Khan zu vermitteln. Ihr Grab befindet sich bei Huhehot.

Links: Die Backstein-Pagode in Fengzhou bei Huhehot wurde vor beinahe 1000 Jahren gebaut. Nach der Überlieferung birgt sie die 1000 Bände buddhistischer Schriften, die die Grundlage der im 8. Jahrhundert gegründeten Huayan-Schule bilden.

Diese drei Gebäude liegen alle in der Umgebung von Huhehot und sind alle etwa 300 Jahre alt. Von oben nach unten: ein buddhistischer Tempel, ein Lama-Heiligtum und eine Moschee. Sie sind kennzeichnend für den dort besonders ausgeprägten religiösen Eklektizismus und für einen vorher unbekannten religiösen Eifer der Mongolen, aber auch für eine stilistische und architektonische Vielfalt, die man in den Regionen des Südens, die wirklich chinesisch sind, weniger finden kann.

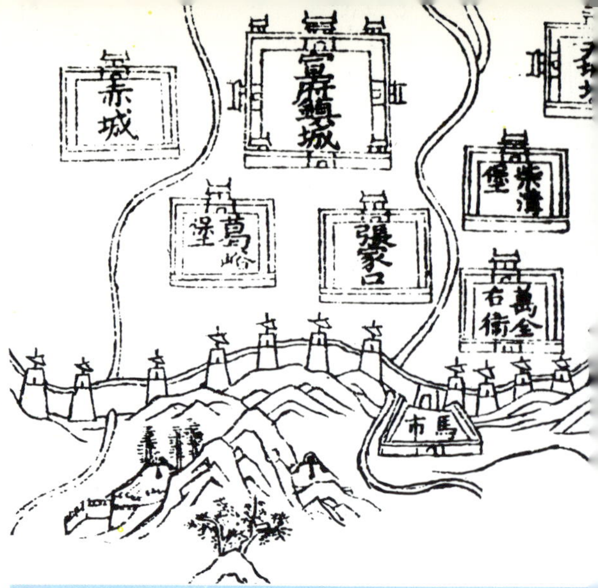

Die äußere Verteidigungslinie

Die Verzweigung der Großen Mauer in eine äußere und in eine innere Linie reicht innerhalb der Provinz Shanxi von etwa 112° bis 114° östliche Länge.

Der äußere (nördliche) Zweig folgt auf seinem Wege nach Osten den Windungen der Grenze zwischen der Autonomen Region der Inneren Mongolei und der Provinz Shanxi. Von seinem Anfangspunkt beim Berg Yajiao im Westen bis zu seinem Endpunkt bei Zhenkoutai im Osten hat dieser Abschnitt der Großen Mauer, der von der Stadt Datong getreut wird, eine Länge von 324 Kilometern. Datong war unter mehreren aufeinanderfolgenden Dynastien ein strategisch wichtiger Platz in der Nähe der Großen Mauer und darüber hinaus eine Stadt von genereller historischer Bedeutung. Vom 5. bis 3. Jahrhundert v. Chr. gehörte sie zum Befehlsbereich des Regierungsbezirks Yanmen des Zhao-Staates, eines der sieben bedeutenderen Königreiche zur Zeit der Streitenden Reiche. Nachdem der König von Qin die übrigen sechs Königreiche besiegt und sich als Qin Shi huangdi zum Kaiser des geeinten Reiches gemacht hatte, wurde hieraus der Bezirk Pingcheng gebildet. Seit dem Bau einer Mauer im Norden des Bezirks Yanmen durch den Zhao-König Muling war es im Gebiet von Datong wiederholt zu nicht unbedeutenden kriegerischen Auseinandersetzungen gekommen. Im Jahre 200 v. Chr. führte Gaozu, der erste Kaiser der Han-Dynastie, höchst persönlich ein riesiges Heer gegen die Xiongnu, wurde jedoch von ihnen bei Baideng sieben Tage und Nächte lang eingeschlossen, wobei sein Heer beinahe völlig aufgerieben wurde. Schließlich gelang es ihm, die Einkreisung zu durchbrechen, indem er seinem Ratgeber Chen Ping folgte und die Frau des Anführers der Hunnen bestach. Nach einem Ort nordöstlich von Datong ist dieses Ereignis als die »Belagerung von Baideng« in die Geschichte eingegangen.

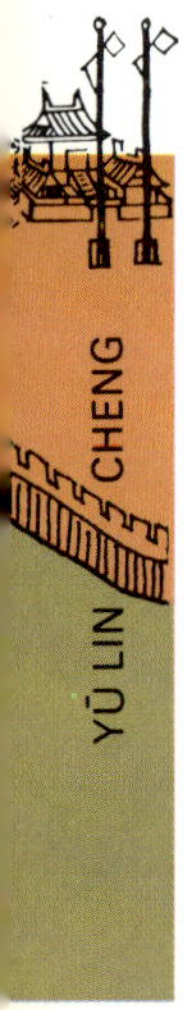

Im 4. Jahrhundert richtete dann die Nördliche Wei-Dynastie ihre Hauptstadt in dem bereits genannten Pingcheng ein und beherrschte von dort aus über hundert Jahre lang den nördlichen Teil Chinas. Vom 11. bis zum 13. Jahrhundert wählten die Liao- und die Jin-Kaiser Datong als ihre zweite Hauptstadt. Der erste Ming-Kaiser Taizu krönte hier seinen dreizehnten Sohn Zhu Gui, den Prinzen Dai. Später richtete er in Datong eines der neun Abschnittskommandos der Großen Mauer ein.

Etwa 20 Kilometer südwestlich von Datong befindet sich eine wahre Schatzkammer aus der Zeit der Nördlichen Wei-Dynastie. Unter ihrer Ägide wurden in den Jahren 460 bis 525 im Süden des Wuzhou-Berges die Höhlen von Yungan erschlossen, von denen bis heute 21 große und Hunderte von kleinen und kleinsten Gewölben, Grotten und Nischen erhalten sind. Insgesamt gibt es dort über 51 000 Buddha-Figuren, deren größte 17 Meter, und deren kleinste ein paar Zentimeter hoch sind.

In Datong selbst gibt es zwei alte Tempel aus der Zeit der Liao-Dynastie, das Obere und das Untere Huayan-Kloster auf der Südseite der Xidajie-Straße. Das Obere Kloster wurde 1062 erbaut, aber in den Kriegen zwischen dem Liao- und dem Jin-Königreich etwa 60 Jahre später zerstört. Der noch heute erhaltene Hallenbau wurde 1140 zur Zeit der Jin-Dynastie neu aufgeführt. Mit einer Bodenfläche von 1559 Quadratmetern (53,75 mal 29 Meter) ist sie eine der beiden größten buddhistischen Hallen, die es in China gibt. In dem Unteren Kloster ist eine unter der Liao-Dynastie 1038 erbaute Halle für die Aufbewahrung buddhistischer Schriften erhalten.

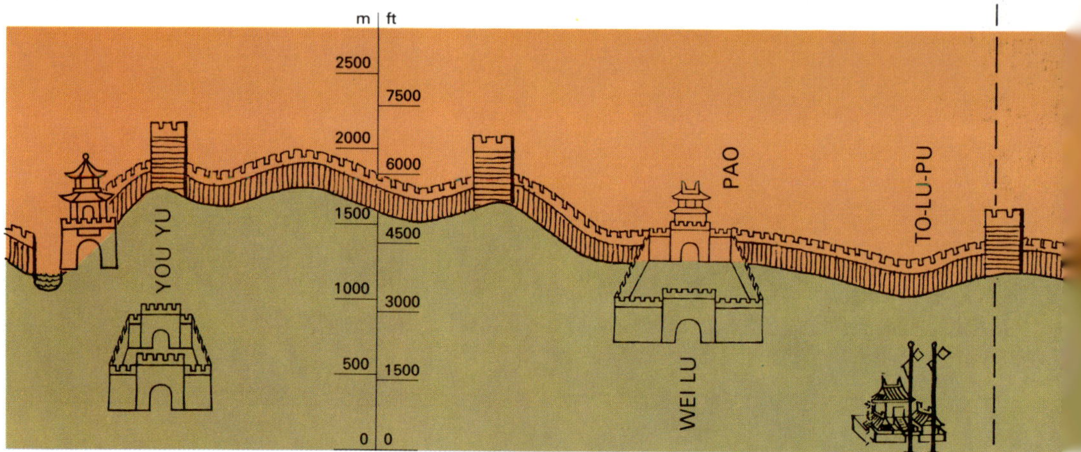

Unter dem Dachbalken befindet sich noch eine Inschrift, die zur Zeit der Errichtung der Halle angebracht wurde. An den vier Seiten stehen herrlich geschnitzte Wandschränke in der Form von Pavillons.

Auf der Südseite der Dongdajie-Straße befindet sich die Neun-Drachen-Wand, die unter der Ming-Dynastie zwischen 1368 und 1398 gebaut wurde. Ursprünglich war sie ein Sichtschutz vor dem Stadtschloß des Prinzen Dai. Das Schloß existiert längst nicht mehr, aber die Blendwand ist völlig unversehrt. Mit einer Länge von 45,5 Metern, einer Höhe von 8 Metern und einer

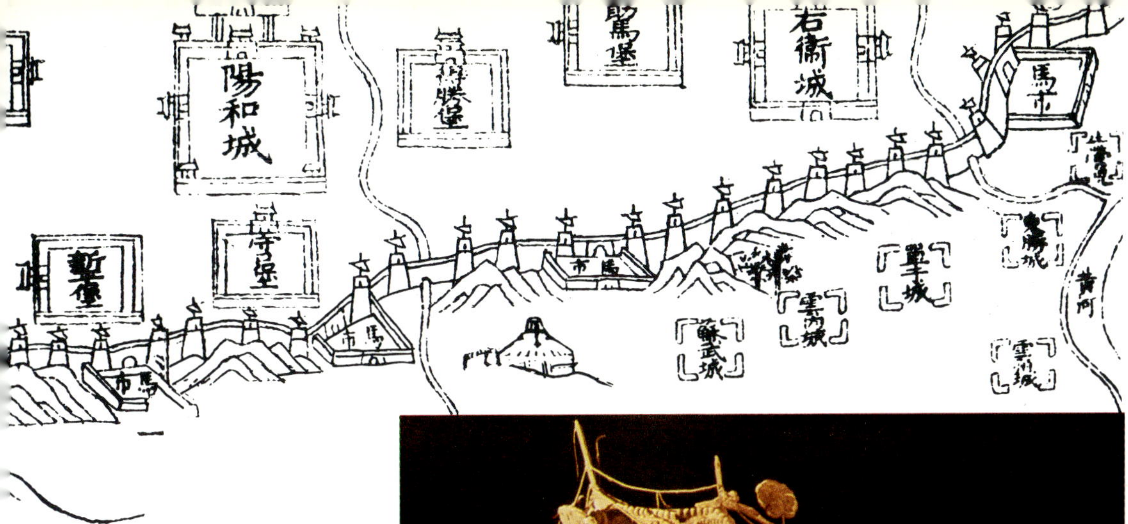

Links: Abschnitt der Großen Mauer im nördlichen Shanxi und Hebei. Die Karte ist nicht nach Norden, sondern nach Süden ausgerichtet, die chinesische Seite ist also oben. Es sind zahlreiche Festungen und befestigte Städte eingezeichnet, die teilweise noch heute den gleichen Namen tragen. In der Mongolei (unten) sind sie dagegen sehr viel dünner gesät.

Links außen: Überreste einer Verteidigungslinie zwischen Datong (im äußersten Norden der Provinz Shanxi) und der Großen Mauer.

Ein Bodhisattwa, »der, dessen Wesen Erleuchtung ist«, der Mensch an der Schwelle des Nirwana, der sich dem Seelenheil anderer Menschen widmet. Diese Tonfigur aus der Liao-Zeit (907–1125) wird in einem Tempel in Datong aufbewahrt.

Die »Mauer der Neun Drachen« in Datong besitzt doppelte mythische Kräfte: Der Drache ist ein glückbringendes Wesen, und die Zahl Neun (Schriftzeichen Yang) ist ein gutes Vorzeichen.

Li Shi (1413–1485), ein hoher Beamter der Ming-Dynastie, stand 1450 an der Spitze einer Goodwill-Mission in die Mongolei, um den in Gefangenschaft geratenen Kaiser Yingzong zu befreien. Das Bild zeigt ihn beim Verhandeln mit den Barbaren. Yingzong durfte noch im selben Jahr nach China zurückkehren, wurde aber erst sechs Jahre später wieder als Kaiser eingesetzt.

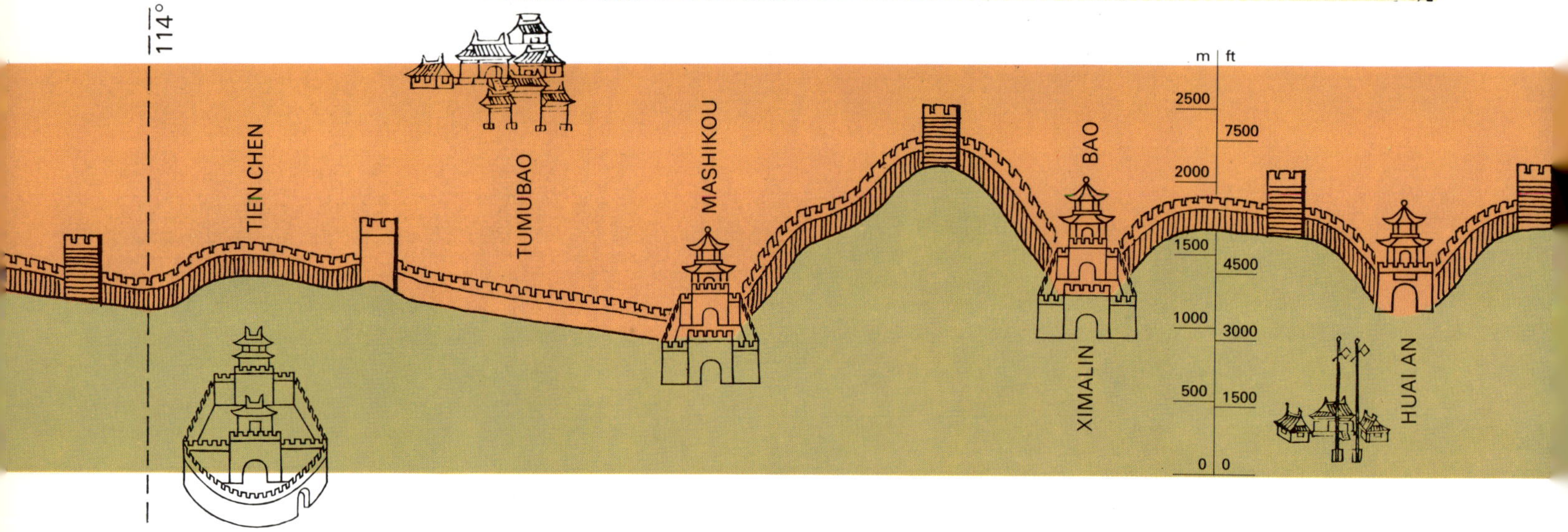

Die Euphrat-Pappel (rechts) wächst noch heute in den Wüstengebieten Nordchinas. Ihr Holz wurde früher als Baumaterial für die Große Mauer verwendet. In vielen Teilen Chinas war und ist Holz, ja selbst Reisig, ein wichtiges und leicht zu beschaffendes Baumaterial.

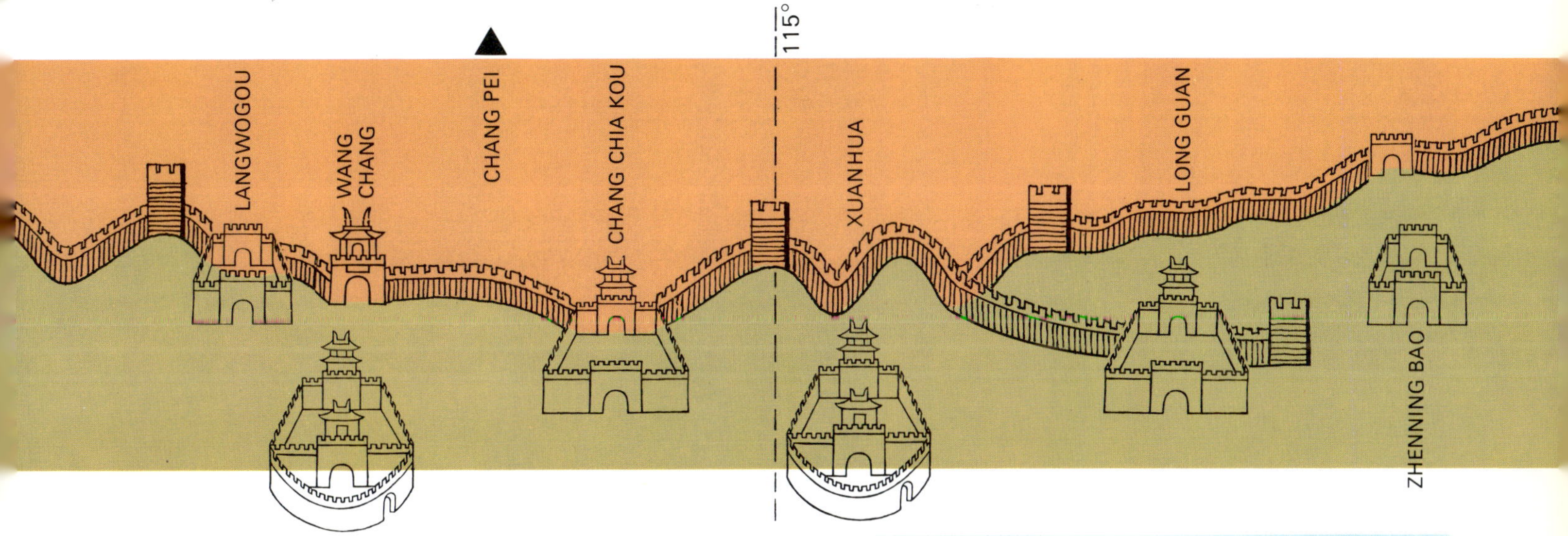

Die Chajianling-Berge (oben) liegen in unmittelbarer Nähe der südlichen, inneren Mauer in der Laiyuan-Region der Provinz Hebei. Hier vermochte Ende des 10. Jahrhunderts der Song-General Yang Yanzhao die Khitan eine Weile in Schach zu halten, bis diese schließlich die Oberhand gewannen, in China einbrachen und die Liao-Dynastie gründeten.

Stadtmauer und Tore von Zhangjiakou (rechts) sind großartig erhalten. Die Stadt liegt an der Straße nach Beijing, etwa in der Mitte des Weges von dort nach der mongolischen Hauptstadt von Huhehot; sie spielte lange Zeit eine wichtige strategische Rolle, weswegen die Verteidigungsanlagen sorgfältig unterhalten wurden.

Das braune Schneehuhn steht in China unter Naturschutz; es bewohnt die Gebiete im Norden der Großen Mauer.

Diese Variante des Polo wird mit einer Mannschaft aus acht Reitern und einem riesigen Ball gespielt. Im Gegensatz zum »klassischen« Polo, hat diese mongolische Spielart wahrscheinlich keine lange Geschichte.

Stärke von 2 Metern ist sie die größte und älteste unter den heute noch erhaltenen Neun-Drachen-Wänden Chinas.

Auf der Innenseite des Südtores der Stadt befindet sich das Shanhua-Kloster, das noch eine Gruppe von Gebäuden aus der Zeit der Liao- bzw. der Jin-Dynastie aufzuweisen hat. Dazu gehören das Shanmen-Tor, die Sansheng-Halle, der Puxian-Pavillon und die Daxiong-Halle.

Zhangjiakou ist außerdem Mittelpunkt eines Gebietes, das für seine Pferde- und Schafzucht, vor allem für seine Schafspelze, bekannt ist. Guyuan, im Norden von Zhangjiakou, ist wegen seiner »Zhangjiakou-Pilze« berühmt. Vor allem ist die Gegend reich an historischen Stätten und Baudenkmälern, z. B. eine Pagode im Bezirk Yixian zur Erinnerung an Jing Ke; dieser unternahm ein – mißglücktes – Attentat auf den König von Qin, den späteren Ersten Kaiser der Qin-Dynastie (221–207 v. Chr.). Der Jingxingguan-Paß in Hulu war der Schausplatz der Schlacht, in der zur Zeit der ersten Han-Dynastie der Oberfeldherr Han Xin das Zhao-Heer unter Chen Yu besiegte. Weitere alte Sehenswürdigkeiten sind die Gräber der Herrscher des Zhongshan-Staates und die Han-Gräber in Wangdu, die erst in jüngster Zeit entdeckt und in denen seltene historische Relikte gefunden wurden. Schließlich gibt es auch berühmte alte Gebäude, wie die »Durchschauenden-Feind-Pagode« (Liao Di Ta) der Song-Dynastie (960–1279) im Bezirk Dingxian und das Kloster des Riesenhaften Buddha der Tang-Dynastie (618–907) in Zhending. Auch zahlreiche Zeugnisse der Liao-Dynastie (916–1125) und der Jin-Dynastie (1115–1254) sind erhalten geblieben. Sie alle führen uns deutlich vor Augen, wie diese so verschiedenartigen Völker die geistige Kultur und den materiellen Reichtum beeinflußt haben.

Nicht schraffierte Partien: Weniger genau bekannte Abschnitte.

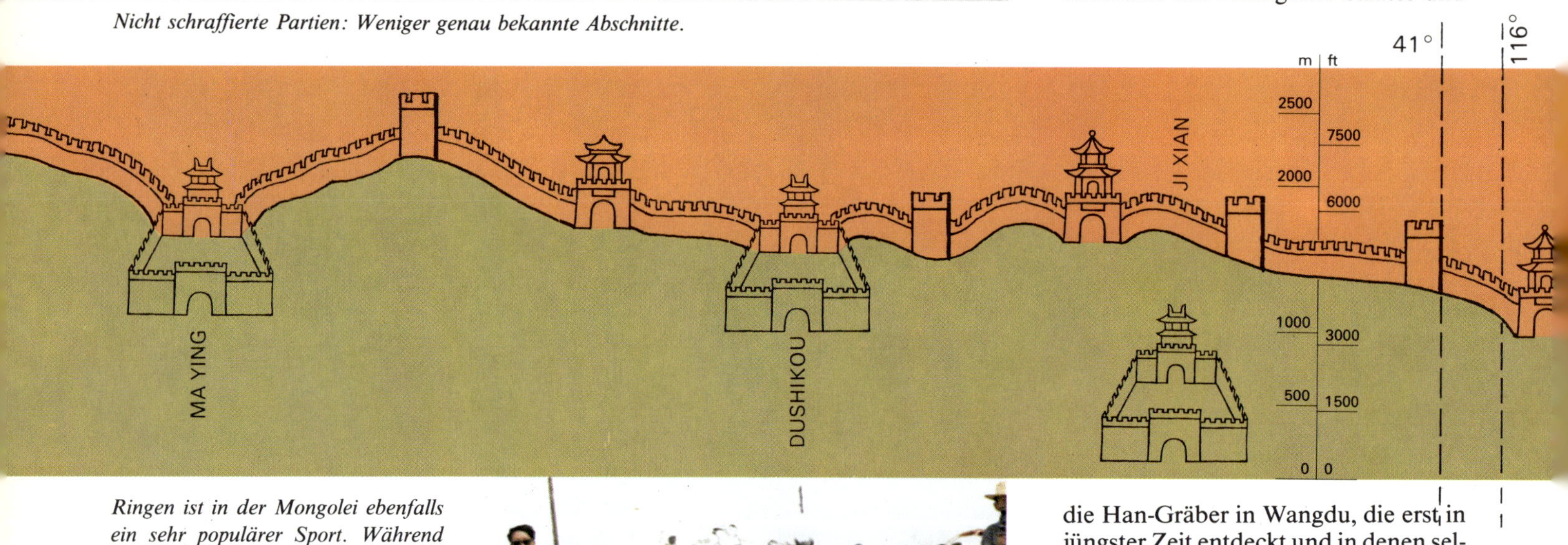

Ringen ist in der Mongolei ebenfalls ein sehr populärer Sport. Während der jahreszeitlichen Volksfeste werden große Wettkämpfe veranstaltet. Wie beim japanischen Sumo ist derjenige Sieger, dem es gelingt, seinen Gegner auf den Boden zu drücken.

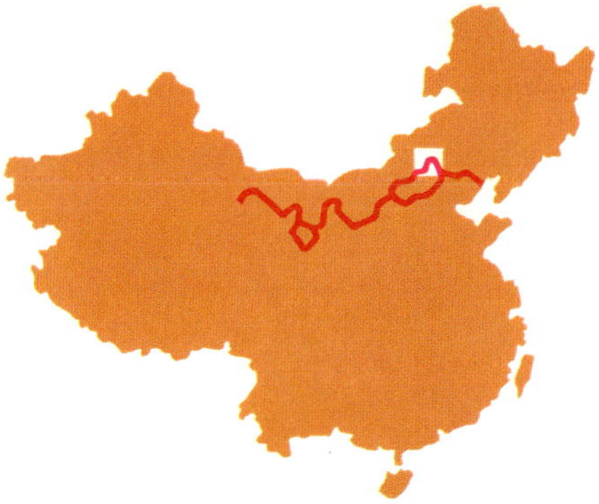

Die Festgewänder der Frauen haben sich seit alters her kaum geändert, und der Kopfschmuck besteht wie eh und je aus silbernen Plattengliedern, die mit Halbedelsteinen (Bernstein, Jade usw.) verziert sind.

Dieser Ausschnitt aus dem Jesuitenatlas der Kangxi-Zeit (frühes 18. Jahrhundert) zeigt die weit nach Norden ragende Ausbuchtung der Großen Mauer, durch die die wichtige Straße von Beijing über Guyuan in die Innere Mongolei (Nei Monggol) führt. Die Karte vermittelt eine gute Vorstellung vom Verlauf der Mauer, der auf heutigen Karten nur bruchstückhaft angegeben ist.

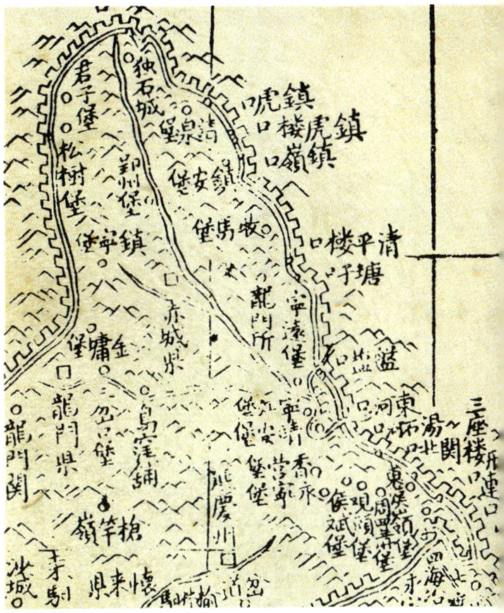

Innere Mauer

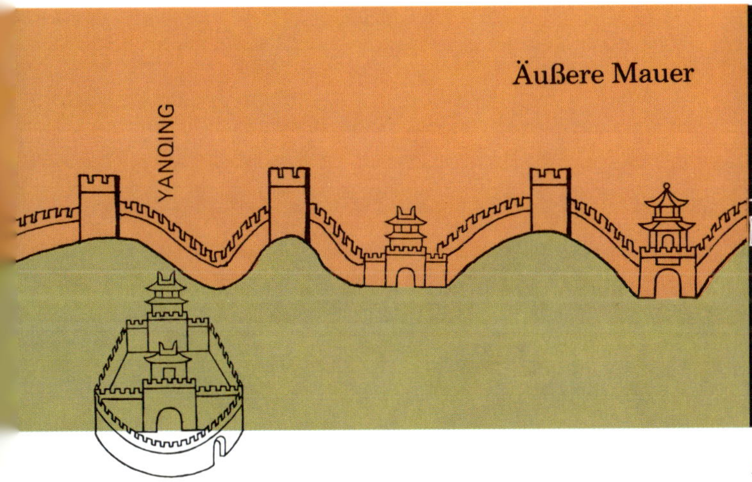

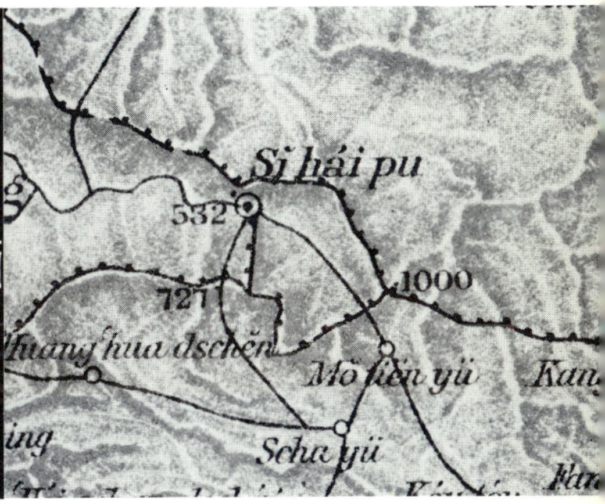

Die »Pferdekopf-Laute« (links) ist noch immer das volkstümlichste Musikinstrument der Mongolen und der Bewohner der Grenzgebiete. Die östliche Wiedervereinigung der äußeren und der inneren Mauer im Norden von Beijing ist hier als Ausschnitt aus einer deutschen Generalstabskarte aus dem Jahre 1902 gezeigt. Ihr zufolge bestand in dieser fast völlig unzugänglichen Gebirgsgegend ein eindrucksvolles Befestigungssystem, das teilweise auf den Bergkämmen entlanglief, teilweise Täler abriegelte.

Das in der Ming-Zeit angelegte doppelte Mauersystem schließt sich im Osten bei Beijing wieder zu einer einzelnen Mauer zusammen – genauer gesagt, bei der kleinen Stadt Xihai (auf der alten Karte rechts: Si' haipu). Die äußere Große Mauer springt weit nach Norden vor, eine Einzelheit, die auf der Jesuitenkarte ganz oben rechts deutlich sichtbar ist. Auf der nächsten Seite kehrt unsere Beschreibung zu der Gabelung im Westen zurück und folgt dann der inneren Verteidigungslinie.

Die innere Verteidigungslinie

Der Yanmenguan-Paß an der südlichen Mauer bildet in der Kette der 1500 bis 2000, stellenweise sogar 3000 Meter hohen Gipfel im Norden Shanxis eine Lücke. Wer den Paß besetzt hatte, für den lag der Weg in die fruchtbare Ebene von Hebei offen.

Unter dem Druck der Bedrohung durch die Mongolen wurde um 1440 im Süden der ersten Mauer eine zweite Verteidigungslinie gebaut. Sie erstreckt sich von einem Punkt unweit des Gelben Flusses im Norden der Provinz Shanxi ostwärts bis in das Gebiet im Norden von Beijing. Die westliche Gabelung in der Nähe der Stadt Weiyuan ist auf dem obigen Kartenausschnitt dargestellt, der auch hier wieder nach Süden ausgerichtet ist. Nachdem auf den letzten vorausgegangenen Seiten der Verlauf der nördlichen (äußeren) Mauer bis in den Raum nördlich von Beijing beschrieben worden war, kehren wir jetzt zu der Stelle in der Nähe des Gelben Flusses zurück, wo die innere Verteidigungslinie ihren Anfang nimmt, und verfolgen sie auf ihrem Wege durch die wilde Gebirgsregionen der Provinzen Shanxi und Hebei.

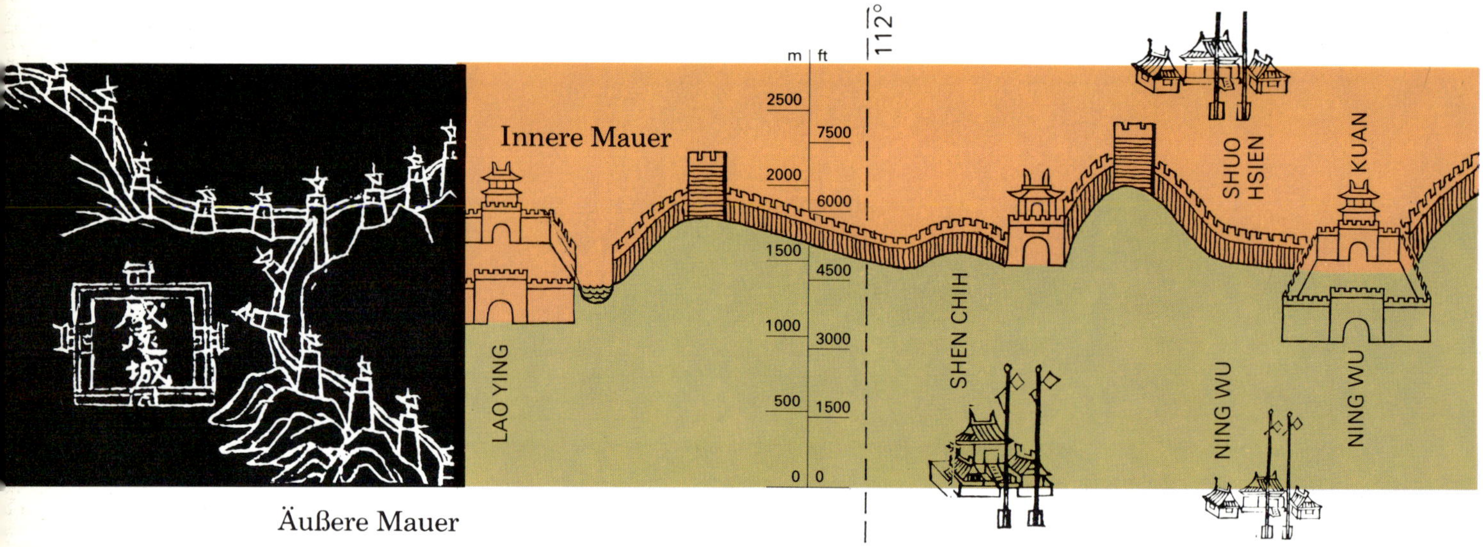

Äußere Mauer

Südlich von Datong zieht sich die innere Linie der Großen Mauer vom Yanmen-Paß bis an den Fuß der Hengshan-Berge, führt über diese und die Wutai-Berge hinweg und erreicht, an den Taihang-Bergen entlangführend, die Provinz Hebei. In der Löß-Ebene an der Nordseite des Hengshan-Gebirges liegt Yingxian, eine bedeutende alte Stadt unweit der inneren Linie der Großen Mauer. In der Mitte dieser Stadt, die der Sitz eines Bezirksamts ist, erhebt sich eine Pagode von 67 Meter Höhe und 30 Meter Durchmesser an der Basis; sie ist die einzige, in China noch erhaltene buddhistische Pagode, die ganz aus Holz gebaut ist. Sie wurde 1056 zur Zeit der Liao-Dynastie errichtet und hieß ursprünglich Sakya-Pagode. Damals führten die Herrscher der Liao- und der Song-Dynastie oft miteinander Krieg, der dann im Norden oder Süden der Hengshan-Berge ausgetragen wurde; demzufolge war Yingxian eine vorgeschobene Verteidigungsstellung des Liao-Heeres.

Der Hauptgipfel der Hengshan-Berge, einer der fünf bestbekannten Gebirgszüge Chinas, erhebt sich unweit der Bezirksstadt Hunyuan im Nordosten der inneren Mauer, innerhalb der Provinz Shanxi. Die Mauer wendet sich hier nach Süden, passiert die östlichen Ausläufer der Wutai-Berge und schwenkt dann an den Taihang-Bergen entlang nach Norden. Von Hunyuan nach Datong stehen die Signaltürme in langer Reihe, um die äußere Mauer mit der inneren zu verbinden.

Die Kaiser des alten China brachten häufig auf den Hengshan-Bergen Opfer dar. Hierzu gibt es eine interessante Anekdote aus der Zeit der Liao- und Song-Dynastie. Da die Herrscher beider Dynastien sich meist feindlich gegenüberstanden und Hunyuan im Herrschaftsbereich der Liao lag, konnte der Song-Kaiser zum Vollzug dieser Opfer nicht zu den Hengshan-Bergen gelangen. Er wählte daher den Ausweg, einen Tempel im heutigen Bezirk Quyang östlich der Taihang-Berge in der Provinz Hebei zu errichten, um hier, 200 Kilometer entfernt, seinen frommen Pflichten zu genügen. Es gibt also zwei Tempel des Nördlichen Berges, einen auf den Hengshan-Bergen und einen an ganz anderer Stelle. Im übrigen gibt es auf diesen Bergen und an ihren Ausläufern Dutzende anderer alter Baudenkmäler. So befindet sich an ihrem Fuße ein Tempel von höchst ungewöhnlicher Konstruktion, der »Tempel inmitten der Luft«.

Die Wutai-Berge (Fünf Plattformen) tragen diesen Namen nach ihren fünf flachen Bergkuppen. Die größte Kuppe mit einer Höhe von 3058 Metern ist in Nordchina ein bekannter Berg. Die Wutai-Berge gelten den chinesischen Buddhisten als eine geheiligte Region, die Kulthandlungen für den Bodhisattwa Manjusri vorbehalten ist. Zwischen den fünf Kuppen liegt eine kleine Mulde namens Taihuai, die einst von mehr als 100 Tempeln umstanden war. In den noch erhaltenen Tempeln gibt es einige erstaunliche Beispiele buddhistischer Andachtsgepflogenheiten. Dazu gehört unter anderem ein Gebilde mit dem Namen »Buddha erscheint mit dem Öffnen der Lotosblüte«. Wenn der dazugehörige Mechanismus betätigt wird, öffnen sich die Blütenblätter und die Buddhafigur wird für seine Verehrer sichtbar.

Etwa 80 Kilometer von Taihuai, nahe dem Amtssitz des Bezirks Wutai, befinden sich zwei der ältesten Holzbauten Chinas, die während der Tang-Zeit errichtet wurden: Der Nanchan-Tempel aus dem Jahre 782 und der Foguang-Tempel von 857.

Die Große Mauer hat in diesem Abschnitt Dutzende von Toranlagen und Befestigungstürmen, von denen die am Eingang zum Pingxing- und zum Niangzi-Paß die bekanntesten sind. Der erstere liegt im Nordosten des Regierungsbezirks Fanchi in der Provinz Shanxi und ist von großer strategische Bedeutung. Er hat die Form einer Flasche und hieß daher in früherer Zeit der Flaschenbauch-Paß. Bei den Abwehrkämpfen gegen die Japaner legte hier die Achte chinesische Feldarmee im September 1937 einer japanischen Elite-Division unter General Itagaki einen Hinterhalt und errang einen spektakulären Sieg.

Der Niangzi-Paß liegt im mittleren Teil der Taihang-Berge 200 Kilometer südlich des Pingxing-Passes. Er bildet nicht nur einen wichtigen Verkehrsweg zwischen Hebei und Shanxi, sondern auch zur Großen Mauer. Im Jahre 617 v. Chr. soll Ping Yang, eine Tochter des Tang-Kaisers Gaozu, im heutigen Regierungsbezirk Huxian in Shaanxi ein Heer aus weiblichen Soldaten aufgestellt haben, um ihren Vater gegen die Aufstände der kurzlebigen Sui-Dynastie zu unterstützen. Es heißt, sie habe mindestens 70 000 Mädchen rekrutiert und mit dieser Armee den Paß besetzt, der daraufhin den Namen Niangzi, Paß der »Jungen Frauen«, erhalten habe.

Der Juyongguan-Paß, das Zugangstor zur Hauptstadt Beijing, wurde von der Stadt Xuanfu im heutigen Regierungsbezirk Xuanhua (Provinz Hebei) bewacht. Auf der Straße von diesem Paß nach Xuanfu trug sich 1449, als die Ming-Dynastie immer korrupter und militärisch schwächer wurde, der »Tumubao-Zwischenfall« zu. Kaiser Yingzong und sein Eunuch Wang Zhen hatten die Haupt-Truppenmacht bei Tumubao zusammengezogen, einen Ort in bergigem Gelände, der weder für die Verteidigung noch für die Erholung und Reorganisation des Heeres geeignet war. Auf dem Rückmarsch zur Hauptstadt wurde die Marschkolonne von den Oirat überfallen und der Kaiser gefangengenommen.

Yu Qian als Verteidigungsminister und andere, zum Widerstand entschlossene hohe Beamte riefen eiligst Truppen und Zivilisten zu den Waffen und vermochten auf diese Weise die Hauptstadt zu halten. Später wurden die Verteidigungsanlagen verstärkt und mit den Oirat Frieden geschlossen.

Die vollständige innere Linie der Großen Mauer auf einer Karte der Ming-Zeit. Links ist Osten, rechts Westen. Viele namhafte Örtlichkeiten sind zu erkennen, darunter der mehrfach erwähnte Juyongguan-Paß; dies war der Paß, den die Mandschus benutzten, als sie in China einfielen, um Beijing zu erobern.
Der Yanmenguan-Paß ist der letzte rechts auf der Karte (ein Foto dieses Passes erscheint auf Seite 109). An diesem Paß ist auch eine Gedenkstätte für den tapferen General Yang Ye, der 986 im Kampf gegen die Khitan nicht weit von hier fiel. Diese Gedenkstätte enthält das rechts abgebildete Gemälde, das seine größten Waffentaten darstellt.

Die Wutaishan-Berge, die im Süden der Großen Mauer liegen, erreichen ihre größte Höhe mit 3058 Metern im Norden der Provinz Shanxi. Dieses Gebirge ist traditionsgemäß der Verehrung des Bodhisattwa Manjusri vorbehalten und daher mit zahlreichen Ehrenportalen und endlosen Steintreppen geschmückt; die Treppe links führt zum Gipfel.

In ganz China werden Berggipfel mit religiösen Vorstellungen in Zusammenhang gebracht und mit Heiligenschreinen, Tempeln, Inschriften und Figuren geschmückt. Eine solche Stätte in der Nähe der Großen Mauer ist auch der »hängende« Buddhatempel am Berg Heng (S. 113).

Der Zhaogaoguan-Tempel (unten) wurde zur Zeit der Nördlichen Wei (386–534) in eine Felswand des Yanmenguan-Passes hineingebaut und unter den Ming erneuert; einige architektonische Eigenheiten erinnern an die Große Mauer.

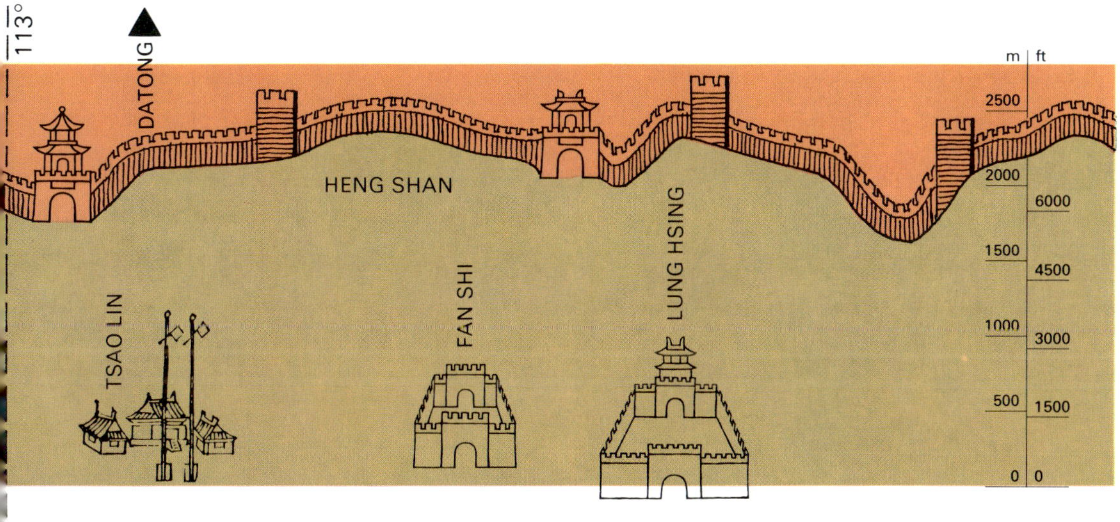

Die monumentale Toranlage »Friedliche Grenze« am Yanmenguan-Paß steht in einem angemessenen Verhältnis zu ihrer Bedeutung. Wie die Schrifttafel anzeigt, beherrscht das Tor auch den Zugang zu drei Nebenpässen. Wie die anderen Toranlagen der inneren Mauer, wurde auch diese in der Mitte des 15. Jahrhunderts gebaut und ist ein Schulbeispiel klassischer Ming-Architektur.

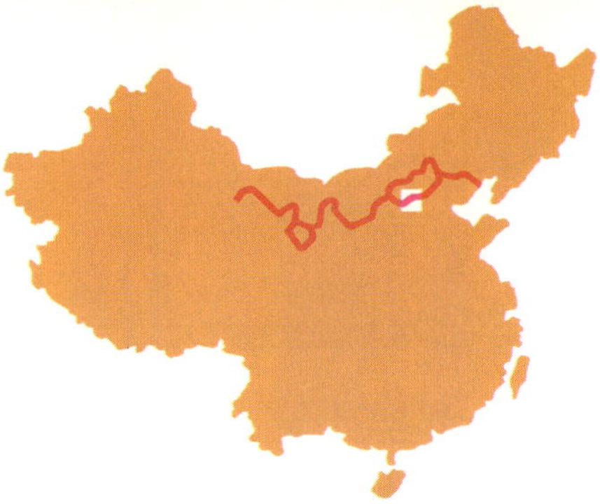

Niangziguan, der Paß der »Jungen Frauen« (unten) ist ein strategischer Punkt an der inneren Mauer in Shanxi. Er verdankt seinen Namen einer kriegerischen Prinzessin, die hier zu Beginn des 7. Jahrhunderts eine Garnison weiblicher Soldaten befehligte.

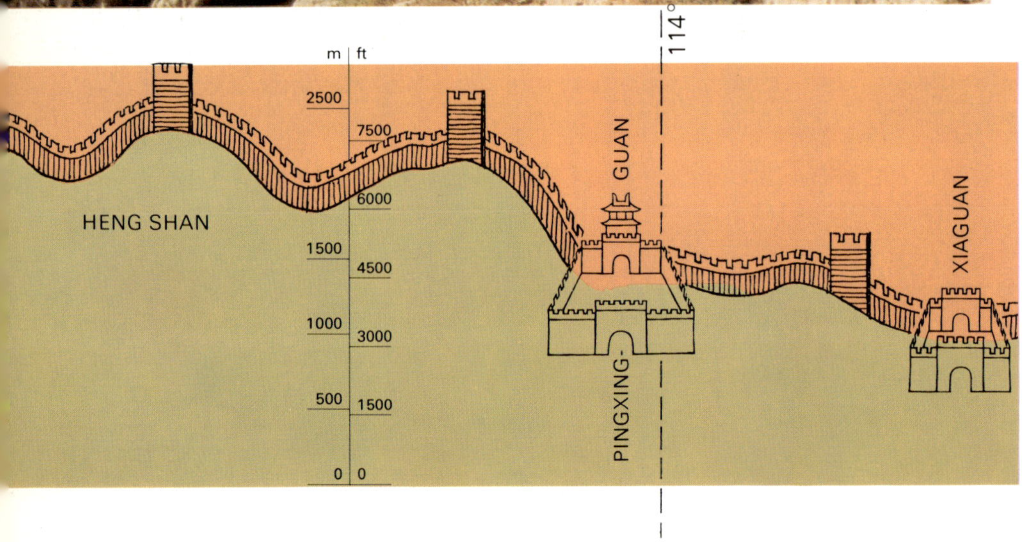

Pingxingguan, ein anderes wichtiges Sperrfort dieses Gebiets, beherrschte die Straße von Shanxi nach Hebei und war demzufolge auch Schauplatz mancher kriegerischer Ereignisse; unser Bild zeigt das hintere Tor an der Ostseite.

Verfolgt man die Mauer weiter nach Westen in Richtung Beijing, so werden die Verteidigungswerke und Toranlagen in der Regel mächtiger und massiver; sie wurden außerdem im Vorfeld der Hauptstadt während der ganzen Ming-Zeit und auch schon vorher sorgfältig unterhalten.

»In der Luft hängender Tempel« ist der Name dieses Buddha-Heiligtums, das im 15. Jahrhundert an die Steilwand des Berges Heng gebaut wurde. Die dazugehörende Pagode ist insofern höchst ungewöhnlich, als sie auf Balken ruht, die im Fels verankert sind. Der Berg Heng liegt rund 50 Kilometer südöstlich von Datong (Shanxi) und ist etwas über 2000 Meter hoch. Vom Nordgipfel des sehr unregelmäßigen Bergmassivs überblickt man die großen Stromtäler des chinesischen Reiches.

Lotosblüten dienen oft als erhöhter Sitz für Buddhafiguren und werden zu nicht minder phantastischen Formen stilisiert wie die Gestalten, die sich auf ihnen niedergelassen haben.

Von architektonischem Interesse ist in dieser Gegend auch die Sakyamuni-Pagode (unten links). Sie ist die älteste hölzerne Pagode Chinas (1056 n. Chr.) und erreicht eine Höhe von 70 Metern.

Rechts: Einer der Pässe im Gebiet von Jingxing in der Provinz Hebei.

Auf den Schlußsteinen der Wölbung des Juyongguan-Tores in der Nähe von Beijing umringen die beiden Schutzgottheiten Fuxi und Nüwa, die mit menschlichem Rumpf, aber Schlangenbeinen dargestellt wurden, einen glückbringenden Geist (rechts außen). Dieses Wesen mag stark genug gewesen sein, übelwollende Geister fernzuhalten, aber die Mandschus haben bei ihrem Einzug in China 1644 die Figurengruppe ungestraft passiert.

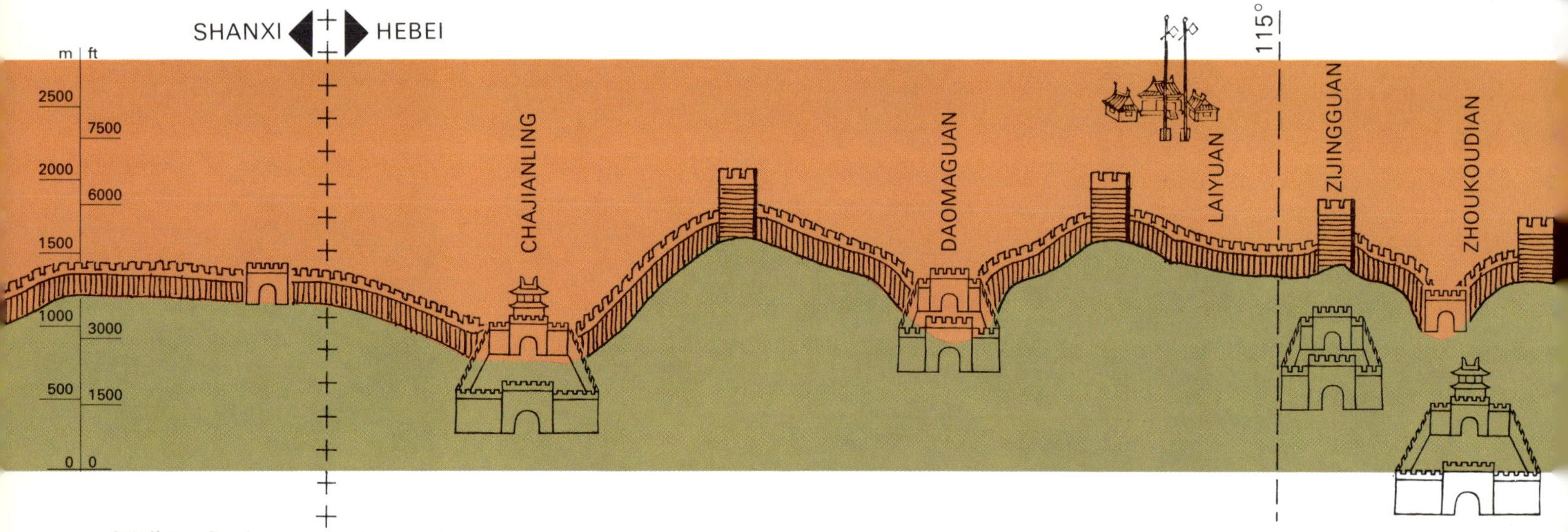

Mit ihrem Reichtum an häufigen und seltenen Vogelarten sind die Gebirgsregionen der Provinz Hebei ein Paradies für Ornithologen.

Der Braune Ohrfasan der Provinz Shanxi steht unter Naturschutz. Sein schönes Gefieder mit den charakteristischen weißen Federbüscheln an den Seiten des Kopfes wird von den Chinesen auch als Ziervogel gezüchtet. Ein häufiger Vogel an der Großen Mauer, auf der ganzen Länge von Gansu bis Hebei, ist der in Europa so selten gewordene Uhu (ganz rechts).

Der Juyongguan-Paß und der Berg Badaling

Gewissermaßen das Idealbild der Großen Mauer der Ming-Zeit präsentiert sich uns in der Nähe des Juyongguan-Passes und des Berges Badaling. In einem Tal, das die Jundu-Gruppe des Yanshan-Gebirges durchquert, wurde eine Kette von Festungen angelegt. Die beiden Seiten des Tals werden von grün bewaldeten Gipfeln flankiert, während der südliche Taleingang von der Stadt Nankou beherrscht wird. Auf dem Bergkamm, an den sich die Stadt anlehnt, kann man noch die Ruinen von Mauern und Signaltürmen sehen, die als einziges von den hier gebauten Befestigungen übrig geblieben sind.

Geht man dieses Tal sechs Kilometer nach Nordwesten weiter, so gelangt man an den Juyongguan-Paß und die Wolkenterrasse. Nach weiteren neun Kilometern erreicht man den nördlichen Eingang des Tales unterhalb des Berges Badaling. Die hier gelegene Festung ist bis heute sorgfältig instand gehalten. Sie hat zwei Tore; das nach Westen gerichtete trägt die Inschrift »Sperrriegel des Nördlichen Eingangs«, das nach Osten blickende die

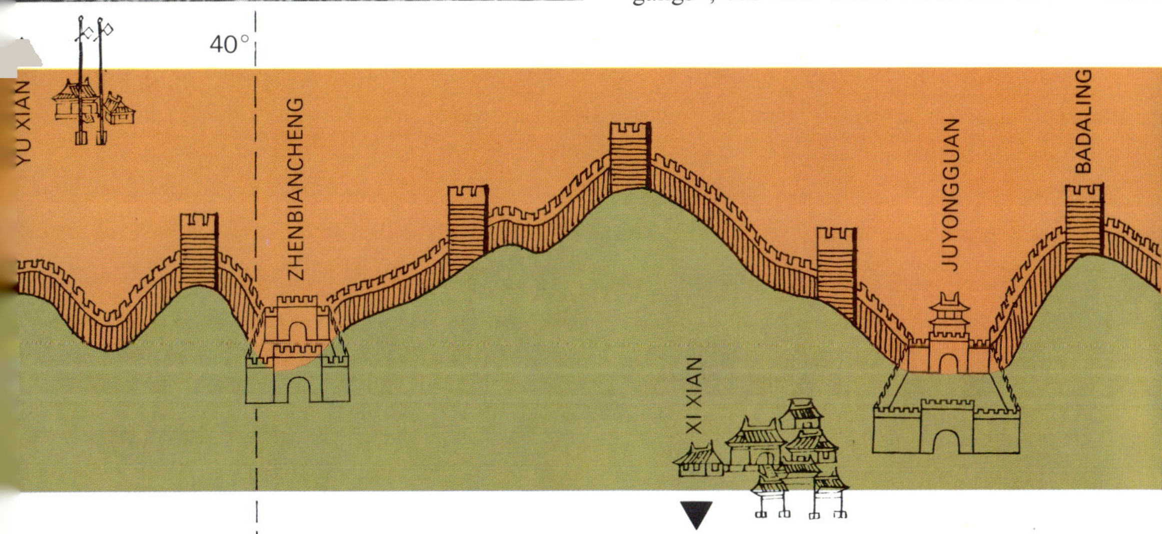

Inschrift »Vorderste Linie vor Juyongguan«.

Da er nur 60 Kilometer von Beijing entfernt ist, wurde der Juyongguan-Paß von den militärischen Fachleuten der Ming-Dynastie für äußerst wichtig gehalten. Dies ist nicht zuletzt daraus zu ersehen, daß die Befestigungstürme besonders massiv und nahe beieinander angelegt, daß sie durch mehrere Mauerlinien verbunden und daß sie durch allenthalben auf den Bergkuppen errichtete Signaltürme ergänzt wurden.

Besucher, die auf der Mauerkrone entlanggehen, gelangen schließlich auf den Gipfel des einen oder anderen der Berge, die den Juyongguan-Paß flankieren. Von hier aus können sie die Große Mauer verfolgen, wie sie sich über Berg und Tal windet, bis sie schließlich hinter dem Horizont verschwindet.

Zwei Tore des Sperrforts sind bis heute erhalten. Die Wolkenterrasse im Fort wurde zur Zeit der mongolischen Yuan-Dynastie (1277–1368) erbaut; sie besteht aus einem reich geschmückten Torbogen aus weißem Marmor, der sich über die Durchgangsstraße spannt und die Form von drei Seiten eines Sechsecks hat. Steht man davor, so erkennt man die Reliefbilder der Vier Unbesiegbaren, Texte aus heiligen buddhistischen Schriften sowie eine Inschrift, die auf Sanskrit, Tibetisch, Bashan-Mongolisch, Uighurisch, Chinesisch und Xixia vom Bau der Terrasse berichtet. Auf der Nordseite des Passes liegt ein riesiger Felsblock, von dem aus im 10. Jahrhundert eine Amazone namens Mu Guiying ihre Truppen inspizierte.

Bereits zu Anfang des 7. Jahrhunderts grub ein buddhistischer Mönch Texte aus heiligen Schriften in Steintafeln ein, die dann in dem einst blühenden Yunju-Kloster auf dem Berg Tafanshan südwestlich von Beijing aufbewahrt wurden. Spätere Generationen folgten seinem Beispiel. Die Zahl der in Höhlen und Kellern unter den Ruinen des Klosters gefundenen Tafeln übersteigt 1500. Die zahlreichen und schön gestalteten Pagoden, die über den Ruinen stehengeblieben sind, bilden instruktive Beispiele der chinesischen Architektur aufeinanderfolgender Perioden vom 7. bis zum 11. Jahrhundert.

Der Juyongguan war als einer der »Drei Inneren Pässe« bekannt, der zusammen mit den beiden anderen, dem Zijingguan- und dem Daomaguan-Paß, in der Provinz Hebei gelegen ist. Blickt man von dem Berg Zijingling auf den

nach ihm benannten Paß hinab, erkennt man sofort seine Bedeutung als Einfallstor vom Taihong-Gebirge in die Ebene von Hebei. Tatsächlich brachen hier auch 1449 die Mongolen unter ihrem Feldherrn Walayesian, der daheim den Kaiser Yingzong als Geisel festhielt, durch die Große Mauer, um Peking zu belagern. Das Ming-Reich und seine Bewohner hatten es vor allem den erfolgreichen Anstrengungen des Verteidigungsministers Yu-Qian (1398–1457) zu verdanken, daß die Mongolen zurückgeschlagen werden konnten, nachdem er schlagkräftige Truppen zusammengezogen und die Einwohner der Hauptstadt aufgeboten hatte.

Vom Zijingguan-Paß, 30 Kilometer weiter nach Osten, gelangt man zum Yishui-Fluß. An seinem Ufer nahm im Jahre 227 Jing Ke auf dem Wege, den König von Qin (den späteren Ersten Kaiser) zu ermorden, Abschied von dem Kronprinzen des Königreichs Yan, der ihm diese gefährliche Aufgabe gestellt und ihm bis hierher das Geleit gegeben hatte. Von der Musik seines Freundes Gao Jianli begleitet, sang er:

»Ein Wind pfeift über den eisigen Yishui-Fluß,
Um einem tapferen Mann für immer Lebewohl zu sagen.«

Diese Verse werden seit mehr als zweitausend Jahren bis zum heutigen Tage immer wieder zitiert.

Auf der großen Straße von Beijing nach Laiyuan in West-Hebei überquert man diesen Fluß und gelangt zu den westlichen Gräbern der Qing-Dynastie. Der erste Kaiser, der hier beigesetzt wurde, war Yong Zheng, der von 1723 bis 1735 regierte. Während sein Vater und sein Großvater in den östlichen Gräbern im Bezirk Zunhua in Hebei beerdigt worden waren, zog es dieser bedeutende Herrscher der Überlieferung zufolge vor, sich hier bestatten zu lassen, da er durch Intrigen auf den Thron gelangt war und vor dem Gedanken zurückschrak, zusammen mit seinen Vorgängern unter der Erde zu ruhen. Auf einem Gelände von nicht weniger als 100 Kilometer Umfang befinden sich hier die Gräber von vier Kaisern, unter ihnen Guangxu, der 1898 vergebliche Reformversuche unternommen hatte, drei Kaiserinnen und vier Konkubinen. Auch Zhen Fei, die Konkubine Guangxus, die von der fast ein halbes Jahrhundert die Zügel des Reiches führenden Kaiserin Cixi ermordet worden war, wurde später hierher umgebettet.

Das Nordtor der Festung Juyongguan. Durch dieses Sperrfort verläuft die wichtige Straße von der Hauptstadt Chinas in den Norden und Westen des Landes. Darunter verläuft in einem Tunnel die Bahnlinie, die die Verbindung zur Transsibirischen Eisenbahn herstellt.

»An dieser Stelle schlug Yang Liulang den Feind zurück.« Dieser Gedenkstein wurde 1520 unter den Ming in ehrender Erinnerung an den Verteidiger von Yixian errichtet, das etwa 100 Kilometer südwestlich von Beijing liegt. Dieser General, der mit richtigem Namen Yang Yanlang hieß, verdankt seinen Spitznamen (»Der Sechste«) der Tatsache, daß er der sechste Sohn des General Yang Ye war. Auf dem obigen Bild sieht man ihn mit einem Gegner kämpfen, als er mit seinen Truppen dem in Gefahr befindlichen Song-Kaiser (vermutlich Taizong) zu Hilfe eilte.

Rechts: Die Mauer zwischen der Festung und dem Berg Badaling im trüben Licht eines Wintertages. Angesichts dieser Befestigungswerke, dieser achtungsgebietenden Mauern sah sich selbst ein Kriegsfürst und Eroberer wie Genghis-Khan 1211 gezwungen, umzukehren. Genghis-Khan hatte zunächst vor der Mauer als einem ernstzunehmenden Hindernis wenig Respekt. Die Ereignisse zu Beginn seines Feldzuges schienen diese Ansicht zu bestätigen; seine Horden überwanden die äußere Mauer ohne wesentliche Verluste. Bald sah er sich jedoch der imponierenden Festungsanlage von Juyongguan und ihren beherzten Verteidigern gegenüber; sie erwies sich als unüberwindliches Hindernis.

Das Bild unten gibt einen Überblick über die Festung Juyongguan; zusammen mit Shanhaiguan und Juayuguan bildet sie einen Teil des hervorragend instandgehaltenen Abschnitts der Großen Mauer und zugleich deren größtes Schmuckstück. Krönung der ganzen Anlage ist die »Wolkenterrasse« aus weißem Marmor mit prächtigen Verzierungen.

Ein Bild von der Mauer ohne Menschen ist selten. Juyongguan ist Tag für Tag das Ziel Tausender von Einheimischen und Ausländern. Für ausländische Besucher Beijings, einerlei ob Staatsmänner oder organisierte Touristen, ist es ein obligates Etappenziel. Und alle reisen nach Hause mit dem unauslöschlichen Eindruck eines großen Erlebnisses.

Diese in Stein gemeißelte Inschrift ist nach einem buddhistischen Zitat abgefaßt, in mongolischen Buchstaben geschrieben und in sechs verschiedenen Sprachen wiedergegeben.

Als der König von Yan (in der Gegend von Beijing) die wachsende Bedrohung durch den zukünftigen Qin-Kaiser erkannte, sandte er 227 v. Chr. einen Mann namens Jing Ke aus, ihn umzubringen. Der Anschlag mißlang und Jing Ke verlor dabei sein Leben; im 14. Jahrhundert wurde unweit Beijing diese Pagode zum Andenken an ihn errichtet.

Beijing

Beijing wurde in der ersten Zeit der Ming-Dynastie, in der Mitte des 14. Jahrhunderts erbaut, teilweise auf den Fundamenten von Dadu, der »Großen Hauptstadt« der Yuan-Dynastie. Dadu hatte einen Umfang von 30 Kilometern und besaß elf Tore. Der Bau begann 1267 und war 1292 beendet. Der Generalplan sah vor, daß die Paläste den Nordteil der Stadt einnahmen, die Märkte den südlichen Teil; die Tempel befanden sich im Westen und die Anlagen für feierliche Zeremonien im Osten. Der Italiener Marco Polo (1254–1324) berichtete von einer Stadt mit »einem Umfang von 24 Meilen . . . Die Straßen sind so breit und gerade, daß man sie in ihrer ganzen Länge überblicken und von einem Stadttor aus das Tor auf der anderen Seite sehen kann. Neben großartigen Palästen gibt es viele große Gasthöfe und prächtige Adelshäuser«. »Eine Menge von Menschen bevölkerten die Stadt . . . die zumeist luxuriöse Wohnungen mit Palastmauern sowie Pavillons besaßen; diese erglänzten in Gold- oder Silbertönen und waren mit Bildern von Drachen, Einhörnern und Edelleuten geschmückt«.

Die Liao-Dynastie (916–1125) machte Beijing zur Zweiten Hauptstadt und nannte es Nanjing oder Yanjing. Die Jin-Dynastie (1115–1254) machte es zu ihrer eigentlichen Hauptstadt, wobei sie die Stadt aus der Liao-Zeit erweiterte und in Zhongdu (Mittlere Hauptstadt) umbenannte. Als die Mongolen Zhongdu eroberten und die Jin-Dynastie stürzten, legten sie die Stadt in Schutt und Asche. Die Yuan-Dynastie (1277–1367) verlegte ihre Hauptstadt hierher, baute die Stadt wieder auf und nannte sie Dadu. Im Jahre 1368 stürmte der Ming-General Xu Da die Stadt und benannte sie in Beiping um. Die Stadtmauern wurden erneuert, und die nördliche Mauer wurde um etwa 2,5 Kilometer nach Süden verlegt. Als Chengzu den Thron bestieg, änderte er den Namen Beiping in Beijing und machte es zur Hauptstadt. Im Jahre 1406 begannen die Arbeiten an den Palästen. Im fünfzehnten Jahr der Yongle-Ära (1419) wurde die südliche Mauer um etwa einen Kilometer nach Süden vorgeschoben.

Die kaiserlichen Palastanlagen wurden streng bewacht. Gegen Ende der Ming-Dynastie nahmen jedoch aufständische Bauern unter Führung von Li Zicheng die Stadt und drangen in die kaiserlichen Paläste ein. Kaiser Zhuangliedi flüchtete ins Freie und erhängte sich. Im 18. Jahr der Jiaqing-Ära der Qing-Dynastie (1813) brachen wiederum Bauernaufstände in Hebei, Henan und anderen Provinzen aus. Ein Bauernhaufe brach in Abstimmung mit einigen Palasteunuchen in den Palastbezirk ein und focht in der Verbotenen Stadt erbitterte Kämpfe aus. Noch heute sind an einer Tafel und an einem Dachbalken in der Nordostecke des Longzong-Tores des Inneren Palasts steckengebliebene Pfeilspitzen zu sehen.

Auch die Qing-Dynastie machte Beijing zu ihrer Hauptstadt, änderte aber praktisch nichts an der Maueranlage der Ming-Dynastie. Seit der Gründung des Neuen China im Jahre 1949 wurden die Mauern Schritt um Schritt abgetragen. Der die Mauern umgebende Wassergraben wurde Teil der die Stadt umfahrenden U-Bahn, während an der Oberfläche Boulevards angelegt wurden, die den Straßenverkehr der Hauptstadt entlasten.

Die weitere Umgebung des heutigen Beijing ist schon seit urältester Zeit von Menschen bewohnt; hier lebte bereits der Sinanthropus pekinensis. Aus Knochenfragmenten, die an der altsteinzeitlichen Fundstation von Zhoukoudian entdeckt wurden, konnte der Schädel dieses Hominiden rekonstruiert werden.

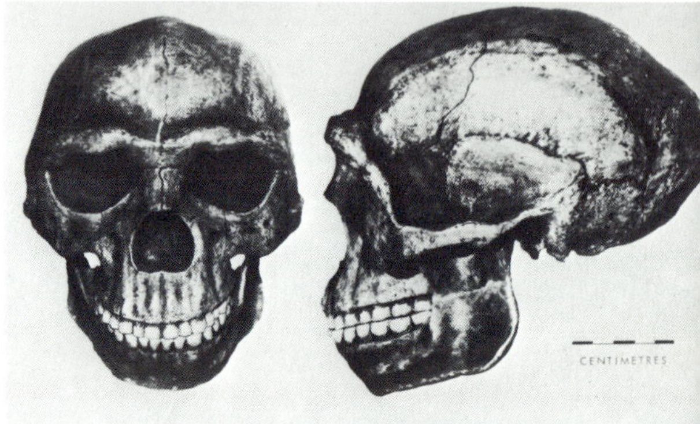

Unser Diagramm ist wieder an dem Punkt angelangt, an dem der nördliche und der südliche Zweig der Großen Mauer sich wieder vereinigen und nun in einem Zuge bis Shanhaiguan weiterführen.

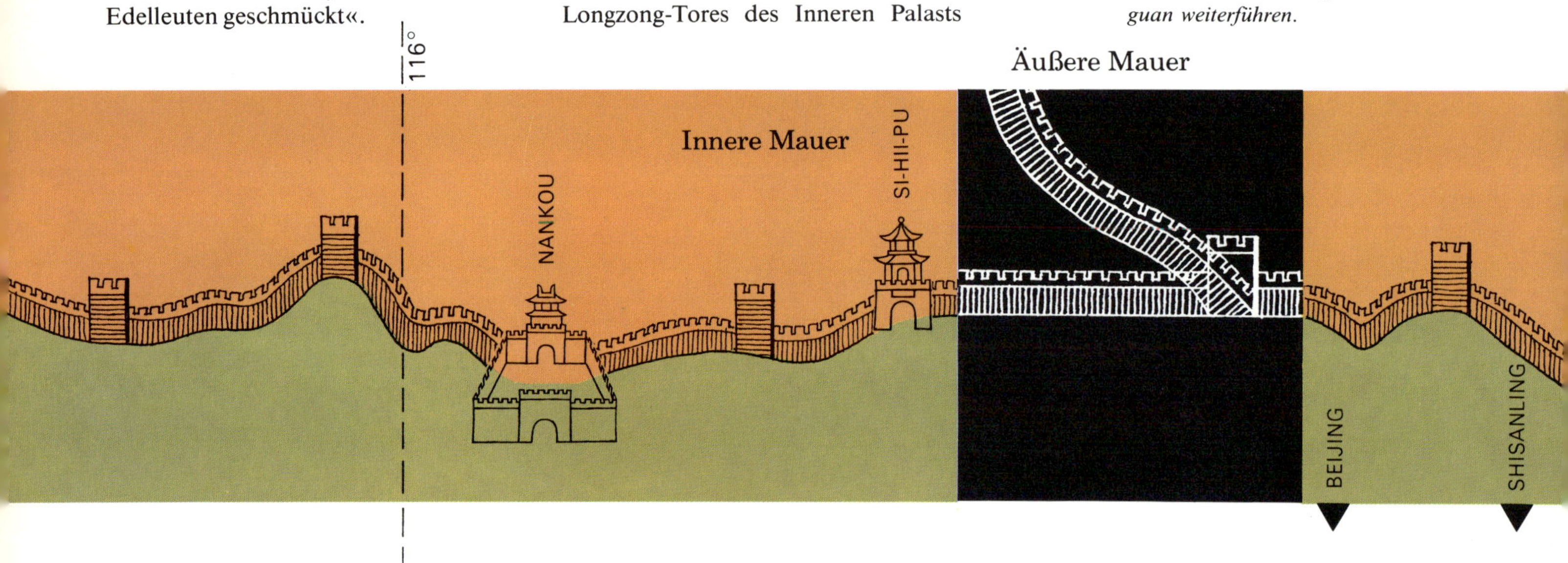

Auf dieser Luftaufnahme des Kaiserpalastes in Beijing sind die drei hintereinanderliegenden Höfe deutlich zu sehen, die zu dem Palast führen. Eleganz und Harmonie der Proportionen finden sich auch bei dem Tempel des Himmels wieder (unten), der von 28 Pfeilern ohne das Innere überspannende Querbalken getragen wird.

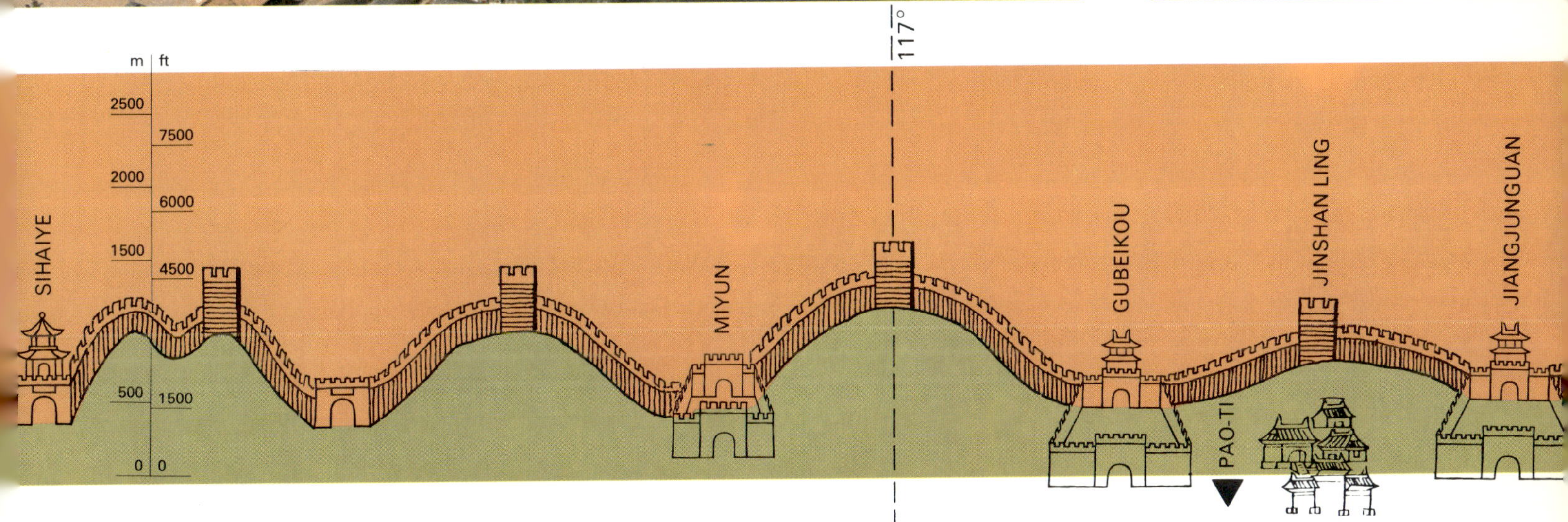

Ganz links: Der rückwärtige Torbau des Zhengyang-Tores wurde 1439 unter der Ming-Dynastie vollendet, 1900 zerstört und inzwischen wieder hergestellt. Ähnliche Bauwerke wurden während und nach der Kulturrevolution dem Erdboden gleichgemacht.

Der Tempel des Ruhenden Buddha befindet sich im westlichen Teil des Beijinger Distrikts. Die riesige Bronzefigur, die 1321 unter der Yuan-Dynastie gegossen wurde, wiegt 54 Tonnen.

Das Grab des Kaisers Shenzong läßt den Wohlstand erkennen, dessen sich China zu Beginn seiner Regierungszeit, der Wanli-Ära (1573–1620) erfreute. Der Bau dieser Anlage in dem Hügelland nordwestlich von Beijing, der 1583 begonnen wurde, gab einigen hohen Beamten Anlaß, alte Rechnungen untereinander zu begleichen.

Gegenüber: Wie ihr größeres Gegenstück im Norden, überquert auch die innere Mauer Berge und Flüsse in einer Reihe mitunter weit ausholender Windungen. Das Satellitenbild (118° bis 119° östlicher Länge, 40° bis 41° nördlicher Breite) zeigt 1. Luanhe (Fluß), 2. Paohe (Fluß), 3. Lulong, 4. Qiangxi, 5. Chang Ling Fang, 6. Gu Shanzu, 7. Qinglong, 8. Chengde Xian, 9. Sangu, 10. Chengde.

Unten: Die Große Mauer in den Badaling-Bergen im Gebiet von Nankou. Wie wir bereits gesehen haben, vermochte dieser Teil der Großen Mauer die Mandschu-Heere nicht aufzuhalten, obwohl er gut instandgehalten war.

Die Mauer in Ost-Hebei

Zwischen dem 117. und dem 118. Längengrad gibt es eine Vielzahl »Großer Mauern«. Im Regierungsbezirk Weichang befindet sich die Mauer, die der Staat Yan zur Zeit der Streitenden Reiche errichtet hat, die Mauer Qin Shi huangdis und die Mauer nebst dazugehörenden Forts der Han-Dynastie. Die Große Mauer innerhalb der Regierungsbezirke Luanping, Xinglong und Zunhua ist ein besonders prächtiger Teil, der im Befehlsbereich von Ji Zhen, des Abschnittskommandos Ji, lag.

Gubeikou, ein Tor zum Wege nach Beijing im Nordosten, hat eine Schlüsselstellung von derselben Bedeutung inne wie Juyongguan und Badaling. Unter der Ming-Dynastie war hier eine *lu* genannte militärische Einheit stationiert, die demselben *zhen* unterstand und die Aufgabe hatte, etwa ein Dutzend weiterer Paßwege zu bewachen. Ein 30 Kilometer langer Abschnitt, der einstmals auch von Gubeikou überwacht wurde, wurde im Sommer 1980 im Regierungsbezirk Luanping der Provinz Hebei, an der Grenze zum Bezirk Miyun gefunden. Wegen seiner herrlichen landschaftlichen Lage hat man ihn »Ein Zweites Badaling« genannt, und es ist beabsichtigt, diesen Teil instand zu setzen und für die Öffentlichkeit freizugeben (siehe Rekonstruktionszeichnung S. 137).

Auch im Regierungsbezirk Weichong gibt es Spuren von Mauern, die vom Staat Yan zur Zeit der Streitenden Reiche, von der Qin-Dynastie und der Han-Dynastie in der Zeit von 475 v. Chr. bis 200 n. Chr. angelegt und allesamt aus Erde errichtet sind.

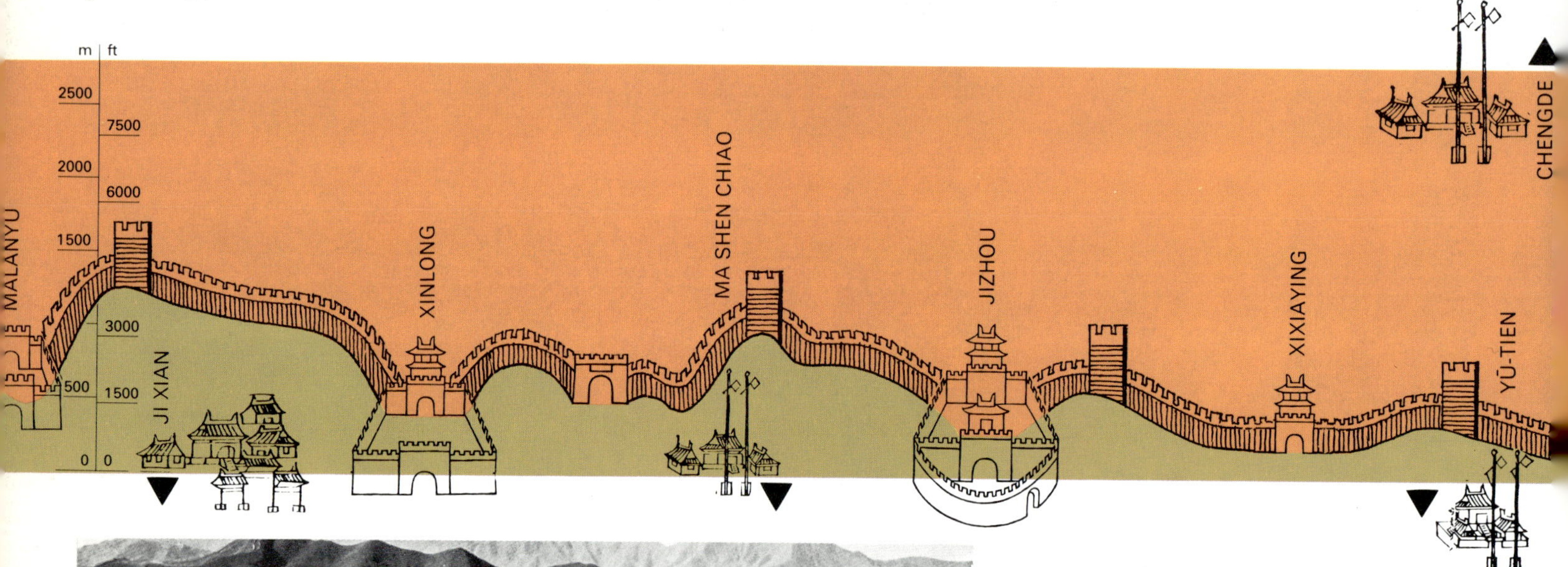

9
8
7
6
1
5
4
2
3

In der Stadt Chengde in der nordostchinesischen Provinz Jilin liegt an einem Berghang dieses bedeutende Lama-Kloster namens Potala. Diese Gegend grenzt an die Mandschurei, aus der die Nachfolger der Ming-Dynastie kommen sollten. Die lamaistischen Glaubensvorstellungen, denen hier gehuldigt wurde und die sich in den nördlichen Grenzgebieten zwischen dem 14. und 16. Jahrhundert ausbreiteten, stammten ursprünglich aus Tibet.

Eine bildhafte Darstellung der Großen Mauer im Gebiet von Xifengkou in der Mitte zwischen Beijing und Shanhaiguan.

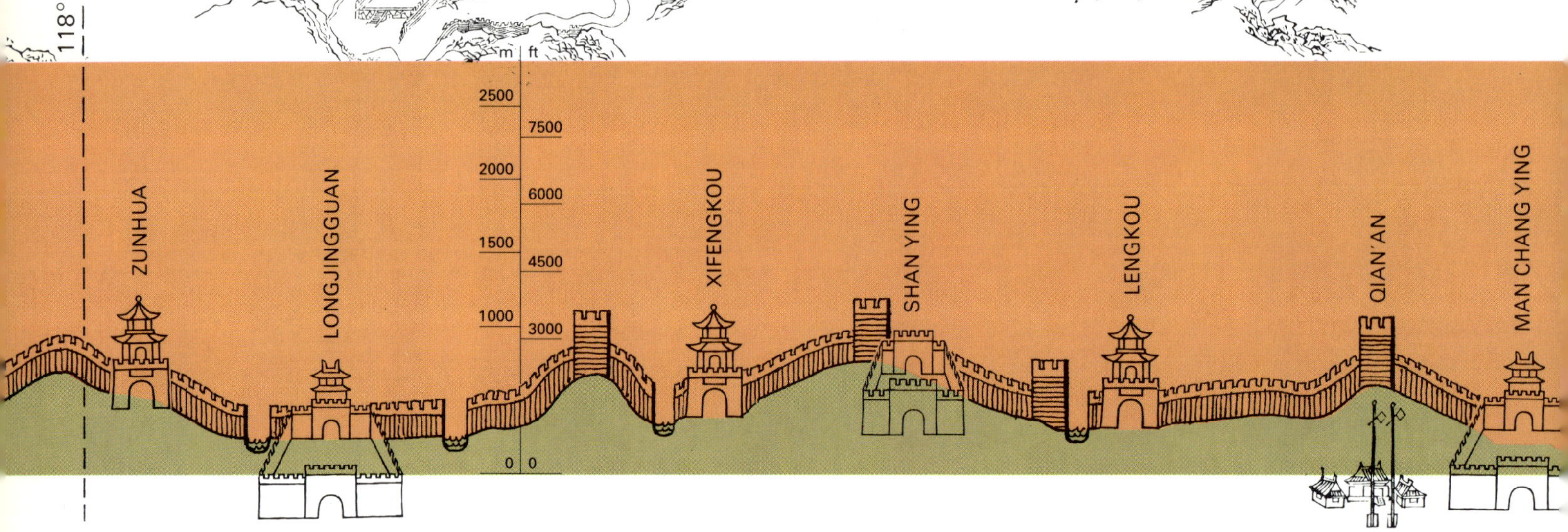

Auf halbem Wege zwischen Beijing und Xifengkou in der Provinz Hebei erklimmt die Große Mauer die Wuling-Berge. Dies ist ungefähr die Stelle, an der die chinesischen Kaiser die Mauer passierten, wenn sie sich von Beijing in ihre etwa 150 Kilometer weiter nordwestlich gelegene Sommerresidenz, den Palast von Chengde, begaben.

Die Sperrfestung von Shanhaiguan

Die Sperrfestung von Shanhaiguan, die unter der Ming-Dynastie (1368–1644) im östlichen Teil der Großen Mauer eine so bedeutende Rolle spielte, liegt nordöstlich der Stadt Qinhuangdao in der Provinz Hebei, nahe der Grenze zur Provinz Liaoning. Diese strategisch wichtige Stadt, die sich mit dem Rücken an die Berge anlehnt, aber zum Meer hinausblickt, wurde früher von chinesischen Kaisern bei ihren Inspektionsreisen in die Grenzgebiete häufig besucht.

Yuguan, eine frühere Sperrfeste in dieser Gegend, lag in einer Ebene und besaß keine größere strategische Bedeutung, weswegen sie später aufgehoben wurde. Als Xu Da zu Beginn der Ming-Zeit mit dem Bau der Großen Mauer begann, wurde statt dessen eine neue Sperrfeste gebaut. Diese umfangreiche Anlage mit den Yanshan-Bergen im Norden und dem Golf von Bohai im Osten erhielt den Namen »Shanhaiguan-Sperrfestung«, weil sie die Enge zwischen den Bergen und dem Meer einnimmt.

Ersteigt man den Turm der Festung und richtet seinen Blick auf die Berge

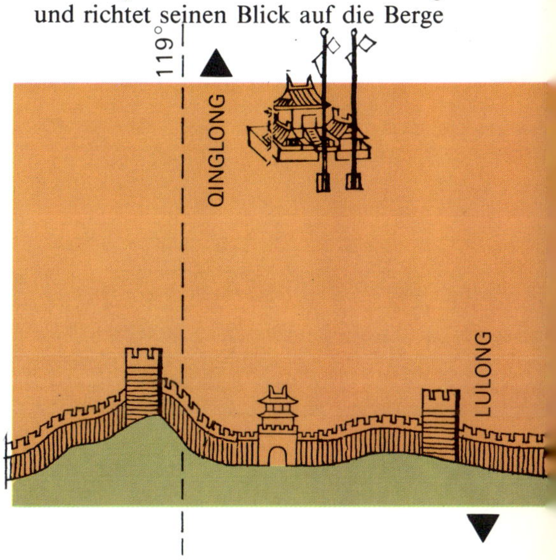

im Norden, so sieht man die Große Mauer in kühnem Anlauf die steilen Hänge erklimmen; im Osten erblickt man das Meer.

Zur Zeit der Ming-Dynastie gab es auch noch eine fast 1000 Kilometer lange Mauer östlich des Engpasses von Shanhaiguan, die bis an das Ufer des Yalu-Flusses reichte. Heute sind nur wenige Überreste dieser grobgefügten Befestigungslinie zu finden.

Das Sperrfort von Shanhaiguan ist rechteckig, hat einen Umfang von etwa 4 Kilometer Länge und Mauern von etwa 14 Meter Höhe und 7 Meter Stärke,

Diese Gedenksäule wurde von dem Qing-Kaiser Gaozong (Regierungszeit 1736–1796) an einem Gebirgspaß in der Nähe von Chengde errichtet, den er auf dem Wege in sein Jagdgebiet zu überqueren pflegte. Der Paß hat strategische Bedeutung, da er die Ebene von Hebei mit den Hochebenen der Mongolei verbindet. Gaozongs Regierungszeit war gekennzeichnet durch die Ausdehnung der chinesischen Herrschaft auf Tibet, die Eröffnung der Handelsbeziehungen mit den Vereinigten Staaten und erste Kontakte mit England.

Ein anderes Gebiet von großer strategischer Bedeutung, die Region im Nordosten der Provinz Hebei bis zu dem Engpaß von Shanhaiguan, war Schauplatz häufiger militärischer Manöver; hier spielen sich auch die auf dem obigen Druck dargestellten Übungen ab. Es war die Nähe der Hauptstadt, die dem Engpaß von Shanhaiguan besondere Bedeutung verlieh. Dies ist die Stelle, an der die eigentliche Große Mauer aufhörte, wenngleich es zeitweilig darüber hinaus noch eine Verlängerung von recht einfacher Bauweise gab.

Die ersten paar Kilometer des östlichen Endabschnitts der Großen Mauer gehören wohl zu den kunstvollsten dieses ganzen erstaunlichen Bauwerks. Die auf der Karte rechts markierten Punkte (von oben nach unten numeriert) sind am Seitenrand aufgelistet und erklärt.

Links: Der östliche Pavillon von Shanhaiguan, des »Ersten Tors auf Erden«. Dies ist die Stelle, an der die von den Ming-Kaisern erbaute Mauer bei Erreichen des Golfes von Bohai am Gelben Meer aufhört und die dem Kopf des Drachens entspricht (Bild ganz außen rechts). Die Mauern im Umkreis sind 4,3 Kilometer lang, 14 Meter hoch und 7 Meter dick. Ihre Geschichte reicht zwar nicht so weit zurück wie die der Pyramiden, ist aber sicherlich bewegter: Abgesehen von solchen historisch bedeutsamen Ereignissen wie der Mandschu-Invasion, spielte dieser Ort während der letzten fünf Jahrhunderte eine beachtliche Rolle als Handelszentrum.

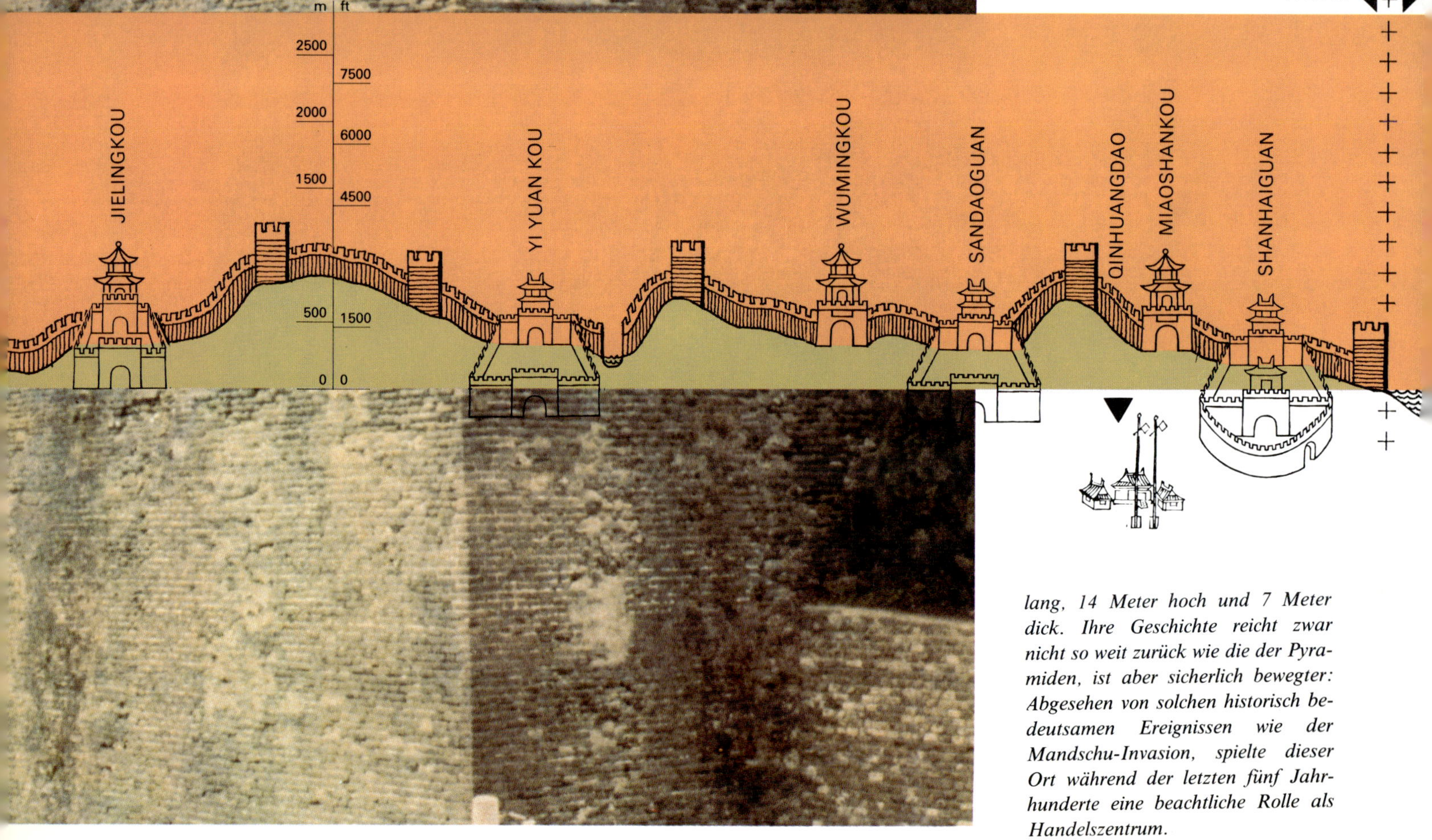

1. Tor des Bergtempels
2. Bergkamm der Gelben Erde
3. Gongzhen-Pavillon
4. Neun Tore
5. Tempel des Gottes der Heilkunst
6. Tempel des Drachenkönigs
7. Wanmen-Paß
8. Palast der Blaugefärbten Wolken
9. Tempel des Kriegsgottes
10. Tor der Hohen Wasser
11. Signalturm
12. Tempel des Gehörnten Berges
13. Paß des Gehörnten Berges
14. Trockenes Tor
15. Paßfeste der Nördlichen Wasser
16. Beobachtungsturm der Drei Reinheiten

17. Sperrfort von Shanhaiguan
18. Zollamt
19. Trommelturm
20. Zivile Bezirksverwaltung
21. Paßfeste der Südlichen Wasser
22. Tempel der Meng Jian
23. Felsen der Meng Jian
24. Gebäude des Kristallklaren Wassers
25. Fort der Ruhigen See
26. Tempel des Drachenkönigs
27. Tempel des Meeresgottes
28. Tempel der Göttin der Seeleute

die innen aus gestampftem Lehm und außen mit Ziegeln bewehrt sind. Die Anlage hat vier Tore, das Osttor Zhendong, das Westtor Ying'en, das Südtor Wangyang und das Nordtor Weiyuan. Außerhalb des Osttores liegt das vorgeschobene Fort Luocheng. Auf der Ost-, Süd- und Nordseite der Festung ist ein 17 Meter breiter Wassergraben angeordnet. Die Ostmauer ist mit ihrem nördlichen und südlichen Ende mit der Großen Mauer verbunden. Auf der südlichen Mauer stand einst der Kuiguang-Pavillon und der Muying-Turm, auf der nördlichen Mauer die Weiyuan-Halle und der Linlu-Turm. Auf den vier Toren stehen zweistöckige Türme, die an drei Seiten Gucklöcher haben. Auf dem Osttor ist auch die Tafel mit den fünf kraftvollen Schriftzeichen angebracht: »Das Erste Tor auf Erden«. Im Norden und Süden der Festung und innerhalb der Großen Mauer befinden sich noch zwei weitere Forts, die zusammen mit der Hauptfestung ein wirklich eindrucksvolles Verteidigungssystem bilden.

Die strategische Lage von Shanhaiguan auf dem schmalen Küstenstrich zwischen Gebirge und Meer hatte natürlich die Folge, daß alle in größeren Zusammenhängen denkenden Angreifer hier einzubrechen suchten. So drang auch das Heer der Mandschu-Eroberer (1644–1711) am Ende der Ming-Dynastie an dieser Stelle in China ein. Bis dahin war Shanhaiguan von General Wu Sangui bewacht worden, dem Platzkommandanten der Sperrfestung. Während seines Aufenthaltes in Beijing hatte er die junge Sängerin Chen Yuanyuan als Konkubine genommen, die Wu Sangui durch ihre ungewöhnliche Schönheit ganz an sich zu fesseln verstand. Als der General sich nach Shanhaiguan begab, blieb sie in Beijing. Nicht lange darauf eroberte Li Zicheng die Hauptstadt und führte damit auch den Sturz der Ming-Dynastie herbei. Dann sandte er an den Kommandanten der wichtigen Sperrfestung eine Abordnung, um diesen zur Übergabe zu bewegen. Als Wu Sangui hörte, daß seine Lieblingskonkubine in die Hände eines von Li Zichengs Generalen gefallen sei, führte er die Qing-Truppen durch die Sperre und ermöglichte es ihnen, Beijing vollends mühelos zu besetzen.

Der Name Meng Jiangs, die hier zwischen ihrem Sohn und ihrer Tochter in ihrem Tempel sitzt, wird immer untrennbar mit der Großen Mauer verbunden bleiben. Will man die Zuneigung und die Verehrung verstehen, die ihr noch heute entgegengebracht wird, so muß man sich vor Augen halten, daß diese Legende stellvertretend für Tausende menschlicher Schicksale steht und darüber hinaus ein Sinnbild althergebrachter chinesischer Tugenden ist.

Links: Blick vom Eingang des Tempels der Meng Jiang im Osten der Festung Shanhaiguan.

Rechts: Als Meng Jiang vom traurigen Ende ihres Mannes erfuhr, weinte sie so bitterlich, daß der Teil der Mauer, wo ihr Mann der Legende nach gestorben war, in sich zusammenstürzte.

Ganz links: Dieses Steinmal ist bei Shanhaiguan gegenüber dem Meer aufgestellt.

Meng Jiang

Eine andere interessante historische Stätte in der Nähe von Shanhaiguan ist der Jiangnu-Tempel. Er liegt in dem Felsendorf Wangfushi (»Auf der Suche nach dem Gatten«), zehn Kilometer östlich der Sperrfestung, und beherbergt eine Statue der legendären Meng Jiang. Nach früheren Berichten trug der Tempel zur Zeit der Song-Dynastie (960–1279) den Namen »Heiligtum der Zhennu« (der keuschen Frau), verfiel dann jedoch, bis er unter der Ming-Dynastie wieder aufgebaut wurde. Hinter dem Tempel erhebt sich der Wangfu-Felsen, von dem aus man einen herrlichen Blick über Berge und Meer genießt (siehe Seite 16).

Der Legende zufolge lebte Meng Jiang zur Zeit des Kaisers Qin Shi huangdi in der Provinz Shaanxi. Ihr Ehemann war zum Bau der Großen Mauer zwangsverpflichtet worden, und sie machte sich ständig Sorgen über die schwere Arbeit, die er in dem rauhen Grenzgebiet leisten mußte. Sie suchte Winterkleidung für ihn zusammen und wanderte Tausende von Meilen über Berge und Flüsse, um sie ihm zu bringen. Aber als sie schließlich ankam, mußte sie erfahren, daß ihr Ehemann der knochenbrecherischen Plackerei zum Opfer gefallen war. In ihrem Schmerz weinte sie so bitterlich, daß sich der Himmel verdunkelte und sich ein Teil der Mauer öffnete, um die Gebeine ihres Mannes herzugeben. Meng Jiang raffte sie zusammen und stürzte sich damit ins Meer. Zur Erinnerung an sie wurde später der Tempel errichtet. Möglicherweise ist die Legende von Meng Jiang aus der Erzählung von Qi Liangs Ehefrau in den *Zuo Zhuan* (Annalen des edlen Herrn Zuo) entstanden. Natürlich kann es auch überhaupt keine Meng Jiang gegeben haben, und bei der Legende könnte es sich um einen falschen Analogieschluß handeln.

Wie dem auch sei – es gab sicherlich Tausende, die ein ähnliches Schicksal wie Meng Jian hatten. Sie rührte mit ihrer reinen und echten Liebe die Herzen späterer Generationen und inspirierte – was bedeutungsvoller ist – alle mit ihrer Auflehnung gegen persönliches Unrecht, die ebenfalls unter Unterdrückung zu leiden hatten.

Die ganze rührende Geschichte hat in mehr als 2000 Jahren nichts von ihrer Volkstümlichkeit eingebüßt. Dies deutet allerdings auch darauf hin, daß sie gerade in einer feudalen Gesellschaft besonders aktuell war, im übrigen aber auch die Ideale der einfachen Menschen widerspiegelte.

Die Ballade von Meng Chiang Nü, wie sie an der Großen Mauer weint

Dann setzten sie den Sarg ab und begannen ihre Arbeit

An einem Ort mit Bergen und mit Wasser: wie es sich gehörte

Die Bahre stand bereit: der Sarg am Grabe

Und Meng Chiang Nü am Felsentempel wartend

Dann kniete sie schließlich wieder auf der Erde

Und betete zu ihrem Gatten Fan San-Lang
»Erwarte mich dort in der anderen Welt

Auf daß wir kommen mögen zusammen vor den König jenes Orts!«

Als Meng Chiang Nü geendet hatte: ihr Beten und ihr Flehen

Da wandte sie sich um und dankte dem Kaiser und Tyrannen

Daß er den Gatten ihr beerdigt: an dem Meer des Ostens

Und dankte auch den Würdenträgern: für ihre Gegenwart

Und sie verbeugte sich vor allen und dankte dann auf Knien

Erst ihren Eltern, die sie aufgezogen hatten und ernährt

Viermal warf sie sich nieder: verbeugte sich dann noch achtmal

Gedachte dankbar ihrer Schwiegereltern: für alle ihr erteilten Lehren

Meng Chiang Nü war traurig; sie konnte allen nun nicht länger dienen

Nachdem sie so sich überall bei jedem einzelnen bedankt

Da wandte sie sich um: zu dem Erleuchteten und sprach: »Eure Dienstmagd Meng Chiang Nü: ist einem Treueschwur verpflichtet

Wie kann ich Euch willfährig sein: ihr böser König?«

Darauf verhüllt sie ihr Gesicht: mit ihrem Rock aus schwarzer Seide

Stößt sich mit beiden Füßen ab und stürzt sich in das Meer

Der böse Kaiser aber, ach! Er kann sie nicht mehr halten.

(Auszugsweise nach der englischen Übersetzung von Joseph Needham und Liao Hung-Ying, zuerst veröffentlicht in Sinologica, 1948)

Östlich von Shanhaiguan

Nach weitverbreiteter Auffassung beginnt oder endet die Große Mauer (je nach dem Standpunkt) an der Meeresküste bei Shanhaiguan, dem »Ersten Tor auf Erden«, an der Grenze zur Mandschurei oder, wie sie heute heißt, zur Provinz Liaoning. Und doch errichteten die Song-Kaiser bereits im Jahre 1074 über diesen Punkt hinaus eine 500 Kilometer lange Palisade aus Ulmen und Weiden in der Hoffnung, damit ein wirksames Hindernis gegen die wilden Reiter der Khitan aufgerichtet zu haben.

Diese Verteidigungslinie wurde dann von den Ming-Kaisern verstärkt, wenn auch sehr viel weniger gründlich und vollständig, als die eigentliche Große Mauer. Die hier gezeigte Inschrift berichtet von den mit diesem Bollwerk verknüpften militärischen Auseinandersetzungen und bezeugt seine Existenz im Gebiet von Yinzhou.

Dieser Palisadenzaun zog sich in einer Reihe von Kurven und Schleifen an der Küste des Golfs von Liaodong entlang, vorbei an Shenyang und bis zur Mündung des Yalu bei Dandong, der heutigen Grenze von Nordkorea.

Luo Zewen

Es heißt, daß der Erdboden unter den Fundamenten nachgab, als ein Drache daherkam, die Mauer in dieser Gegend zu besichtigen. Aus Respekt vor ihm wurde diese Unregelmäßigkeit, als die Mauer fertiggebaut wurde, so belassen. Gegenüber: Kollektiveinsatz war in China die Regel, und die immer gegenwärtige Gefahr von Einfällen aus dem Norden verlieh dem Gemeinschaftssinn den nötigen Nachdruck.

Wie die Mauer gebaut wurde

Steht man auf dem Juyongguan- oder dem Badaling-Paß, auf dem Shanhaiguan- oder dem Jiayuguan-Paß, dann kann man nur staunend bewundern, wie die Große Mauer sich wie eine Schlange durch die hohen Gebirgsketten windet. Wenn wir heute schon außer Atem sind, wenn wir ohne Gepäck auf der Mauer ein Stück auf und ab gelaufen sind – wie muß in früherer Zeit den Arbeitern zumute gewesen sein, wenn sie Backsteine, von denen jeder mehr als zehn Kilogramm wog, oder gar Steinbrocken von Hunderten von Kilogramm auf Bergkämme und Gipfel schleppten! Sie mußten dieses Riesenprojekt mit Schweiß und Blut wahrlich teuer bezahlen.

Im vorliegenden Kapitel wollen wir kurz betrachten, wie die Große Mauer in ältester Zeit und dann später unter der Ming-Dynastie gebaut worden ist. Dieser Vorgang des Bauens und ständigen Umbauens ist natürlich zunächst eine technische Angelegenheit, aber wenn wir uns die damals zur Verfügung stehenden technischen Hilfsmittel vor Augen führen, so werden wir gewahr, daß es letzten Endes doch eine Geschichte von Menschen, von menschlicher Willenskraft, Zielstrebigkeit und Ausdauer ist.

Baugeschichte: Die Ming-Mauer

Die unter der Ming-Dynastie gebaute Große Mauer verläuft südlich der aus Lehm aufgeführten Verteidigungsanlage, die die Qin-Dynastie entlang den Yinshan-Bergen errichtet hatte. Von dem Hochplateau der Mongolei bis in die nordchinesische Ebene und von Nordwesten nach Südosten senkt sich das Gelände stufenförmig ab. Stellt man sich die Yinshan-Berge als die erste Stufe vor, dann ist das Gebiet von Zhangjiakou die zweite und das von Juyongguan die dritte Stufe. Die Befestigungsanlage der Qin-Dynastie befindet sich auf der ersten Stufe, die äußere Linie der Großen Mauer der Ming-Dynastie auf der zweiten und die innere Linie auf der dritten Stufe, wobei die beiden letzteren großenteils echte, aus Steinen und Ziegeln gebaute Mauern sind.

Der Bau der Ming-Mauer wurde von General Xu Da und einigen anderen »Managern« unter dem ersten Ming-Kaiser Taizu begonnen. Unter Kaiser Chengzu wurde der Badaling-Abschnitt – ebenfalls aus Steinen – und der Abschnitt Xuanhua–Datong fertiggestellt. Der Abschnitt von Shanxi und Shaanxi nach Gansu wurde während der Zhengtong-Ära des Kaisers Yingzong (1436–1449) und der Chenghua-Ära des Kaisers Xianzong (1465–1486) errichtet. Die Durchführung dieses Unternehmens beanspruchte über 170 Jahre.

Als Wong Wanda nach 1544 das Kommando über den Verteidigungsabschnitt Xuanhua–Datong führte, baute er über 500 Kilometer Mauer sowie 363 Signaltürme. Um diese Zeit war der Umfang der Ming-Mauer in großen Zügen festgelegt. Während der Longqing-Ära (1567–1572) bauten Tan Lun, Qi Jiguang und andere den Jizhen-Abschnitt der Großen Mauer in Hebei und errichteten 473 Wachttürme. Gegen Ende der Wanli-Ära (um 1614) errichtete Xiong Jianbi die Große Mauer in Liaoning. Auf der Grundlage des ursprünglichen Erdwalls baute er den Abschnitt der Großen Mauer, der im Westen bei Shanhaiguan beginnt, nach Kaiyuan im Norden führt und sich dann in südlicher Richtung bis zur Mündung des Yalu schlängelt, alles in allem etwa 1000 Kilometer. Damit war die Große Mauer der Ming-Dynastie fertiggestellt, das gigantische Werk mehrerer Generationen, das Produkt eines riesigen

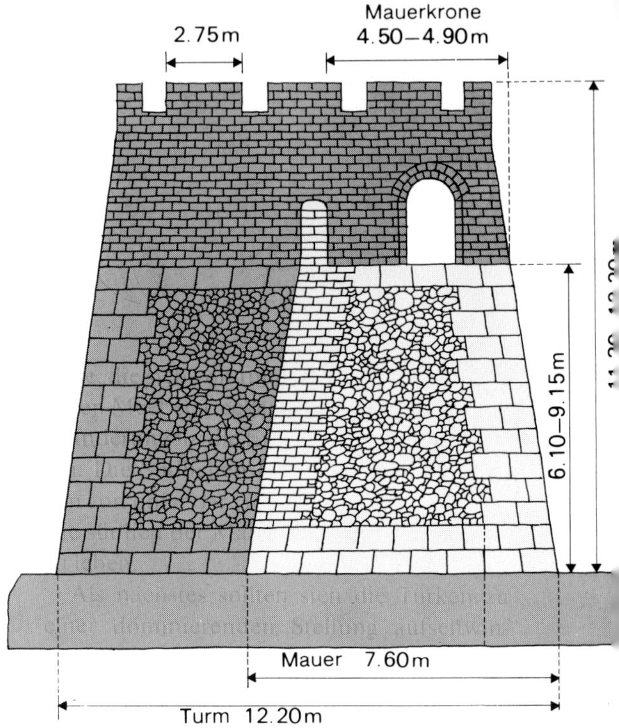

Unten: Backsteine und Ziegel werden nach herkömmlicher Handwerksmanier hergestellt. Die Glasur wurde erzeugt, indem durch eine Öffnung in der Mitte des Ofengewölbes eine Salzaufschwemmung gegossen wurde. Derartige Öfen wurden vermutlich in solchen Abschnitten der Mauertrasse eingesetzt, wo das Terrain es nicht zuließ, anderes Baumaterial heranzuschaffen.

Aufgebots menschlicher Arbeitskraft und materieller Hilfsmittel.

Betrachten wir nun einzelne Aspekte des Mauerbaus im Verlauf der Jahrhunderte.

Organisation und Einsatz der Arbeitskräfte

Beschaffung, Einsatz und Versorgung der Arbeitskräfte waren offensichtlich bei einem Projekt von solchen Dimensionen von vorrangiger Bedeutung. Nach historischen Berichten wurde dieses Arbeitsaufgebot aus folgenden Quellen gespeist:

1. Wachttruppen. Die *Historischen Berichte* des Sima Qian informieren uns, daß die Mauer des Qin Shi huangdi in der Zeit von rund einem Dutzend Jahren (ca. 221–210 v. Chr.) von dem 300000 Mann starken Heer unter General Meng Tian gebaut wurde, der im Grenzgebiet geblieben war, nachdem er den ständigen Übergriffen der Xiongnu ein Ende bereitet hatte. Auch die Staaten vor der Qin-Dynastie setzten allesamt Truppenverbände ein, um ihre jeweiligen Grenzwehren anzulegen. Das *Zhushu Jinian,* eine (wie damals üblich) auf Bambusstreifen geschriebene Chronik, berichtet, daß im 12. Regierungsjahr des Fürsten Hui Cheng des Staates Liang (359 v. Chr.) der General Long Jia seine Soldaten einsetzte, um die lange Grenzwehr im Westen des Königreiches Wei zu bauen. Einige Dynastien später folgte Qin Shi huangdi diesem Beispiel.

Obwohl die Befestigungstürme, die in die Mauer einbezogen waren, in der Regel dem links im Querschnitt dargestellten Typ glichen, gab es verschiedene bauliche Varianten, wie die hierunter abgebildeten Beobachtungstürme, die entweder einen Teil der Mauer bildeten oder auch einzeln im Gelände aufgestellt waren.

Diese Illustrationen gehören zu dem umfangreichen Bestand an technischen, ausführlich bebilderten Anleitungsschriften, die von Ingenieuren und Generalen verfaßt worden sind. Sie behandeln nicht nur die Frage, wo und unter welchen Gegebenheiten derartige Bauten zu errichten seien, sondern gaben auch genaue Konstruktionshinweise.

Unten: Yu Qian (1398–1457) ist vor allem als der Kriegsminister berühmt, der für den Bau der Großen Mauer verantwortlich war, insbesondere des Abschnitts in der Provinz Zhejiang. Er war es auch, der das Ming-Reich rettete, als der Kaiser Yingzong 1449 in Gefangenschaft geriet, der die Eindringlinge abzuwehren vermochte und der schließlich einen Stellvertreter Daizong auf den Kaiserthron setzte. Seine Taten wurden schlecht belohnt: Als der frühere Kaiser wieder in Amt und Würden eingesetzt wurde, wurde Yu Qian 1457 wegen Hochverrats zum Tode verurteilt.

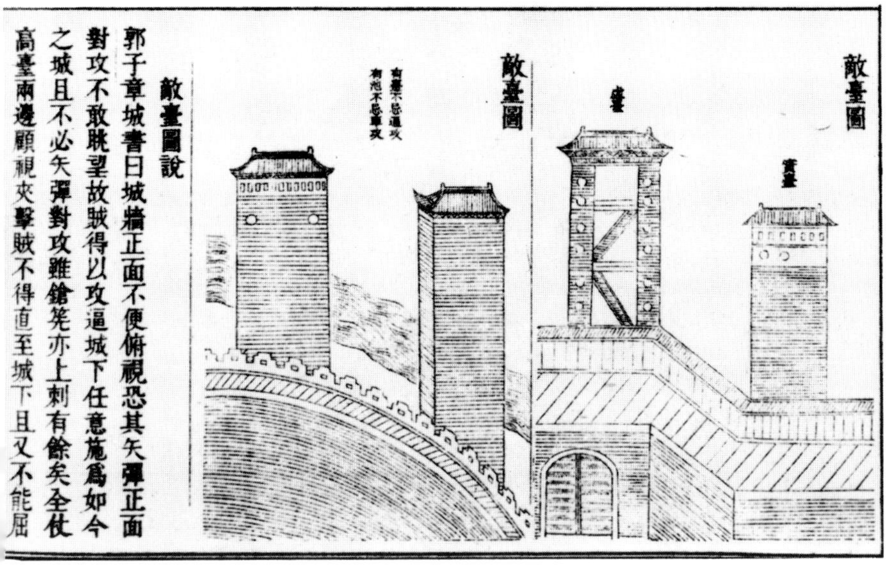

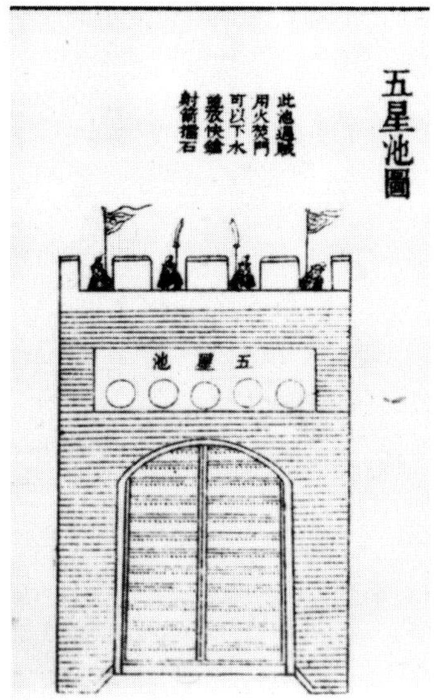

2. Bauern. Qin Shi huangdi deportierte etwa 500 000 Bauern zur Zwangsarbeit an die Große Mauer, zusätzlich zu der bereits eingesetzten Armee. Das war dann auch unter den folgenden Dynastien nicht anders. Im 7. Regierungsjahr Taiping Zhenjuns aus der Nördlichen Wei-Dynastie (446 n. Chr.) wurden 300 000 Arbeiter aus vier Regierungsbezirken eingezogen, um die Große Mauer südlich der Hauptstadt Pingcheng (des heutigen Datong) zu bauen. Im 6. Regierungsjahr Tian Baos aus der Nördlichen Qi-Dynastie (555 n. Chr.) wurden 1,8 Millionen Bauern zwangsrekrutiert, um die 900 *li* lange Mauer zwischen Xiakou im Regierungsbezirk Youzhou (dem heutigen Juyongguan) und Hengzhou (im Gebiet von Datong) instand zu setzen. Im 3. Jahr der Regierungszeit Kai Huangs aus der Sui-Dynastie (583 n. Chr.) wurden 30 000 männliche Arbeitskräfte für Bauarbeiten an der Mauer bei Shuofang und Lingwu dienstverpflichtet. Im Jahr darauf wurden weitere 150 000 Mann für den Bau von Festungen entlang der Großen Mauer eingezogen. Im 3. und 4. Regierungsjahr Da Yes (607 und 608) wurden zuerst über eine Million Männer und bald darauf weitere 200 000 für diese Arbeiten mobilisiert.

3. Sträflinge. Unter der Qin- und der Han-Dynastie gab es eine besondere Art der Bestrafung: Danach wurden überführte Verbrecher dazu verurteilt, ihre Untaten durch Arbeit am Mauerbau zu verbüßen.

Bauleitung

Die Große Mauer hatte eine Gesamtlänge von 10 000 *li*. Die Verwirklichung eines derartigen Riesenprojekts wäre ohne den Einsatz bewährter Hilfsmittel und Methoden für die Organisation und Überwachung der Arbeiten nicht vorstellbar.

Die Bauarbeiten wurden unterteilt und den Garnisonsbereichen zugewiesen; in anderen Fällen wurden große Arbeitermassen zusammengezogen, um besondere Aufgaben geschlossen in Angriff zu nehmen.

Als unter dem Tang-Kaiser Wu Di der Abschnitt der Großen Mauer durch den Gansu-Korridor gebaut wurde, wurden die Militärgouverneure der vier dort gelegenen Regierungsbezirke Wuwei, Zhangye, Jiuquan und Dunhuang für die Arbeiten innerhalb ihrer jeweiligen Abschnitte verantwortlich gemacht. Die Gouverneure teilten diese Arbeiten wiederum unter ihren Untergebenen auf.

Die Ming-Kaiser legten den Mauerbau in die Hände der Kommandeure der neun Abschnittskommandos *(zhen)*. Der Abschnitt bei Liaodong, also die Verlängerung östlich des Shanhaiguan-Passes, wurde von Wang Ao, Bi Gong und anderen während ihrer dor-

Kein anderes Bauvorhaben der Menschheitsgeschichte kann sich rühmen, daß sich ein ganzes Menschengeschlecht an dem Bau beteiligte, Umbauten vornahm, verbesserte und instand setzte – und das über 2000 Jahre lang! Und vermutlich hat auch kein anderes Unternehmen zu so endlosen Auseinandersetzungen über Nutz und Frommen des fertigen Bauwerks geführt.

Dieser Ziegel stammt aus der Nähe von Dongluocheng am westlichen Ende der Mauer und trägt einen Stempelabdruck: »Hergestellt in Luanzhou im 12. Jahre der Wanli-Ära«(1585). Das ist eine Entfernung von 80 Kilometern; sein Gewicht kann man sich aufgrund der Abmessungen – 38 × 18 × 10 Zentimeter – vorstellen.

tigen Amtszeit als Militärgouverneure gebaut. Die mehreren tausend Wacht- und Signaltürme entlang der Großen Mauer zwischen Shanhaiguan und Juyongguan wurden unter der Oberaufsicht des bekannten Generals Qi Jiguang errichtet, als er Kommandeur des Abschnittskommandos in der Stadt Ji war. Die Durchführung im einzelnen war wie üblich auf die Offiziere und Soldaten der Garnison verteilt.

Eine bei Badaling oben an der Mauer angebrachte Steintafel berichtet, wie Tausende von Soldaten und eine große Anzahl von Zivilarbeitern im 10. Regierungsjahr des Ming-Kaisers Wan Li (1582) an einem 200 Meter langen Stück der Mauer Reparaturarbeiten durchführten.

Die Schubkarre, gegebenenfalls auch mit Maultieren bespannt oder gar mit einem Segel versehen, ist eine chinesische Erfindung, die bis zum Beginn der christlichen Zeitrechnung zurückgeht. Im Gegensatz zur Schubkarre der westlichen Welt erlaubt sie den Transport sehr schwerer Lasten (Rad unmittelbar im Schwerpunkt).

Beschaffung des Baumaterials

Erde, Steine, Holz und Ziegel waren vor der Ming-Zeit hauptsächliche Baumaterialien für die Große Mauer, während Backsteine erst später verwendet wurden. Stets galt die Regel, nach Möglichkeit an Ort und Stelle vorhandenes Material einzusetzen. Im Gebirge wurde vor allem mit Stein gebaut, in den Ebenen und den Lößgebieten wurden die Mauern aus gestampftem Lehm errichtet, und in der Wüste Gobi wurden sie aus abwechselnden Lagen von Sand und Kieseln, Tamariskenzweigen und Schilf aufgeführt; in der Provinz Liaodong, also im Nordosten, wurden die Verteidigungswerke aus Eichenbrettern, Fichtenholz und chinesischer Kiefer errichtet.

In der Ming-Zeit wurden außer diesen Materialien große Mengen von Backsteinen, Ziegeln und Kalk verwendet, die, wo immer möglich, in Öfen in unmittelbarer Nähe der Baustelle gebrannt wurden. Für Kastelle und Wachttürme verwendete man im näheren Umkreis gefällte und zugerichtete Baumstämme. Wenn Backsteine und Ziegel nicht vor Ort hergestellt werden konnten, mußte sie der zuständige oder ein benachbarter Regierungsbezirk liefern; so zeigen Stempel auf Backsteinen von Shanhaiguan, daß sie in Bezirken der Umgebung hergestellt worden waren. Wenn es in der Nähe der Baustelle keinen Wald gab, mußte auch das Bauholz weit hergeholt werden. Um diese ebenso umfangreichen wie für den zügigen Baufortschritt entscheidenden Arbeiten zu organisieren, wurden einzelne Bauabschnitte eingerichtet und eine Art von Baubüros für die Steinbrüche und Brennöfen eingesetzt.

Transport des Baumaterials

Der Transport des Baumaterials erfolgte auf dreierlei Weise:

1. Durch menschliche Lastträger. Steine, Ziegel, Holz und anderes Baumaterial wurde

Unter den Transportmitteln, die ausschließlich die menschliche Arbeitskraft nutzten, spielte wahrscheinlich die Tragstange mit zwei Körben rechts und links die Hauptrolle – wie noch heute überall in Asien, so auch beim Bau der Großen Mauer. Aber auch die Schubkarre chinesischer Bauart wurde viel verwendet.

von Menschen entweder unmittelbar auf dem Rücken geschleppt oder in zwei Körben, die an den beiden Enden einer über die Schulter gelegten Tragstange aufgehängt waren. Mitunter wurden sie auch in einer langen Menschenreihe, die beispielsweise zwischen einem Steinbruch und der nahen Baustelle aufgestellt war, von Hand zu Hand weitergereicht. Diese Methode vermied die Nachteile langer Wegstrecken mit Gegenverkehr auf engen Bergpfaden.

2. Mit einfachen mechanischen Hilfsmitteln. Das gebräuchlichste Transportgerät war die Schubkarre, die auf ebenem oder nur sanft ansteigendem Gelände benutzt werden konnte. Felsblöcke bis zu einem Gewicht von 500 Kilogramm wurden mittels untergelegter hölzerner Walzen, Hebel und auch Flaschenzüge fortbewegt. Über Schluchten und enge Täler wurden Seile gespannt, an denen Körbe mit Baumaterial hinübergeschafft werden konnten.

3. Mit Hilfe von Tieren. Als die Mauer am Berg Badaling gebaut wurde, sind angeblich klettergewandte Tiere, wie Ziegen und Esel, zum Materialtransport eingesetzt worden. Die Esel trugen die Lasten in Körben, während man den Ziegen die Backsteine angeblich an die Hörner band. Einmal in Bewegung gesetzt, pflegten die Tiere allein zur Baustelle zu trotten und wieder zurückzukehren.

Die Schemaskizze zeigt, auf welche Weise Baumaterial zu schwer zugänglichen Baustellen befördert wurde. Dabei ist der Transport auf dem Wasserwege, der sicherlich ebenfalls eine große Rolle spielte, nur angedeutet. Der Esel, der seit der Han-Zeit durch Vermittlung der Xiongnu aus dem Westen eingesetzt wurde, dürfte sich auf den Bergpfaden als besonders nützlich erwiesen haben.

Bauweise

Man kann sich unschwer vorstellen, wieviel harte Arbeit für den Bau der Mauer zu einer Zeit aufgewandt werden mußte, als es weder leistungsfähige Transportmittel noch Baumaschinen gab. Die Mauern der Ming-Zeit wurden mit Steinplatten und Ziegelsteinen gebaut. Bevor die Backsteine kunstgerecht gelegt werden konnten, mußte erst ein ebener Untergrund geschaffen werden. An dem Mauerabschnitt, der sich im Raume Juyongguan–Badaling durch die Berge windet, kann man deutlich sehen, daß die Lage aus Steinplatten, die als Fundament für das Ziegelmauerwerk dient, ihrerseits auf eingeebnetem Gesteinsuntergrund ruht. Die Zinnen der Mauerkrone wurden ebenfalls aus Backsteinen aufgemauert.

Soweit bei der eigentlichen Mauer – also abgesehen von der Brustwehr mit ihren Zinnen und von den Wehrtürmen – überhaupt echtes Mauerwerk verwendet wurde, galt dies in der Regel nur für die beiden Außenseiten. Diese wurden entweder nur aus Backsteinen, nur aus Steinquadern oder aber im unteren Teil aus Quadern, im oberen aus

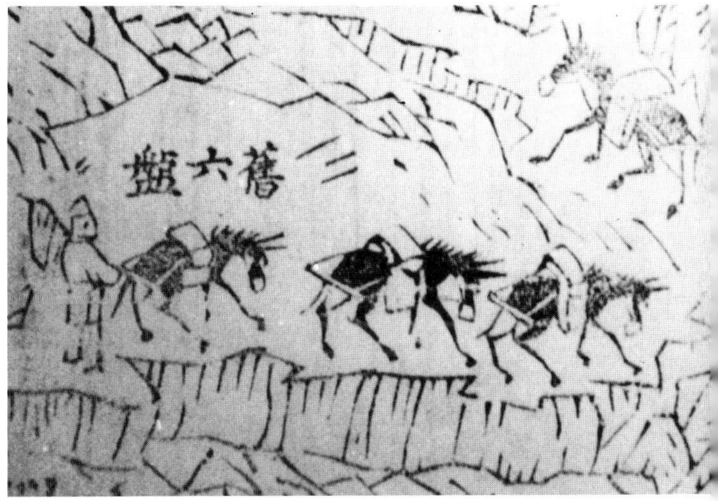

Diese chinesische Zeichnung stellt eine Eselkarawane in den Liupan-Bergen dar. Sie macht zugleich deutlich, daß beim Bau der Großen Mauer in Gebirgsgegenden der Transport auf dem Rücken von Eseln und Maultieren eine wesentliche Rolle spielte.

Lehm war das herkömmliche Baumaterial auch für Häuserwände, wobei der Lehm zwischen Schalbrettern festgestampft wurde, wie man es auf diesem Bilde sieht. Diese Bauweise ist in Gegenden, wo geeigneter Lehm vorkommt, noch heute weit verbreitet.

Lehmmauern wurden auf herkömmliche chinesische Weise hergestellt, indem auf beiden Seiten Pfosten in den Boden getrieben und mit Schalbrettern hinterlegt wurden, zwischen die dann der Lehm geschüttet wurde. Diese Lehmschüttung wurde schichtweise mit hölzernen Rammstößeln verdichtet, wobei die Stärke der einzelnen Schichten je nach den Eigenschaften des verwendeten Lehms und dem Gewicht der Rammstößel 10 bis 20 Zentimeter beträgt.

Wo möglich, lehnte die Bauweise der Mauer sich an die bewährte Lehmbauweise für Häuser an. Die beiden äußeren Mauerwände aus Stein oder Ziegeln übernahmen sozusagen die Rolle der Verschalung, zwischen die dann Lehm (gegebenenfalls mit Bruchsteinen oder Kies vermischt) geschüttet wurde.
Das Bild einer Baustelle (Faltbild weiter oben) bildet zugleich den äußeren Rahmen eines historischen Ereignisses: Fu Su, dem ältesten Sohn des Kaisers Qin Shi huangdi, wird das Todesurteil wegen staatsfeindlicher Umtriebe ausgehändigt; zusammen mit dem ebenfalls unschuldig verdächtigten General Men Tian wurde er zum Selbstmord gezwungen.

Wo es keine Steine gab, wurden für die Außenwände der Mauern Backstein verwendet, wie hier im Gebiet des ehemaligen Staates Wei (Shanxi-Henan).

Backsteinmauerwerk aufgeführt. Der Hohlraum zwischen den Außenwänden wurde mit Erde, Steinbrocken und Kalk gefüllt. Die abschließende Mauerkrone samt Brustwehr und Zinnen wurde wieder aus Backsteinen gemauert. Mußte eine derartige Mauer eine Steigung überwinden, so folgten die Steinlagen soweit wie möglich der Steigung des Untergrundes. An steileren Stellen wurden die Steinlagen dagegen treppenförmig angeordnet, so daß sie in sich waagerecht lagen. Eine solche Bauweise ist u. a. in der Nähe von Shanhaiguan anzutreffen.

Ganz anders die Mauer in ihrem westlichsten Teil bei Dunhuang. Hier besteht sie aus Schichten von Sand und Kieseln, die mit Schichten von Tamariskenzweigen und Schilf abwechseln. Die Lagen aus Sand und Kieseln sind etwa 20 Zentimeter dick, die aus pflanzlichem Material etwa 5 Zentimeter. Erstaunlicherweise erreicht dieses Bauwerk noch heute, nach 2000 Jahren, an vielen Stellen seine ursprüngliche Höhe von 6 Metern.

Projektierung und Formgebung

Die Große Mauer durchquerte auf ihren 6000 Kilometern Länge Berge, Ebenen, Wüsten, fruchtbares Land, Flüsse und Wildbäche. Dabei war es offensichtlich von entscheidender Bedeutung, sich hinsichtlich der Wahl der Trasse und der Anordnung der Forts, der Signaltürme und anderer Verteidigungswerke den Gegebenheiten des Geländes anzupassen und deren strategischer Bedeutung gerecht zu werden.

Dementsprechend sind Festungen entlang der Großen Mauer in schmalen Durchlässen zwischen zwei Bergrücken, an scharfen Flußbiegungen, an Straßenkreuzungen und ähnlichen strategischen Punkten plaziert. Oft ergaben sich dabei auch Einsparungsmöglichkeiten oder Erleichterungen beim Herbeischaffen des Baumaterials.

Besonders wichtig war die Beachtung der Geländeverhältnisse bei der Wahl der Standorte von Wacht- und Signaltürmen sowie von Forts. In einer von Du You zur Zeit der

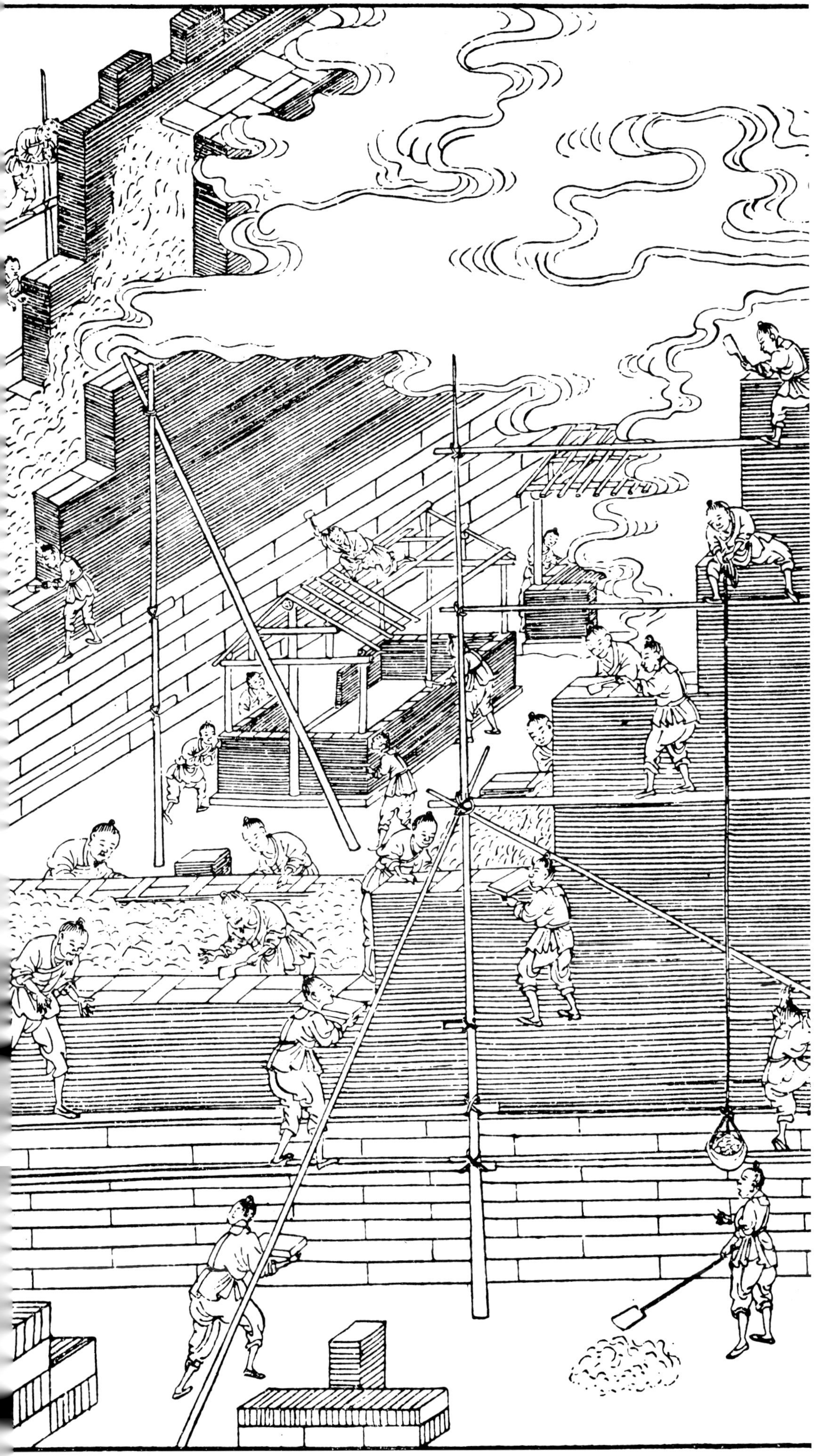

Unter einem der Ming-Kaiser kam es Anfang des 17. Jahrhunderts zu bemerkenswerten technischen Entwicklungen: Diese umlaufende Transportkette mit Körben war offenbar von einer Eimerkette zum Wasserschöpfen inspiriert und ein großer Fortschritt gegenüber der Tragstange.

Die jüngere Darstellung des Baues einer Stadtmauer (links) läßt die einzelnen Fertigungsphasen deutlicher erkennen: Große Steinplatten im unteren Teil, darüber die Blendmauer aus flachen Backsteinen, und dazwischen die Füllschüttung.

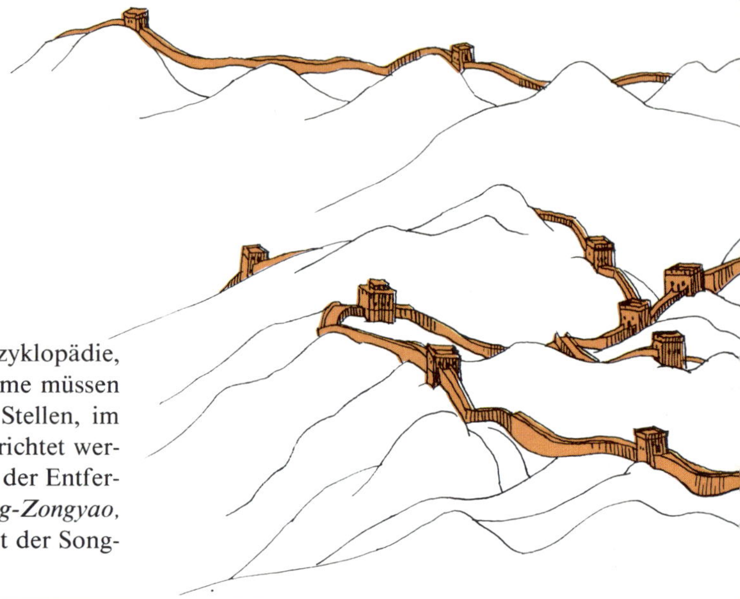

Die Rekonstruktionszeichnung versucht eine Vorstellung zu vermitteln, wie die Große Mauer der Ming-Zeit im Gebiet der Helan-Berge aussah (Amtsbereich der Stadt Yinchuan in der Autonomen Provinz Ningxia). Rechts im Bild befindet sich die Festung Shanyuan, wie sie nach den erhaltenen Überresten ausgesehen haben dürfte. In dieser Region gab es eine große Anzahl von Pässen, was einerseits zu regen Beziehungen zwischen den auf beiden Seiten ansässigen Volksgruppen führte, andererseits die Überwachungsfunktion der Festung besonders wichtig machte.

Tang-Dynastie verfaßten Enzyklopädie, *Tong Dian,* heißt es: »Signaltürme müssen in den Bergen an exponierten Stellen, im Flachland an Wendepunkten errichtet werden.« Nur so war ein Signal aus der Entfernung zu erkennen. Das *Wujing-Zongyao,* ein von Zeng Gongliang zur Zeit der Song-Dynastie verfaßtes Werk über militärische Strategie, bekräftigt die Auffassung, daß »Signaltürme hoch oben auf Bergen und in Abständen von 30 *li* aufgestellt werden müssen«, wobei er hinzufügt, daß dieser Abstand keine starre Regel darstellt, sondern verringert werden muß, wenn die Sicht durch besondere Umstände behindert ist. Auf jeden Fall aber sollte der Rauch oder das Feuer von den beiden nächsten Türmen aus sichtbar sein, damit der Alarm nicht verzögert wird.

Der Grundsatz der Anpassung an das Gelände war für die Anlage der Mauer ausschlaggebend. So wurden die Mauerabschnitte am Badaling- und am Juyongguan-Paß entlang der Bergkämme gebaut; der Kamm bildete selbst ein natürliches Hindernis, so daß eine darauf errichtete Mauer noch schwerer zu bezwingen war. Außerdem wurden Steilwände und große Felsbrocken in die Mauer mit einbezogen, wenn dadurch Baumaterial gespart werden konnte. Viele Mauerabschnitte sehen von außen sehr steil aus, sind aber auf der Innenseite verhältnismäßig bequem zugänglich.

Der Drache, der der Sage zufolge den Verlauf der Mauer bestimmt hatte, besaß »Kollegen« aus Fleisch und Blut in Gestalt der Baumeister und Landvermesser, deren erste Entwürfe verständlicherweise völlig von militärischen Belangen bestimmt waren, also von Verteidigung und Nachrichtenübermittlung. Und doch verdankt die Mauer ihre Schönheit und Eleganz eben diesen Menschen. Sie waren es, die die Türme und Torbauten in ihrer reichen architektonischen Vielgestaltigkeit schufen und oft in einer Weise schmückten und verzierten, die mit militärischen Notwendigkeiten nichts zu tun hatte. Dies gilt beispielsweise für die Sperrfestung am Jiayuguan-Paß, die weit draußen in der Wildnis liegt und dennoch auf ihrem Osttor einen Turm von einer Schönheit trägt, die

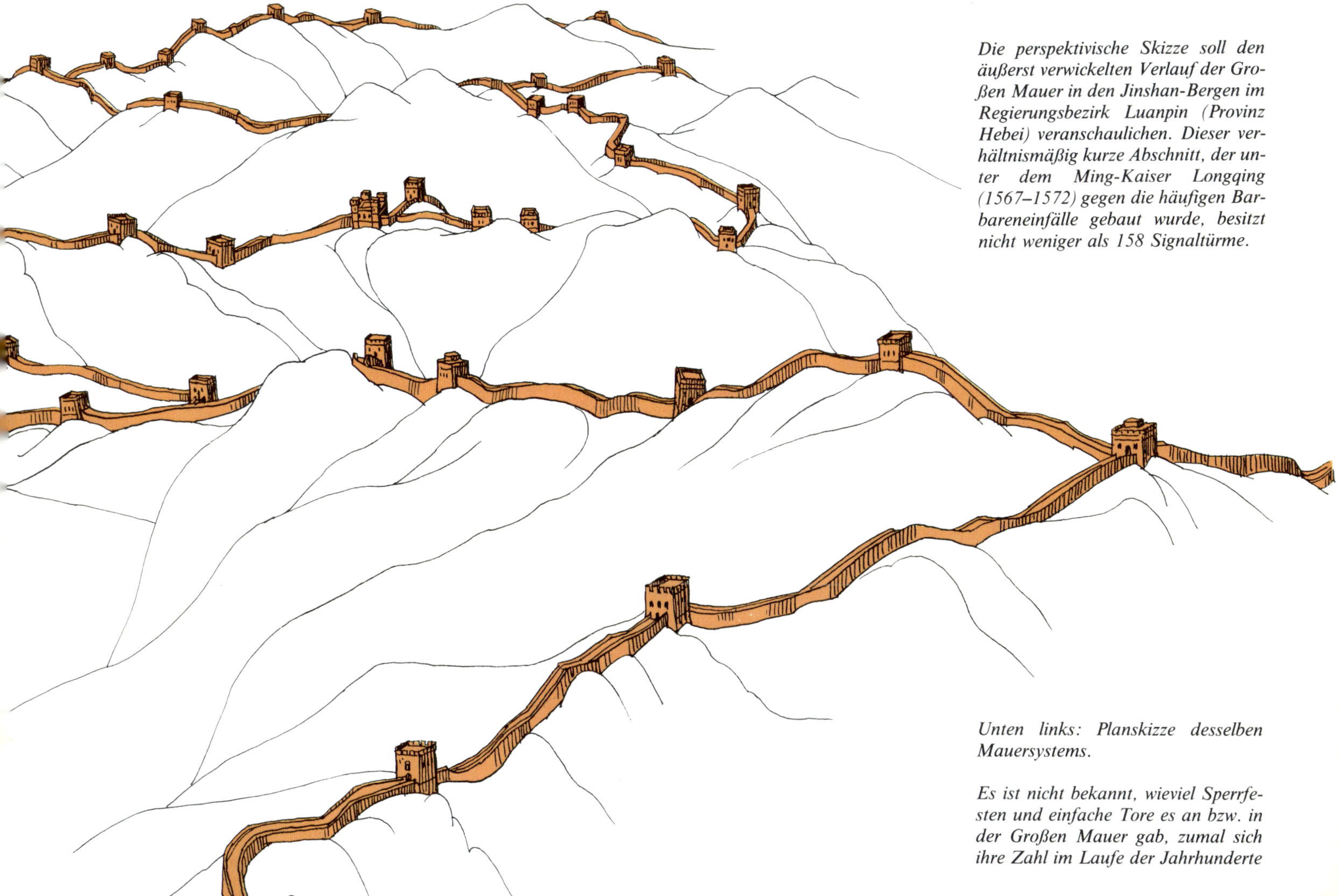

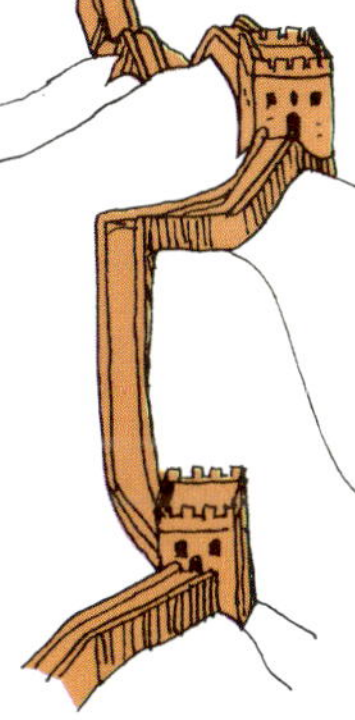

Die perspektivische Skizze soll den äußerst verwickelten Verlauf der Großen Mauer in den Jinshan-Bergen im Regierungsbezirk Luanpin (Provinz Hebei) veranschaulichen. Dieser verhältnismäßig kurze Abschnitt, der unter dem Ming-Kaiser Longqing (1567–1572) gegen die häufigen Barbareneinfälle gebaut wurde, besitzt nicht weniger als 158 Signaltürme.

Unten links: Planskizze desselben Mauersystems.

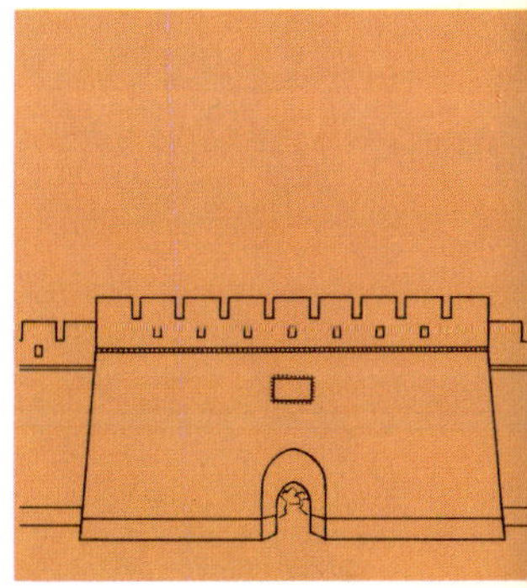

Es ist nicht bekannt, wieviel Sperrfesten und einfache Tore es an bzw. in der Großen Mauer gab, zumal sich ihre Zahl im Laufe der Jahrhunderte dauernd änderte. Dasselbe gilt auch für ihre Namen, was den Historiker oft vor schwierige Probleme stellt. Für die Torbauten wurde je nach ihrer Lage und Bedeutung eine erstaunliche Vielzahl von Typen entwickelt. Sie reichen von dem einfachen Gebirgstor bis zu mächtigen Toranlagen mit reich geschmückten Aufbauten.

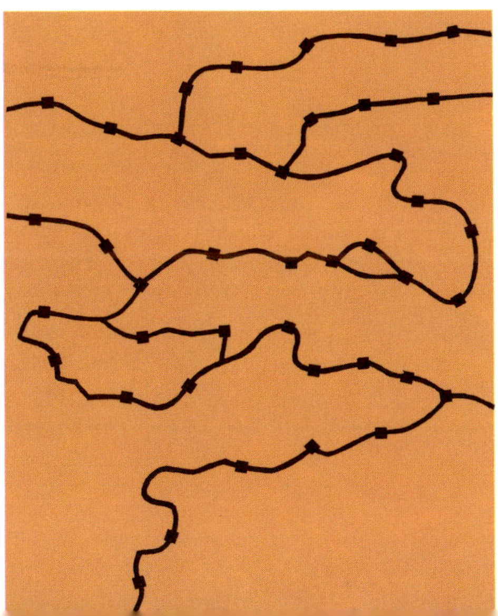

mit den reichen Schnitzereien an Säulen und Gebälk und ihrem kunstvollen Dach eines Tempels würdig wäre. Dasselbe gilt für Shanhaiguan am anderen Ende der Mauer sowie für zahllose Garnisonsorte, Kastelle und Torbauten dazwischen.

Der Stolz der Erbauer kommt in den Inschriften zum Ausdruck, die sie an manchen Stellen angebracht haben und auf denen sie das Datum der Fertigstellung eines Mauerabschnitts und ihre Namen verewigten. Ein typisches Beispiel zitiert W. E. Geil: »Tsui Ching, Brigadegeneral und Kommandeur der Miliz im Befehlsbereich des vom Kaiser eingesetzten Gouverneurs von Paoting.

Gedenkstein für die Instandsetzungsarbeiten in Jiayuguan unter der Regierung des Ming-Kaisers Xuanzong, von dem man weiß, daß er die von Kaiser Chengzu zu Beginn des 15. Jahrhunderts in Angriff genommene Verstärkung der Verteidigungsanlagen fortgesetzt hatte. Der Gedenkstein wurde im Frühjahr 1428 gesetzt, doch ist das genaue Datum kaum zu ermitteln, da für den Namen und die Regierungsära des Kaisers schützende Umschreibungen verwendet wurden.

Inneres des kleinen Forts auf dem Berg Badaling im Nordwesten von Beijing, das bereits auf Seite 68 abgebildet ist. Es wurde zu Beginn des 15. Jahrhunderts erbaut und später, unter den Mandschus, teilweise wieder instandgesetzt. Dies sollte sich als vergebliche Liebesmüh erweisen, denn die fremden Barbaren, die den Sturz der Qing-Dynastie herbeizuführen halfen, kamen dieses Mal übers Meer . . .

Fähnrich Shen Tzu-hsien der genannten Abteilung, Fähnrich Sun Erh-kuo als Bauleiter, Liu Ching als amtlicher Bauunternehmer und weitere 130 namentlich Erfaßte arbeiteten am Bau diese 591 Fuß (etwa 194 Meter) langen Erweiterung einer Mauer Dritter Klasse, die im Norden an . . . dem Turm Nr. 55 der Serie ›Schwarzes Schriftzeichen Wu‹ beginnt. Der Bauabschluß wurde von der Herbstwache am 16. Tage des 9. Mondes des 4. Jahres der Wan-Li-Ära gemeldet. Maurermeister Chao Yen-mei nebst anderen, Grenzbaumeister Lu Huan nebst anderen.«

Diese Berichte sagen uns nichts über die persönlichen Schicksale selbst der namentlich Genannten, auch wenn Volkslieder und Legenden eine Fülle von Hinweisen enthalten. Dennoch dachten die Erbauer nicht nur an die rein militärischen Erfordernisse, sondern auch an menschliche Belange, in dem sie die Garnisonsorte und Festungen mit Tempeln, Heiligenschreinen und Altären

Von den obersten Befehlsstellen, die für die Projektierung und den Bau der Mauer verantwortlich waren, wurden hinsichtlich der kleinen Forts, die die Mauer in geringen Abständen verstärkten und die Truppenunterkünfte schützten, ins einzelne gehende Richtlinien ausgegeben. Obwohl diese Richtlinien eine einheitliche Bauweise vorsahen, kam es vor allem infolge der besonderen örtlichen Gegebenheiten zu Abweichungen.

schmückten. In der Sperrfeste Jianchang – und das dürfte auch für zahlreiche andere gelten – gab es nicht nur Tempel für ganze Heere von Göttern, einen Trommelturm und einen Glockenturm, sondern auch mehrere Teehäuser.

Die wahrhaft überwältigende Schönheit der Großen Mauer ergibt sich jedoch aus dem Grundsatz, daß ihre Trasse vorzugsweise auf der Scheitellinie der Bergrücken zu verlaufen hatte. Dadurch gesellte sich zu der schon von Natur aus dramatischen Szenerie der Bergwelt dieser Schmuck von Menschenhand, der das bewegte Relief dieser Grenzgebiete noch akzentuierte.

Luo Zewen

Der Gedenkschrein für Yang Ye erinnert die Besucher des Yanmenguan-Passes im Norden der Provinz Shanxi an die Waffentaten dieses Generals, der gegen Ende des 10. Jahrhunderts während der Regierungszeit des Song-Kaisers Taizong in dieser Gegend siegreich gegen die Khitan focht und, nachdem er in ihre Hände gefallen war, eines freiwilligen Hungertodes starb. Der Schrein, der ihn zusammen mit seiner Gemahlin zeigt, wird noch heute sorgsam gepflegt.

Die große Verteidigungslinie

Auf der Landkarte sieht es so aus, als ob die Große Mauer einer willkürlichen Schlangenlinie folge. Dieser Eindruck täuscht, denn in Wirklichkeit gibt es auf ihrer ganzen Länge keinen nutzlosen Umweg und kein strategisch isoliertes Teilstück: Die Mauer bildet ein höchst sinnvolles und zweckmäßiges Ganzes. Dazu gehört, daß jeder Abschnitt nicht nur den dort stationierten Wachttruppen eine ausreichende Verteidigungsbasis bot, sondern daß er auch mit den

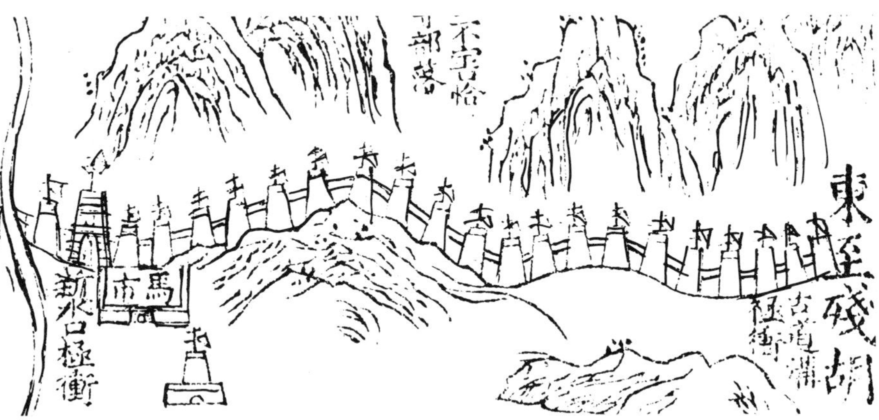

Der Shahukou-Paß, dessen Sperrfestung auf S. 67 gezeigt ist, war ein wichtiger Punkt im Verteidigungsbereich von Datong (Provinz Shanxi). Nicht weit von hier befindet sich das Grab der Prinzessin Wang Zhaojun und eine Gedenksäule für den tapferen Han-General Li Ling.

Nachbarabschnitten und – unter Einschaltung umfassender militärischer und logistischer Einrichtungen – mit den zentralen Regierungsstellen in der Hauptstadt in dauernder und ungestörter Verbindung stand.

An diesen Voraussetzungen hat sich unter den vielen aufeinanderfolgenden Dynastien nichts Wesentliches geändert – höchstens äußerliche Bezeichnungen. Wir wollen dies am Beispiel der Ming-Mauer näher untersuchen, da hier die strategische Rolle der Mauer als eines vorgeschobenen Schutzschildes, hinter dem die Abwehrkräfte schnell entfaltet oder zusammengezogen werden können, besonders deutlich wird.

Die für die militärische Verwaltung zuständige Dienststelle war das Kriegsministerium in der Hauptstadt, dessen Führungsgremium vom Kaiser ernannt wurde und von dem es seine Befehle erhielt. In Kriegszeiten übernahm dieses Ministerium die Aufgaben eines Oberkommandierenden, soweit der Kaiser nicht einen anderen Minister mit diesem Posten betraute. Es kam jedoch auch vor, daß der Kaiser die Truppen selbst befehligte.

Die *zhen* waren militärische Abschnittskommandos entlang der Großen Mauer. Dem *Buch über militärische Angelegenheiten – Geschichte der Ming-Dynastie* zufolge, erstreckte sich das Verteidigungssystem der Mauer während der ganzen Ming-Zeit »in einer ununterbrochenen Linie von 10000 *li* vom Yalu im Osten bis Jiayuguan im Westen, wobei die Garnisonen auf die verschiedenen Regionen aufgeteilt waren. Zuerst wurden vier *zhen* eingerichtet, nämlich Liaodong, Xuanfu, Datong und Yansui, denen später noch drei, nämlich Ningxia, Gansu und Jizhou, hinzugefügt wurden. Schließlich installierte der kommandierende General von Taiyuan sein Hauptquartier in Piantou, während in Guyuan noch ein Unterkommando geschaffen wurde; beide Dienstbereiche galten dann als zwei zusätzliche *zhen*«. Jeder dieser insgesamt neun Abschnitte wurde von einem General befehligt, der seinen Sitz entweder in einer an der Mauer gelegenen Stadt oder in einer strategisch bedeutenden Festung hatte. Im Falle eines feindlichen Angriffs unterstanden alle dem Kriegsminister, der die Abwehrmaßnahmen lenkte und koordinierte.

Die *zhen* wurden je nach Bedarf in *lu* unterteilt, deren Befehlshaber einem heutigen Standortkommandanten entsprachen. Die *lu* waren meist in wichtigen Festungen statio-

Einer von denen, die Zhu Yuanzhang maßgeblich unterstützten, der erste Ming-Kaiser zu werden, war Xu Ta. Er erfocht zahlreiche Siege über die mongolische Besatzungsmacht und eroberte 1368 die Hauptstadt Beijing.

Die Vorstellung von der »Großen Verteidigungslinie« umfaßt eine solche Fülle von Ereignissen und Entwicklungen, daß es kaum wiederzugeben ist. Hier haben sich historische Vorgänge von ungeheurer Tragweite abgespielt, bei denen es um Überle-

niert; so waren die Kommandostellen von Shanhai Lu und Juyong Lu in Shanhaiguan und Juyongguan untergebracht, von denen jede mehr als ein Dutzend Pässe beherrschte (*guan* ist das chinesische Wort für Paß, Durchlaß, Sperre).

Über den Kommandeuren der einzelnen *zhen* stand ein weiterer Offizier, der mit dem Zivilgouverneur einer Provinz oder einem Minister der Zentralregierung ranggleich

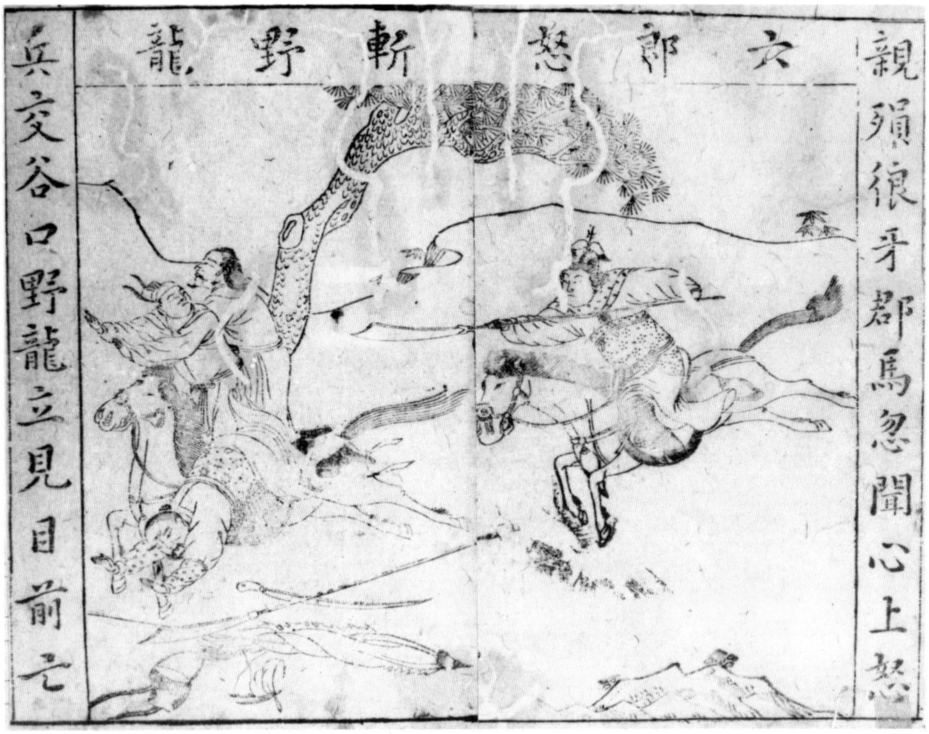

Eine der vielen Darstellungen der kriegerischen Tüchtigkeit Yang Liulangs, des sechsten Sohnes des Generals Yang Ye. Man sieht ihn hier zu Pferde bei der Verfolgung des Khitan-Häuptlings Ye Long, den er schließlich tötete.

war. Solche Generalgouverneure gab es für den mittleren Befehlsbereich mit den *zhen* Yansui, Ningxia und Gansu, für den westlichen Befehlsbereich mit den *zhen* Xuanfu, Datong usw. und für den östlichen Befehlsbereich. Diese Dezentralisierung der Befehlsgewalt setzte gut funktionierende Nachrichtenverbindungen und eine enge Zusammenarbeit zwischen den militärischen und zivilen Dienststellen voraus.

Als Beispiel für ein planmäßiges Funktionieren dieses Systems möge die Geschichte des Generals Qi Jiguang gelten, der Generalgouverneur von Ji war. Er trug nicht nur wesentlich zum Bau der Mauer und zur Ausbildung der Truppen bei, sondern förderte auch aufgrund seiner Kenntnisse von Land und Leuten zu beiden Seiten der Mauer und dank seines Verständnisses für ihre Gepflo-

Die Insignien der Befehlsgewalt spielten als Zeichen der militärischen Autorität in der Organisation des chinesischen Heeres eine große Rolle. Dazu gehört auch, daß neben dem General stets eine Standarte getragen wird, die seinen Rang anzeigt (rechts). Das runde Abzeichen (oben rechts) stammt aus der Ming-Zeit und gehört zu einer niedrigeren Rangstufe. Es wurde in der Nähe von Jiayuguan gefunden.

ben oder Untergang ganzer Völker ging. Kaum weniger faszinierend ist die militärische Organisation mit ihrem Drum und Dran, in der sich der imponierende Apparat imperialer Macht präsentiert.

Wenn ein General jemand ist, den man fürchten muß, dann ist er wie ein Tiger – nach der Vorstellung der Chinesen. Tatsächlich wurde Generälen, die einen besonderen Auftrag erhielten, oft vom Kaiser die Hälfte einer Tigerfigur übergeben, während er selbst die andere Hälfte zurückbehielt. Dem General sicherte seine halbe Figur die Unterstützung der lokalen Behörden.

Zu den Waffen! Feind in Sicht! Dieses Alarmfeuer wurde von einem chinesischen Fotografenteam entzündet, um sich ein Bild zu machen, aus welcher Entfernung es noch sichtbar war. Bei Tage wurde besonders für kräftige Rauchentwicklung gesorgt.

genheiten die gegenseitigen Handelsbeziehungen. Die *Geschichte der Ming-Dynastie* schildert ihn mit folgenden Worten: »Nach 16 Jahren als Generalgouverneur von Ji Men war Qi Jiguang bei allen beliebt, von den höchsten Beamten bis zum einfachen Volk. Kein Feind wagte in Ji Men einzufallen, dem bestverwalteten und bestverteidigten Abschnitt der Großen Mauer. Seine Nachfolger traten ganz in seine Fußstapfen und schützten den Ji-Men-Abschnitt jahrzehntelang gegen alle Invasionen. Bei dieser erfolgreichen Tätigkeit wurde Qi Jiguang durch die Minister Xu Kai, Gao Hong und besonders durch Zhang Gucheng unterstützt . . .«

Die kleinsten Wehranlagen entlang der Mauer waren die Forts (in denen auch Zivilpersonen lebten); sie hatten eine Besatzung von mehreren Kompanien unter dem Befehl niederer Offizierschargen. Alle Forts besaßen Signaltürme, die ein sehr wirksames Mittel der Nachrichtenübertragung darstellten. Für die Lebensmittelversorgung war die nächstgelegene Stadt zuständig.

Die verschiedenen Festungen und Sperrforts waren Hauptverteidigungswerke, die

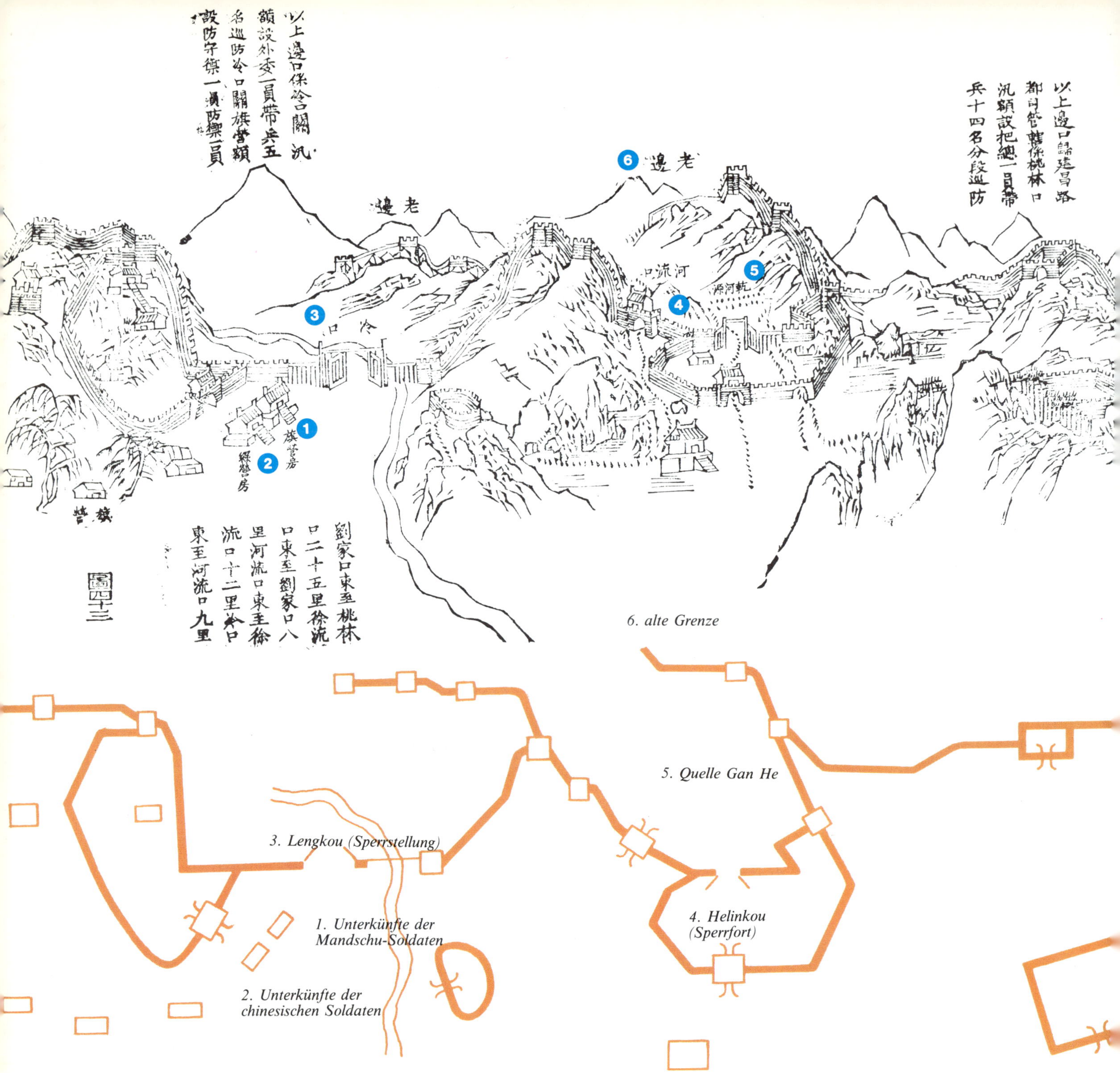

Der obige Ausschnitt aus einer verhältnismäßig neueren Karte (die nach Norden orientiert ist) zeigt einen Abschnitt der Großen Mauer in der Provinz Hebei, etwa 100 Kilometer westlich von Shanhaiguan. Links sieht man den Lengkou-Paß mit der Sperrstellung und den ersten Häusern der nahegelegenen Stadt, die heute 10000 Einwohner hat; das Flüßchen gehört zum Flußsystem des Luan. Zwischen Lengkou und dem rund 20 Kilometer entfernten Taolinkou-Paß liegt noch eine Reihe weniger bedeutender Pässe.

entweder das eigene unmittelbare Umfeld schützten oder die Verteidigung benachbarter Plätze unterstützten. Die Truppenstärke einer Garnison war nicht einheitlich. Nach schriftlichen Unterlagen erreichten die in Shanhaiguan, Jiayuguan und anderen Sperrfesten stationierten Truppen eine Stärke von einigen hundert bis zu tausend Mann. An weniger wichtigen Stellen war die Zahl entsprechend kleiner.

Die Wehrtürme, Bastionen und Signaltürme spielten in dem Verteidigungssystem als Ganzem eine wichtige taktische Rolle. Die Signaltürme waren entsprechend ihrer eigentlichen Aufgabe nur schwach besetzt, gerade stark genug, um schwächere Angriffe eine Weile abwehren zu können; dies galt natürlich vor allem für diejenigen Signaltürme, die – was es auch gab – außerhalb der Mauer standen. Die in gewissen Abständen angeordneten Bastionen und Wehrtürme bildeten einen festen Teil der Mauer; sie dienten als Verteidigungsschwerpunkte und Widerstandsnester bei Angriffen auf die Mauer, im routinemäßigen Grenzdienst als Schutzräume für Wachsoldaten und Pa-

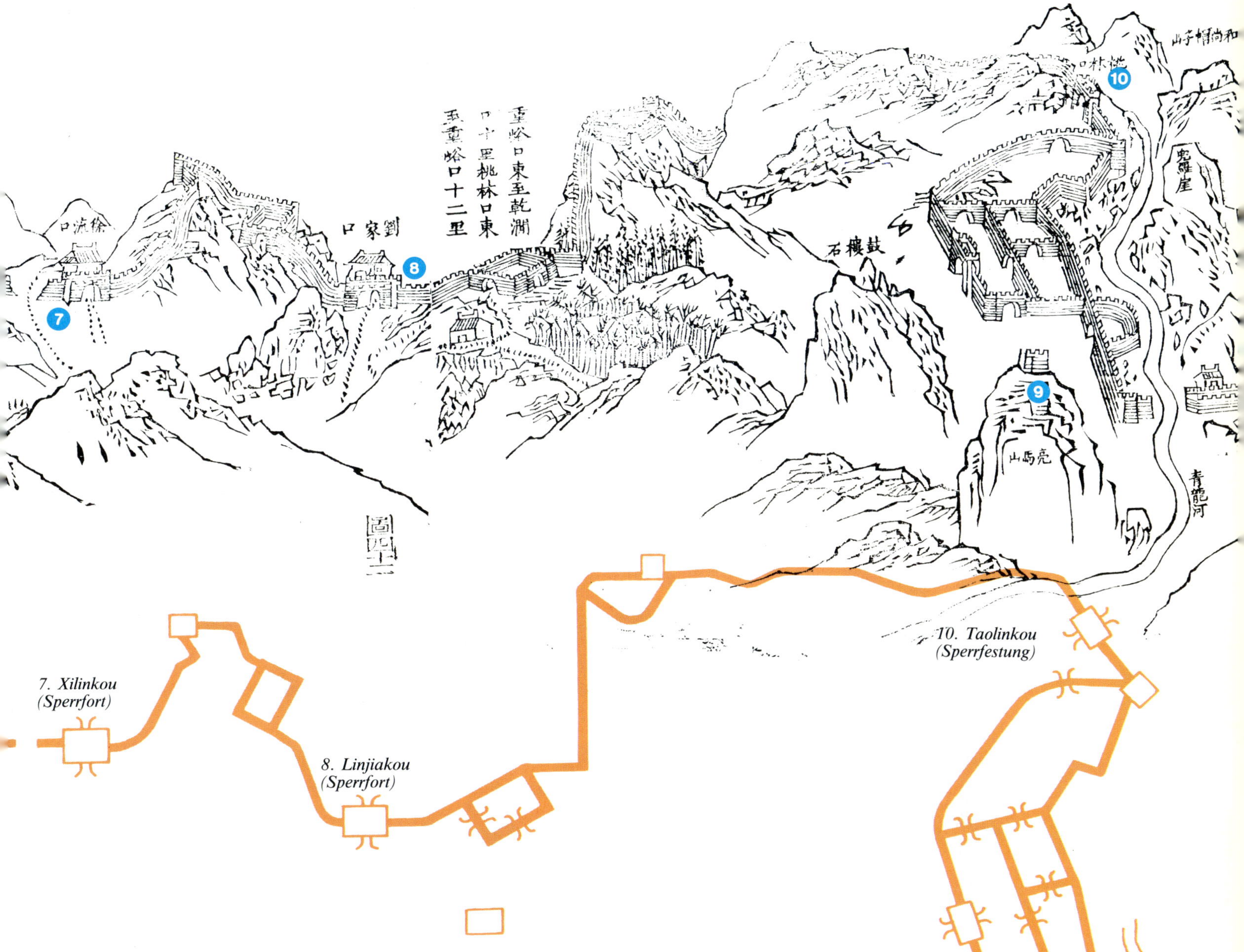

Die chinesischen Angaben lauten in Übersetzung: Oben links: Die drei vorhergehenden Sperren standen unter dem Befehl des Dusi (des Kommandanten) des Forts Jiachang. Der Abschnitt erstreckt sich bis Taolinkou. Das xun (militärische Einheit) besteht normalerweise aus einem Bazong (Gruppenführer) und 14 Soldaten, die abschnittsweise patrouillieren. Unten links: Der vorhergehende Abschnitt ist der Lengkou-Paß. Das xun besteht normalerweise aus einem Waiyuan (Anführer) und 5 Soldaten, die abschnittsweise patrouillieren, einem Fangshouyu und einem Fangyu. Oben Mitte: Von Liujiakou ostwärts 25 li bis Taolinkou; von Xulinkou ostwärts 8 li bis Liujiakou: von Heliukou ostwärts 12 li bis Xuliukou, von Lenkou ostwäts 9 li bis Heliukou. (1 li = etwa 500 Meter).

Die farbige Zeichnung stellt einen Versuch dar, den Verlauf der Mauer aufgrund der perspektivischen Darstellung im Grundriß wiederzugeben.

trouillen. Das Ganze bildete ein zusammenhängendes System, das nicht nur auf punktuelle Abwehr, sondern auch auf schnelle und wirksame Koordination und Kooperation aller militärischen und zivilen Stellen in dem 6000 Kilometer langen Grenzgebiet ausgerichtet war.

Wenden wir uns nun einer mehr ins einzelne gehenden Betrachtung der militärischen Bedeutung der erwähnten Wehrbauten zu. Während die Bauweise und das äußere Bild der verschiedenen Mauern sich von einer Dynastie zur nächsten oft erheblich unterschied, kann man sich eine ziemlich treffende Vorstellung von dem allgemeinen Grundkonzept machen, wenn man beispielsweise die Mauer bei Juyongguan oder Badaling in der Nähe von Beijing betrachtet, die während der Ming-Zeit erbaut wurde.

Die Mauer im Badaling-Abschnitt ist wohlerhalten. Sie hat eine durchschnittliche Höhe von sieben bis acht Metern, wobei sie an steilen Stellen etwas niedriger, an flachen Steigungen etwas höher ist. Ihre Stärke beträgt am Mauerfuß sechs bis sieben Meter, an der Mauerkrone ungefähr fünf Meter, so

Wie auf chinesischen Karten üblich, sind Einzelheiten wie Entfernungen zu benachbarten Örtlichkeiten (Städten, Pässen usw.), ja selbst die Stärke der militärischen Besatzung angegeben. Diese Angaben bestätigen, daß die Garnisonen an den Paßsperren eher eine vorbeugende als eine wirklich defensive Rolle spielten, wenn man sich vor Augen hält, daß selbst der Lengkou-Paß von nicht mehr als zehn Mann bewacht wurde.

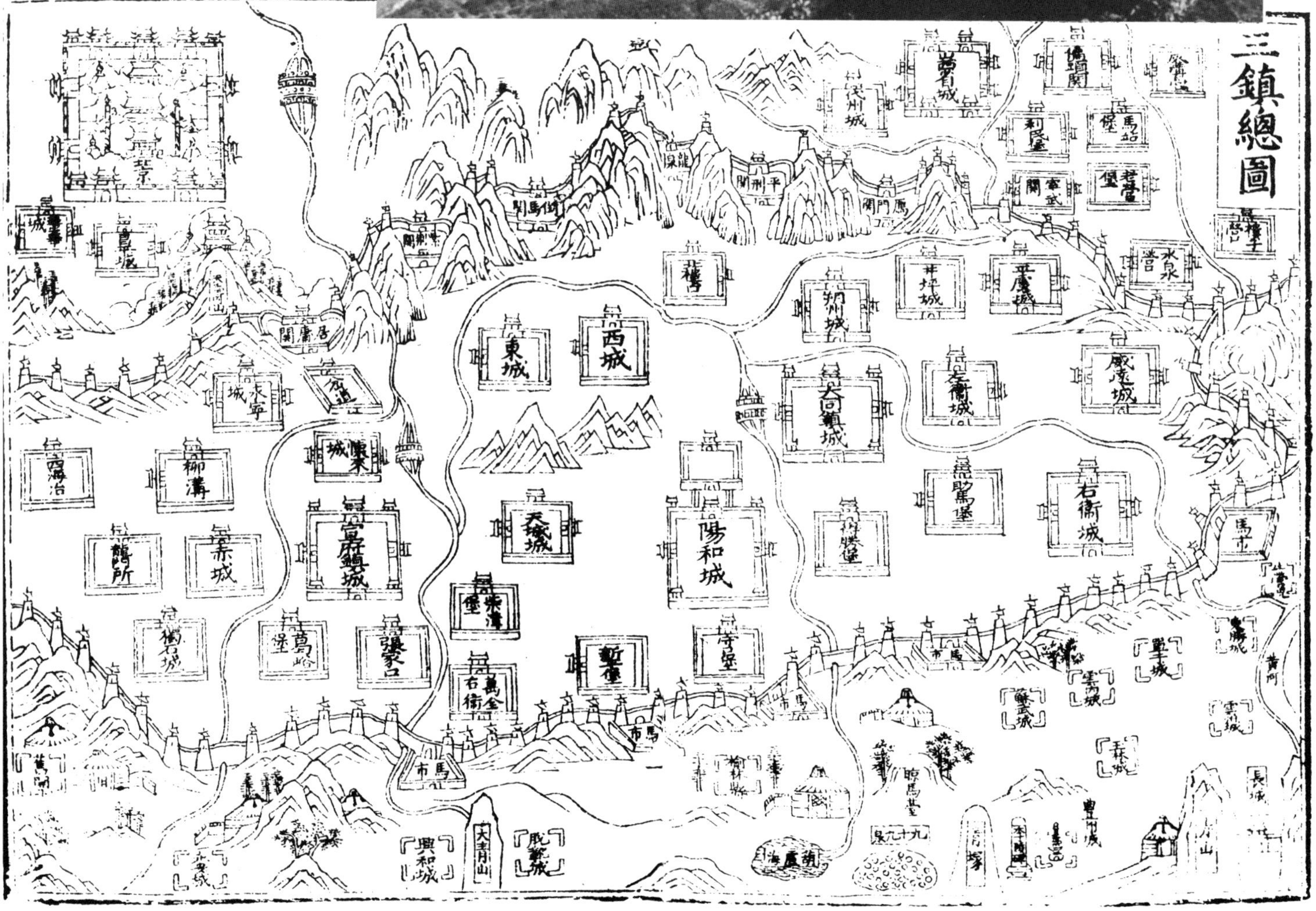

Kurz vor Erreichen des Gelben Flusses trifft die innere Verteidigungslinie in den Bergen von Nord-Shanxi wieder mit der äußeren Mauer zusammen. Dieser Abschnitt ist auf der oberen (nach Süden ausgerichteten) Karte deutlich zu erkennen. Zwischen den beiden Mauerlinien sind alle bedeutenderen befestigten Städte sowie zahlreiche kleinere Forts eingezeichnet; die große Stadt in der linken oberen Ecke ist Beijing. Eine große Zahl von Pferdemärkten befindet sich auf der mongolischen Seite der äußeren (nördlichen) Mauer. Das Foto ganz oben zeigt einen Geländeausschnitt aus der großen alten Karte: die kleine Karte rechts ist eine neuere chinesische Version.

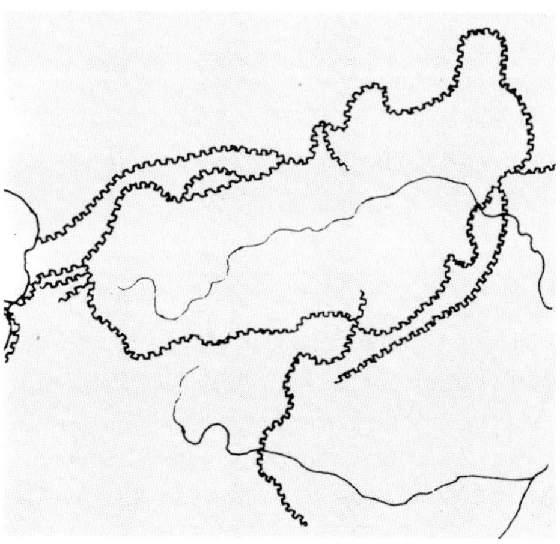

daß ihr Querschnitt trapezförmig ist. Auf der Innenseite der Mauer befindet sich alle 100 bis 200 Meter ein Torbogen, der zu einer Treppe aus Steinplatten oder Backsteinen führt, über die man auf die Mauerkrone gelangt. Die Mauerkrone ist so breit, daß zehn Mann zu Fuß oder fünf Reiter nebeneinander laufen können. Die Innenseite der Mauerkrone trägt eine etwa einen Meter hohe Balustrade, um zu vermeiden, daß Wachsoldaten bei Nacht oder Glatteis abstürzen. Auf der Außenseite ist eine anderthalb bis zwei Meter hohe Brustwehr mit Zinnen, Gucklöchern und Schießscharten angebracht, außerdem verlaufen auf der Mauer-

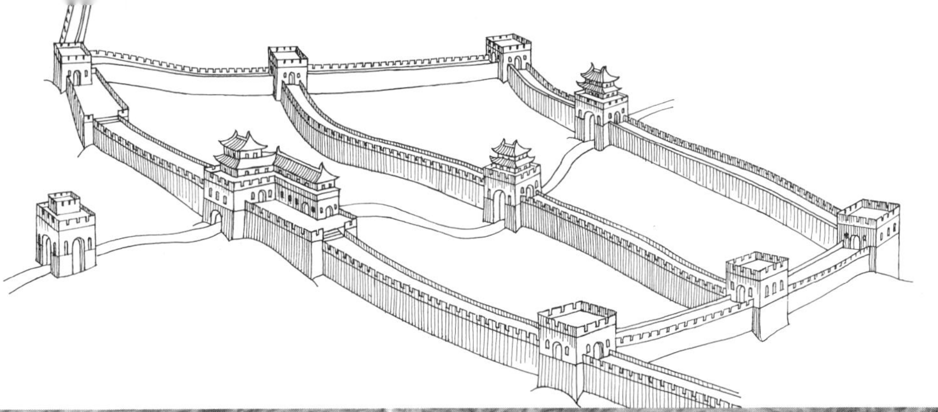

Rekonstruktion einer Sperrfestung mit drei Torbauten in der Nähe des Xifengkou-Passes, etwa 150 Kilometer vom östlichen Ende der Großen Mauer entfernt. Die auf dem Foto deutlich erkennbare Ausdehnung der Anlage weist auf ihre außerordentliche Bedeutung hin. Sie wurde wahrscheinlich während der Mandschu-Invasion und der diese begleitenden Unruhen zerstört. Wegen militärischer Unterstützung war sie auf die Stadt Jixian angewiesen, die auf halbem Wege zu dem 200 Kilometer entfernten Beijing liegt.

krone Regenrinnen, die das gesammelte Wasser zu weit überstehenden Wasserspeiern leiten.

Auch innerhalb der engen räumlichen Grenzen des Badaling-Abschnitts und der zeitlichen Grenzen der Ming-Zeit sind Stil und Bauweise der Mauer keineswegs einheitlich. Sie wechseln vielmehr von einer Region zur nächsten. Nach jüngsten Untersuchungen war die Große Mauer im Raum Liaodong, also im Nordosten, sehr uneinheitlich. Einige Abschnitte bestanden aus gestampfter Erde (stellenweise mit Steinen vermischt), andere waren an Berge angelehnt, wieder andere in steile Felswände eingeschnitten, und ein Teil bestand aus Eichenholz.

Bastionen und Wehrtürme spielten eine große Rolle und waren in Abständen von 100 bis 200 Metern angeordnet. Die Bastionen dienten dazu, eine größere Verteidigungsplattform zu schaffen; sie hatten dieselbe Höhe wie die Mauer, zu der sie eine Verbreiterung bildeten, waren ebenfalls mit Zinnen bewehrt und erlaubten, indem sie über die Mauerkrone nach außen hinausragten, Feinde am Fuße der Mauer zu entdekken und über die Außenflanken der Mauer mit Pfeilen und Armbrustbolzen, später auch mit Musketenfeuer, abzuwehren.

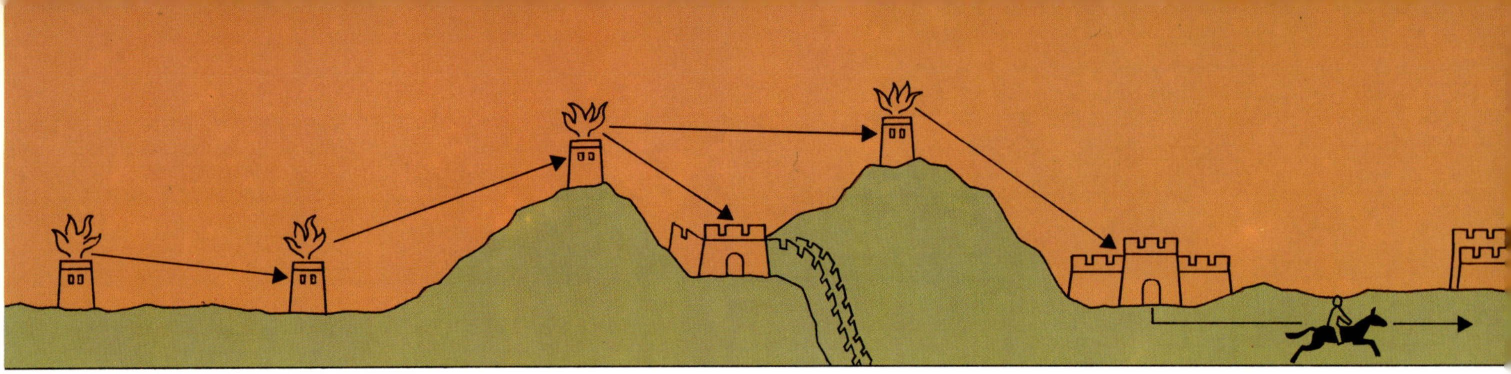

Ein komplettes System von Relaisstationen, das zuerst unter der Han-Dynastie angelegt worden war und dann immer weiter ausgebaut wurde, reichte von den Signaltürmen über die Sperrforts und Abschnittskommandos bis in den kaiserlichen Palast. Selbst in Friedenszeiten informierten Boten und militärische Bulletins die Behörden laufend über die Situation an der Grenze. Die hier eingezeichneten vier Signaltürme und vier Städte liegen in Wirklichkeit weiter auseinander; dennoch vermitteln sie eine Vorstellung von der wachsenden Bedeutung solcher Zwischenstationen und Provinzbehörden auf dem Wege zur Hauptstadt. Diese mittleren Instanzen konnten sehr wohl, bis die kaiserlichen Befehle eintrafen, geeignete Verteidigungsmaßnahmen einleiten, indem sie beispielsweise ihre Nachbarstädte alarmierten, Vorbereitungen gegen eine Belagerung trafen, Truppen aushoben und dergleichen.

Fort. 1. Örtliche Befehlsstelle,
2. Nordtor,
3. Osttor,
4. Südtor,
5. Westtor.

Die Eintragungen auf der großen Karte rechts bedeuten: Bezirkshauptstadt (Sitz der »Präfektur«) Yongping, im Landkreis Lulong. 1. Nordtor, 2. Tempel des Kriegsgottes Guandi, 3. Jiaochang-Fluß, 4. Qinglong-Fluß, 5. Hauptquartier für militärische Ausbildung, 6. Büros der Bezirksregierung, 7. Beamtenschule des Regierungsbezirks Yongping, 8. Amtssitz des Präfekten, 9. Tempel des Erdgeists, 10. Tempel der Kriegskunst, 11. Trommelturm, 12. Glockenturm, 13. Brunnen des Meng Tian, 14. militärischer Beobachtungsturm, 15. »Palast der himmelblauen Wolken«, ein Tempel für die Tochter des Gottes Taishan, 16. Osttor, 17. Sitz der Kreisregierung, 18. Beamtenschule des Landkreises Lulong, 19. nach dem Sternbild Kui benannter Wachtturm, 20. Hauptquartier des Qianzong (eines Militärbeamten), 21. und 22. zwei militärische Außenstellen, die für die Grenzfestungen an der Großen Mauer zuständig sind.

Eintragungen auf der Karte unten, rechts außen: Kreishauptstadt Qian'an. 1. Tempel des Kriegsgottes Guandi, 2. Tempel des Gottes des Reichtums, 3. Schule für neu eingestellte Beamte, 4. Tempel des Erlang, einer volkstümlichen, Dämonen tötenden Sagengestalt, 5. Tempel der Ehrenhaften Frauen, 6. Beobachtungsturm, 7. Tempel des Feuergeistes, 8. Tempel des Erdgeistes, 9. Sitz der Kreisregierung, 10. Pferdeställe.

Zur Karte unten Mitte: Festung Jianchang. 1. Tempel des Windgottes, 2. Tempel der Drei Beamten, 3. Berg Wolong, 4. Tempel des Jade-Kaisers (der höchsten taoistischen Gottheit), 5. militärische Unterkünfte, 6. Hauptquartier des stellvertretenden Festungskommandanten (Qianzong), 7. Name eines Getreidespeichers, 8. Hauptquartier des Festungskommandanten (Dusi), 9. Tempel des Stadtgottes, 10. Tempel des Geistes der Pferde.

Die in die Mauer eingegliederten Wehrtürme waren eine Art kleiner Forts, die nicht nur etwas breiter als die Mauer waren und auf der Feindseite mehrere Meter über sie hinausragten, sondern sie mit ihren zwei oder drei Stockwerken der Höhe nach entsprechend überragten. Sie dienten als Aufenthaltsräume für die Wachmannschaften, als Aufbewahrungsort für Waffen und Schießpulver, vor allem aber zur Erhöhung der Verteidigungskraft, zum konzentrierten Einsatz von Schußwaffen und in kritischen Situationen zum Abriegeln einzelner Mauerabschnitte und zur Bildung von Widerstandsnestern. Diese Wehrtürme waren eine Erfindung des Generals Qi Jiguan, der in seiner Abhandlung *Aufzeichnungen über militärische Ausbildung* eine klare Darstellung der baulichen Anlage und des militärischen Einsatzes eines solchen Wehrturms gibt. Er schreibt, daß diese Türme 10 bis 13 Meter hoch waren und eine Grundfläche von 40 bis 60 Quadratmetern besaßen. An exponierten Stellen wurden sie in Abständen von etwa 100 Metern errichtet, in übersichtlichem Gelände alle 200 bis 300 Meter, aber immer so, daß die benachbarten Türme in bequemer Reichweite lagen.

In den einzelnen Stockwerken befanden sich auf allen Seiten Schießscharten, auf der obersten (offenen) Plattform, von der auch Kanonen abgefeuert werden konnten, waren

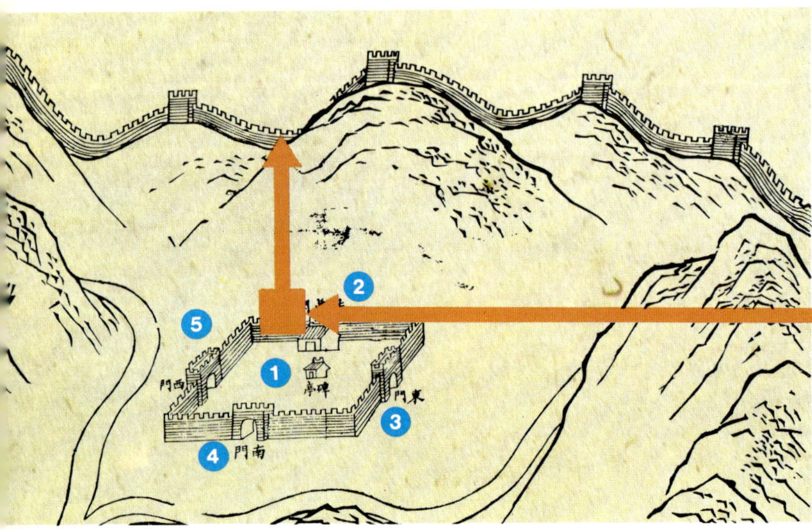

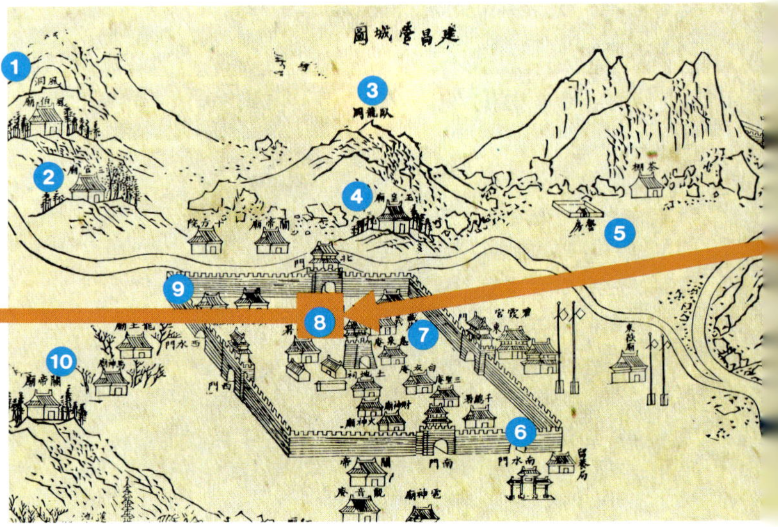

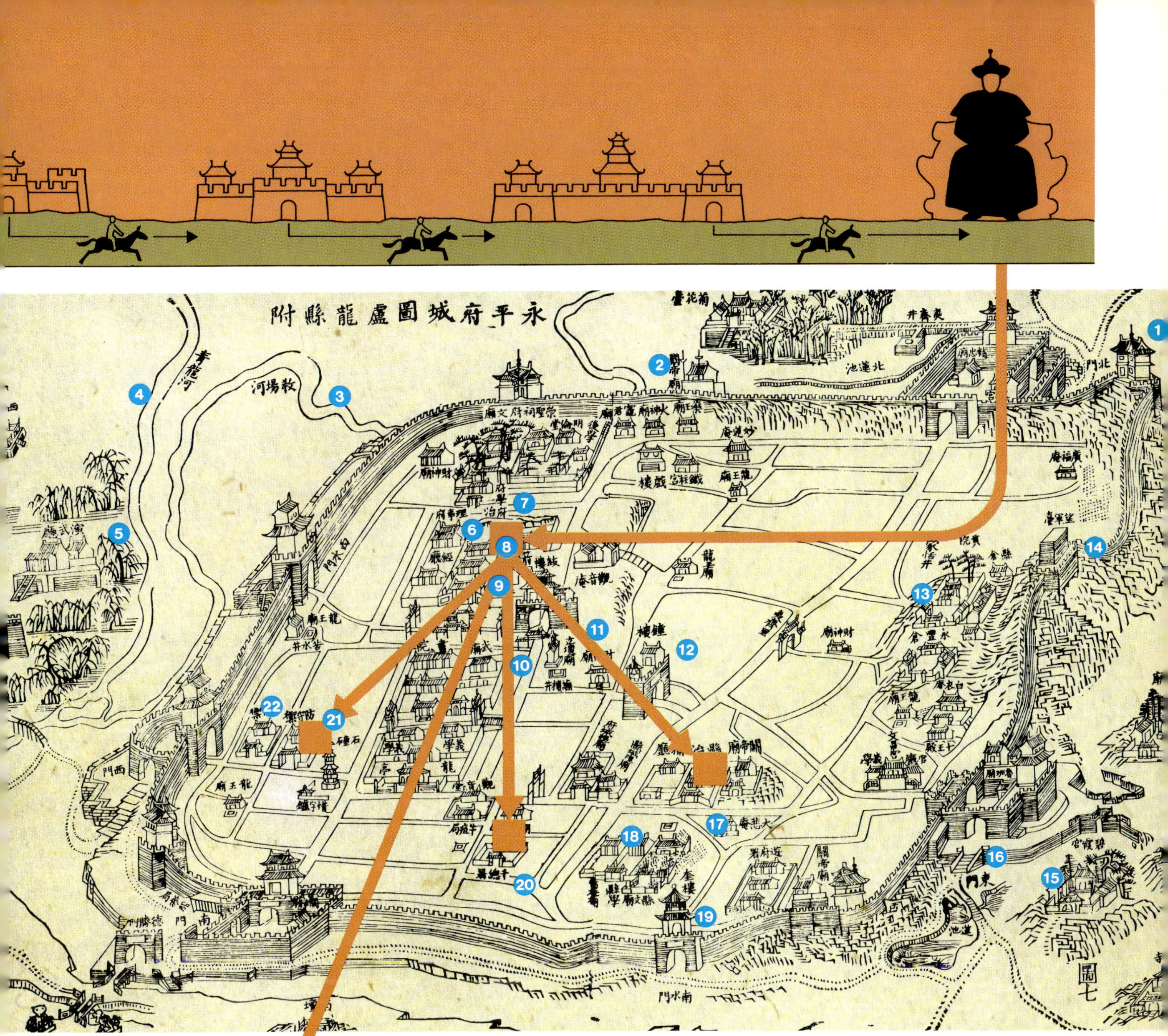

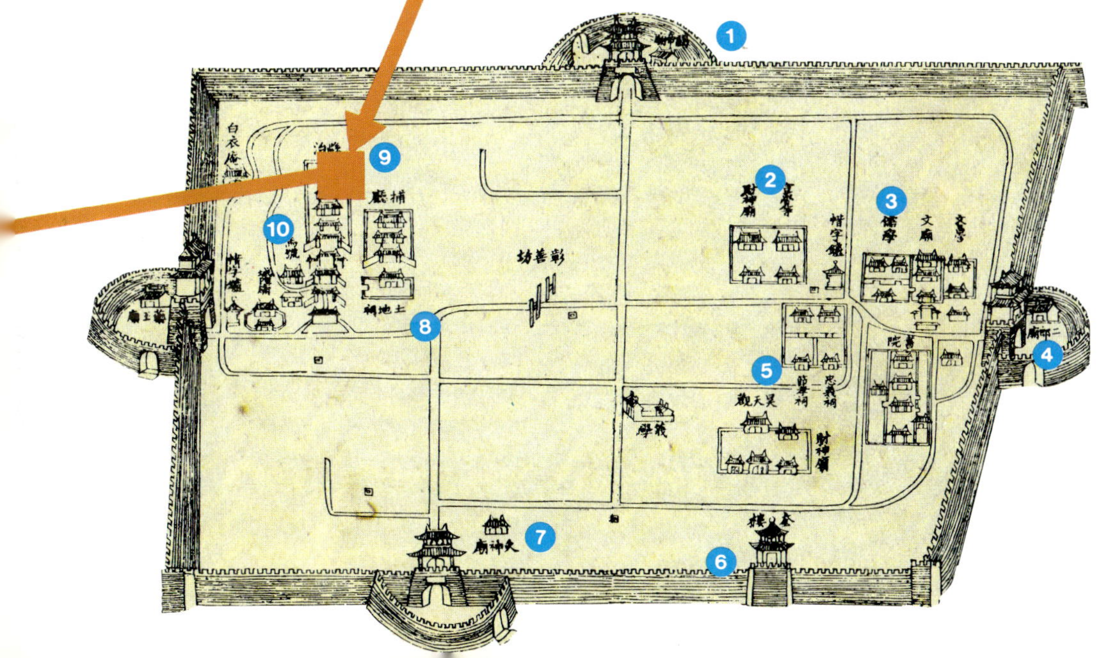

Die farbigen Linien und Pfeile zeigen die Befehlskette vom großen Hauptquartier in der Reichshauptstadt in das Hauptquartier in der Hauptstadt eines Regierungsbezirks, einer »Präfektur«.

Von dort wurden die Befehle an das Hauptquartier des Kreises und schließlich an den Truppenstandort weitergeleitet. Schließlich wurden sie an die Forts an der Mauer und an die Wehrtürme verteilt.

Nicht überall bietet die Mauer das klassische Aussehen, das sie in der Ming-Zeit erhielt. In gewissen Gebirgsregionen, wie im Jinshan auf dem Foto links, war die Form der Mauer aus besonderen militärischen Gründen abgewandelt, beispielsweise durch die Anordnung gestaffelter Schießscharten für die Bogenschützen.

Diese Rekonstruktionszeichnung eines Abschnitts der Mauer in Hebei ist nach einer Fotografie von W. E. Geil angefertigt. Es gibt viele Stellen, an denen von der durchlaufenden Mauer ein Stück abzweigt, aber dann plötzlich aufhört, ohne ein Gebiet ringsum einzuschließen. Solche »toten« Seitenarme dienten meist dazu, wichtige Übergänge zu sperren, und waren auf beiden Seiten mit Zinnen versehen, da auch die Angriffe von beiden Seiten erfolgen konnten.

Wie dieser besonders wohlerhaltene Abschnitt bei Chachienkou in Hebei (nahe der Grenze zu Shanxi) zeigt, steht die unter den Ming-Kaisern errichtete innere Mauer der äußeren in keiner Weise nach. Ihr Bau war von Kaiser Shenzong (1575–1620) angeordnet worden.

es Zinnen. Diese Plattform war außerhalb der Reichweite feindlicher Pfeile, und die feindlichen Reiter wagten nicht näher heranzukommen. Jeder Wehrturm beherbergte 30 bis 50 Mann unter dem Befehl einer unteren Offizierscharge. Die zahlreichen Wehrtürme – mehrere 1000! – auf dem 600 Kilometer langen Teilstück der Großen Mauer zwischen Shanhaiguan und Juyongguan waren großenteils von diesem Typ.

Eine wichtige Rolle spielten auch die Signaltürme, die entsprechend ihrer Aufgabe, mittels Feuer- oder Rauchzeichen Signale weiterzugeben, auch eine Reihe weiterer Bezeichnungen (z. B. Rauchtürme) trugen. Diese Türme waren von der Mauer getrennt, waren ebenfalls aus gemauerten Außenwänden mit einer Erdschüttung im Innern aufgeführt und trugen oben eine Plattform, auf der das Signalfeuer angezündet werden konnte. Sie befanden sich nahe der Innen- oder Außenseite der Mauer, außerdem aber auch an geeigneten Punkten auf dem Wege zur Hauptstadt und überall dort, wo es nötig war, mit benachbarten Präfekturen, Kreisstädten, Forts, Sperrfesten und Abschnittskommandos Kontakt zu halten.

Der Abstand zwischen zwei Signaltürmen betrug gewöhnlich zweieinhalb bis fünf Kilometer, was besonders von der Geländeform abhing, da die Türme natürlich möglichst auf Bergen, Hügeln oder Anhöhen aufgestellt wurden. Auf jeden Fall war für eine Nachrichtenübermittlung gesorgt.

Zu den meisten Signaltürmen gehörten Unterkünfte für die Wachmannschaft, Ställe und Schuppen. Unter einigen dieser Gebäude, so in der Nähe von Dunhuang in Gansu

Diese Rekonstruktionszeichnung veranschaulicht, wie ein Tal abgeriegelt werden konnte, um den Zugang zu einem wichtigen Paß zu sperren. Die Befestigungsanlagen sind an der schmalsten Stelle des Tales errichtet, so daß sie mit einer verhältnismäßig kleinen Besatzung verteidigt werden können.

Inneres eines der Wehrtürme der Großen Mauer in den Badaling-Bergen im Norden von Beijing.

Als die Mandschus in den 40er Jahren des 17. Jahrhunderts zum Sturm auf China ansetzten, war die Große Mauer ein gewaltiges Hindernis. Ohne eine brauchbare Artillerie blieb den Mandschus nichts anderes übrig, als durch Laufgräben, Minen oder nur mit Spitzhacken Breschen in die Mauern zu schlagen.

und in der Nähe von Juyan in der Mongolei, wurden zu ihrer Zeit sorgsam aufbewahrte schriftliche Unterlagen gefunden, die interessante Hinweise auf die Organisation des Verteidigungssystems und auf das Leben in den Truppenunterkünften liefern. Die Berichte waren, wie damals üblich, auf flache Bambusstreifen geschrieben. Jedes aufgenommene Signal mußte nicht nur sofort weitergegeben, sondern auch aufgezeichnet werden. Wenn Patrouillen und Erkundungstrupps ausgesandt wurden, so wurde zugleich dafür gesorgt, alle Einzelheiten ihrer Zusammensetzung, ihres Auftrags usw. schriftlich festzulegen. Trafen sich zwei Patrouillen, so schrieben sie ihre Berichte in zwei parallelen Spalten auf einen solchen schindelförmigen Holzstreifen, schnitten die beiden Hälften auseinander und nahmen dann eine der beiden »Ausfertigungen« zu ihrem Standort mit. Um bei längeren Erkundungsmissionen nicht die Verbindung zu verlieren, führten die Patrouillen Trommeln und tragbare Signalvorrichtungen mit sich. Im Vorfeld der Forts und Türme wurde der Erdboden gesäubert und geebnet, so daß sich unerwünschte nächtliche Besucher durch Fußspuren verrieten.

Die Nachrichtenübermittlung durch Signalfeuer war unter den Qin- und Han-Dynastien (3. bis 2. Jahrhundert v. Chr.) eingeführt worden, wobei eine vereinbarte Zahl von Feuern die Stärke der feindlichen Kräfte

Die Insignien der Befehlsgewalt, wie die Standarten von Generälen und alle Arten von Fahnen und Wimpeln, spielten in der Organisation chinesischer Heere eine wichtige Rolle. Ihre Verwendung und ihre Kennzeichen waren schon seit alter Zeit festgelegt, so in dem Zhou-Ritual aus dem 3. Jahrhundert v. Chr.

In bildlichen Darstellungen von Schlachten geben solche Standarten oft wichtige Aufschlüsse. Von ihnen wissen wir beispielsweise, daß die Schriftzeichen liu und du die Namen zweier Generäle wiedergeben, die sich eine Zeitlang erfolgreich gegen Nurhaci, den Gründer der Qing-Dynastie, zu behaupten vermochten.

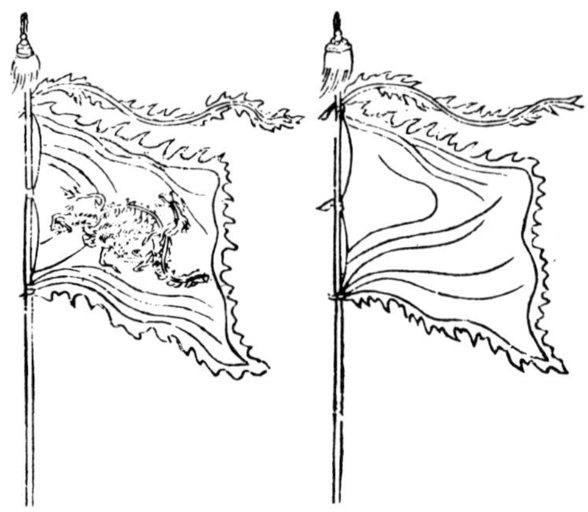

Solche individuellen Erkennungsmarken, wie sie von allen Soldaten getragen werden mußten, zeigen uns den hohen Organisationsstand des chinesischen Heeres.

signalisierte, um die entsprechenden Gegenmaßnahmen veranlassen zu können. Nachdem das System über 1000 Jahre lang verwendet worden war, wurde es unter den Ming-Kaisern noch weiter vervollkommnet, indem in Ergänzung zu den Signalfeuern auch eine entsprechende Anzahl von Kanonenschüssen abgegeben wurden. So bestimmte 1446 ein Erlaß des Eunuchen Cheng Jua: »Die Grenztruppen erhalten hiermit Befehl, Signalfeuer zu verwenden. Werden ein oder zwei oder bis zu 100 Feinde festgestellt, sind *ein* Feuer zu entzünden und *ein* Kanonenschuß zu lösen. Zählt der Feind 500 Mann, sind zwei Feuer zu entzünden und zwei Kanonenschüsse zu lösen. Drei Feuer und drei Kanonenschüsse bezeichnen über 1000 Mann, vier Feuer und vier Schüsse über 5000 Mann. Fünf Feuer und fünf Kanonenschüsse bedeuten über 10 000 Mann.« Bei Nacht wurde ein Feuer aus trockenem Holz angebrannt, bei Tage wurde jedoch ein Gemisch aus Wolfskot, Schwefel und Salpeter verwendet, das starken Rauch entwickelte. Ein solches Signal über eine Entfernung von 500 Kilometern weiterzugeben, war eine Sache von Stunden.

Da eine zuverlässige Nachrichtenübermittlung lebenswichtig war, wurden die Signaltürme streng kontrolliert. Jede unerlaubte Abwesenheit, jede Verzögerung bei der Weitergabe der Signale war strengstens untersagt. Der erwähnte Erlaß Cheng Huas schreibt vor: »Die Signaltürme sind mitsamt ihrer Besatzung regelmäßig zu kontrollieren. Es müssen reichliche Vorräte eingelagert und die Lugausposten ständig besetzt sein. Im Falle der Gefahr sind bei Tage Rauchzeichen, bei Nacht Feuerzeichen zu geben, um den Alarm weiterzuleiten. Es ist darauf zu achten, daß die Türme nicht beschädigt werden, um sicherzustellen, daß sie stets einsatzbereit sind. Wer die Nachrichten schnell weitergibt und bei der Vernichtung des Feindes mithilft, wird belohnt. Zuwiderhandelnde werden nach den Militärgesetzen bestraft.«

Die Besatzung hatte nicht nur den Auftrag, die Signale weiterzugeben, sondern mußte auch auf etwaige Feindbewegungen achten und das Vorfeld auskundschaften, das von der Garnisonsbesatzung urbar gemachte Land bewachen, durchziehende Kaufleute und Handelskarawanen kontrollieren und beschützen, benachbarte Truppen bei der Verteidigung unterstützen, der Selbstversorgung dienende landwirtschaftliche und handwerkliche Arbeiten verrichten und den nächstgelegenen Mauerabschnitt instand halten.

Sowohl innerhalb wie auch außerhalb der Großen Mauer gab es noch weitere gegenseitig abhängige Verteidigungswerke, die leider bisher nur ungenügend untersucht sind, so die *cheng* (Forts), *bao* (Kastelle), *zhang* (befestigte Lager) und *hou* (Warten).

Die *cheng*, die in Abständen von 5 bis 20 Kilometern angelegt waren, dienten vor allem der Unterbringung von Truppen entlang der Großen Mauer. Kleinere Forts wurden im flacheren Hinterland errichtet, um Verstärkungen aus dem Landesinnern aufzunehmen. Überreste solcher Forts finden sich noch im Umkreis der Ruinen der Qin- und Yan-Mauer in der Provinz Hebei.

Die befestigten Lager *(zhang)* dienten vor allem der direkten und aktiven Verteidigung, indem sie feindlichen Invasoren den Weg verlegten. Dementsprechend beherbergten sie auch – im Gegensatz zu den *cheng* – keine Zivilpersonen.

Der Sinn der Fahnen und der Musikkapelle war es, die Truppe mit Angriffsgeist zu erfüllen und gleichzeitig dem Feind Angst und Schrecken einzujagen. Es gab sogar ein besonderes Kommando zu Beginn der Schlacht: »Blickt jetzt furchterregend!«

Eine gute Kenntnis des Operationsgebetes war nach der alten Sunzi-Strategie einer der Schlüssel zum Erfolg, weswegen auf Feldzügen Geländevermessungen vorgenommen wurden. Das Bild zeigt eine Meßlatte und einen Landmesser mit zwei Nivelliergeräten, den wohl ältesten geodätischen Instrumenten.

Unter den ungezählten Arten von Schilden, die von den Chinesen verwendet wurden, sind diese »Schwalbenschwanz-Schilde« wohl die sonderbarsten Typen.

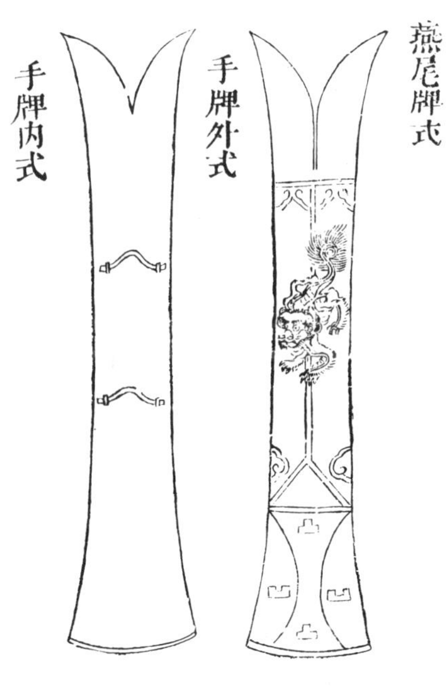

Die *hou* waren vorgeschobene Beobachtungsposten ähnlich den »Warten« der mittelalterlichen Städte in Europa, die daher auch in enger Verbindung mit den Signaltürmen standen.

Die *bao* (Kastelle) erfüllten ähnliche Aufgaben wie die *cheng* oder *zhang*. Unter der Ming-Dynastie wurden sie in großer Zahl – in Abständen von etwa fünf Kilometern untereinander – zu beiden Seiten der Mauer angelegt und besaßen auch Signaltürme. Wie die Forts hatten sie nicht nur eine militärische Besatzung, sondern boten auch Händlern und anderen »Grenzern« im Schutz ihrer Umwallung Unterkunft.

Alle diese scheinbar in sich geschlossenen und auf sich selbst gestellten Anlagen waren in Wirklichkeit Teile eines kunstvoll geknüpften Netzwerkes, das die Große Mauer nicht nur zu einem einzigartigen, sondern wahrscheinlich auch dem größten Verteidigungssystem der Menschheit machte.

Eine Festung oder eine Verteidigungslinie ist nur so stark wie die Männer, die sie verteidigen, wie ihre Waffen und der Mut, mit dem sie sie handhaben. Unter der Ming-Dynastie wurde ein riesiges Arsenal von Waffen, Rüstungen und Kriegsmaschinen ersonnen. Die Chinesen erkannten auch die militärischen Verwendungsmöglichkeiten des Schießpulvers, das ihnen an sich schon lange bekannt gewesen war, und setzten sogar Tiere als »Brander« gegen den Feind ein.

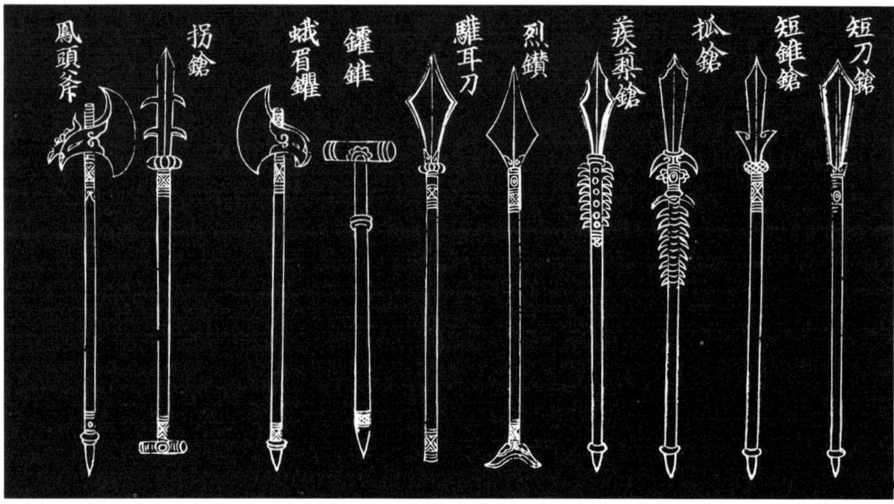

Chinesische Waffen zeichneten sich schon immer durch ihre ungewöhnliche Vielgestaltigkeit aus, erforderten dementsprechend aber auch ein sehr gründliches Training – mit dem Erfolg, daß selbst ein einfacher Knüppel in der Hand eines Experten zu einer gefährlichen Waffe wurde.

Die Chinesen hatten zwar das Schießpulver erfunden, benutzten es aber lange Zeit nur für Feuerwerkszwecke. Immerhin machten sie, bevor die Portugiesen ihnen im 18. Jahrhundert die Vorteile einer gut funktionierenden Artillerie beibrachten, ausgiebigen Gebrauch von Bomben und Wurfgranaten aller Art. Wieweit sie solche Wirkungen hatten, wie sie auf der Zeichnung dargestellt werden, sei dahingestellt.

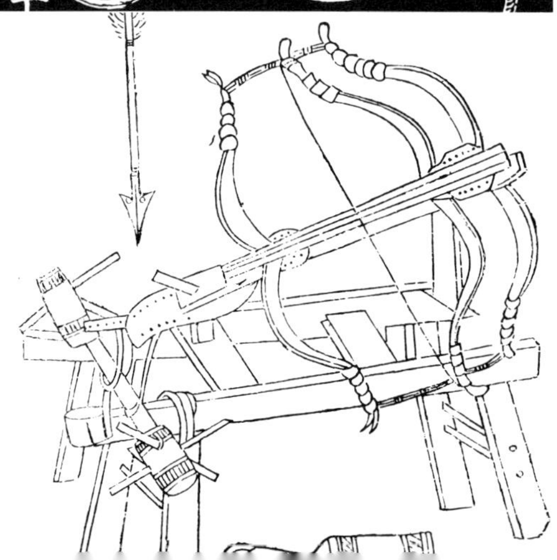

Die »Wolkenleiter« und die Belagerungsarmbrust waren den Chinesen lange vor unserer Zeit bekannt. Die hier gezeigte Armbrust konnte einen schweren Bolzen über Entfernungen von 200 »großen Schritten« hinweg schießen.
Der Gebrauch von Pferden, vor allem aber des Steigbügels, der wahrscheinlich von den Steppennomaden erfunden worden war, veränderte die Kriegführung von Grund auf. Ob sich die Chinesen ohne sie so weit hätten ausbreiten können?

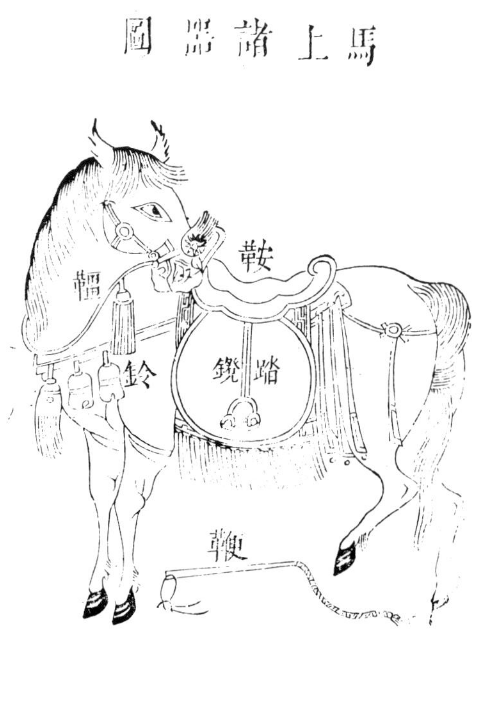

Folgende Seite: Die Große Mauer, das Rückgrat des gewaltigen Verteidigungssystems. Ein eindrucksvolles Bild der Mauer im Gebiet von Luanping, 100 Kilometer nordöstlich von Beijing.

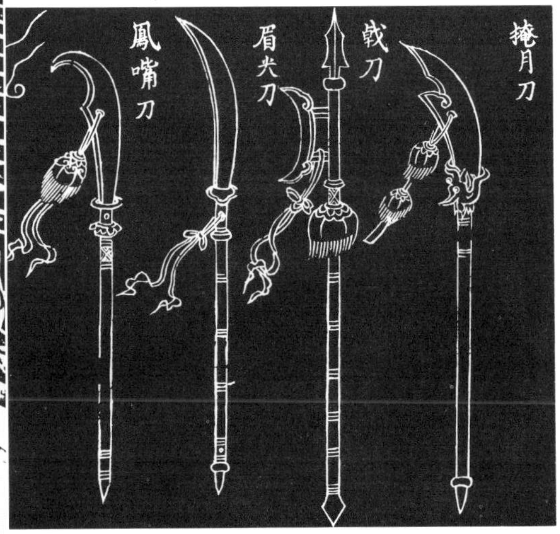

Die Handhabung dieser verschiedenartigen Waffen (Äxte, Hämmer, Spieße und Hellebarden) erforderte spezielle Techniken.

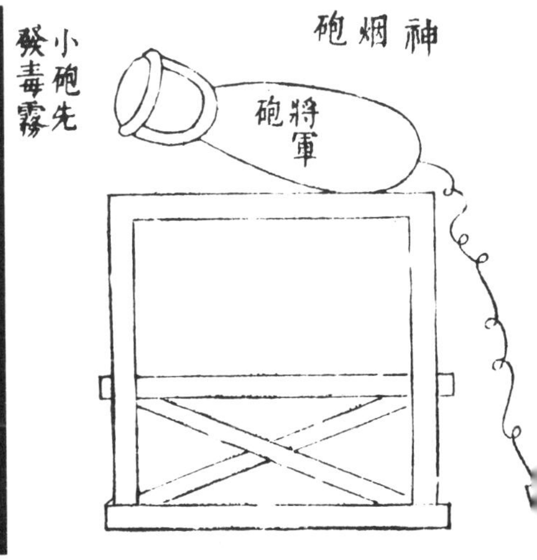

Zu Beginn schienen die militärischen Möglichkeiten des Schießpulvers beschränkt; diese Kanone verschoß zunächst nur Rauchbomben.

Die ältesten Panzer waren Stäbchenpanzer, Schuppenpanzer oder Lederpanzer. Wichtig war nicht nur ihr Gewicht, sie mußten auch ein furchterregendes Aussehen verleihen.

Neben Reitern, die Brandgeschosse mit sich führten, wurden auch Tiere, die durch Feuer in Panik versetzt waren, den Feinden entgegengeschickt.

Dai Wenbao

Die Nachbarn der Großen Mauer

Wir alle wissen nur zu gut, welch fürchterliche Leiden und Zerstörungen Kriege mit sich bringen, doch haben sie meist auch Wechselbeziehungen im Gefolge. Die Große Mauer war einst ein ausgedehntes System kriegerischer Wehrbauten, die dem freien Austausch von Ideen und materiellen Errungenschaften im Wege stand.

Die Jagd bietet hervorragende Möglichkeiten, sich im Bogenschießen zu üben, und Barbaren, wie der unten abgebildete Uighure, waren als Nomaden und Jäger immer gefürchtete Bogenschützen.

Nächste Doppelseite: Chinesisch-Turkestan ist eine Region der Hochplateaus und der nomadischen Weidewirtschaft.
Solche Gegenden ersahen sich manche Kaiser als Jagdgebiete aus, während Kaufleute mit ihren Karawanen mühsam die riesigen Weiten durchmaßen. Das Bild zeigt Kublai-Khan mit seinem Jagdgefolge.
Links: Kinder aus der Inneren Mongolei bei dem dort sehr beliebten Tauziehen.

Sie hat nicht unerheblich dazu beigetragen, die ethnisch teilweise sehr unterschiedlichen Gruppen zusammenzuführen, die heute das chinesische Volk bilden. Die Völkerschaften zu beiden Seiten der Mauer waren Zeugen dieses dramatischen historischen Schauspiels, in dessen Mittelpunkt die Große Mauer sowohl als ein Ausdruck der Trennung und der Feindseligkeit stand, wie auch als ein Symbol weitschauender Politik und innerer Stärke. China ist seit uralter Zeit ein multinationales Land gewesen. Die Han-Chinesen*, denen allgemein die Schaffung der chinesischen Kultur zugeschrieben wird, sind in Wirklichkeit nur eine – wenngleich zahlenmäßig die weitaus stärkste – Gruppe innerhalb einer Anzahl von Völkerschaften. Obwohl ethnisch jede Gruppe von den übrigen unterscheidbar ist und ihren eigenen Charakter bewahrt hat, tut dies in keiner Weise ihrem Stolz Abbruch, Chinesen zu sein. Dies ist ein ganz entscheidender Punkt, wenn man sich näher mit den Völkern befaßt, die in der Umgebung der Großen Mauer wohnen.

Die ethnischen Wurzeln gehen weit in die Vergangenheit zurück. Bis zur Gründung eines chinesischen Zentralstaates war das Tal des Gelben Flusses von sehr verschiedenen Völkerstämmen bewohnt, von denen manche seßhafte Bauern, andere Nomaden waren. Während der »Frühjahr- und Herbst-Periode« (476–770 v. Chr.) nannten sich diejenigen, die in dem verhältnismäßig fortgeschrittenen Wirtschaftsgebiet der großen zentralen Ebene der Mittel- und Unterläufe des Gelben Flusses erste Staaten gegründet hatten, die Huaxia; die anderswo wohnenden Stämme waren die Rong und die Di. Die Rong und die Nördlichen Di kamen sehr früh in der Geschichte der Huaxia mit diesen in Berührung oder lebten sogar vielfach mit ihnen zusammen. In der Zeit der »Streitenden Reiche« wurden die Rong und Di mit dem gemeinsamen Namen »Hu« benannt und nahmen die Gebiete jenseits der nördlichen Großen Mauer ein, die – von einander getrennt – von den Reichen der Yan, Zhao und Qin beherrscht wurden. Im 3. Jahrhundert v. Chr. besiegten die mächtigen Xiongnu die östlichen Stämme der Hu, die sich daraufhin mit den Wuhuan und den Xianbei zusammentaten und sich auf der »anderen« Seite der damaligen Großen Mauer niederließen, einem Gebiet, das das heutige Nordostchina bildet. Als eine neue Vormacht unter diesen Stämmen dehnte das Reich der Xiongnu seine Herrschaft vom Yinshan-Gebirge (im Westen der heutigen Inneren Mongolei) bis zum Liaohe-Fluß im Osten und zum Baikal-See im Norden aus, desgleichen bis in die Gebiete zu beiden Seiten der Tianshan-Kette im Westen und der Großen Mauer im Süden. Einige Stämme der Xiongnu überschritten auch die Mauer, um das brachliegende Land nutzbar zu machen und gemeinsam mit den Han zu besiedeln, während andererseits eine große Zahl von Han auf die andere Seite der Mauer zog, um dort neue Heimstätten zu errichten. Wenn die Kette von Befestigungswerken als ein Mittel, allzu ungestüme Einwanderer fernzuhalten, versagt hatte, so begann die Intensivierung der Wirtschaftsbeziehungen zwischen den nomadisierenden Xiongnu und den bäuerlichen Han einen für beide Seiten politisch gangbaren Weg aufzuzeigen.

Die Xiongnu, die auch mit den Hunnen gleichgesetzt werden, spielten nicht nur in der chinesischen Geschichte, sondern in der Geschichte fast der ganzen Alten Welt eine machtvolle Rolle. Als sie zum ersten Mal in Erscheinung traten, waren sie Nomaden, die gelernt hatten, Werkzeuge und Gefäße aus Bronze und Eisen herzustellen. Diejenigen von ihnen, die sich an der Großen Mauer niedergelassen hatten, führten eine fortschrittliche Art von Sklavenwirtschaft ein, fingen an, Land zu bestellen und entwickelten sich mit der Zeit zu einem zivilisierten Gemeinwesen. Da sowohl die Nomaden wie auch die feudalen Clans in ständiger Angst vor kriegerischen Verwicklungen lebten, sta-

* Noch heute nennt sich das eigentliche chinesische Staatsvolk im Gegensatz zu den völkischen Minderheiten und in Anknüpfung an die Han-Dynastie, die »Han«. (Anm. d. Übers.)

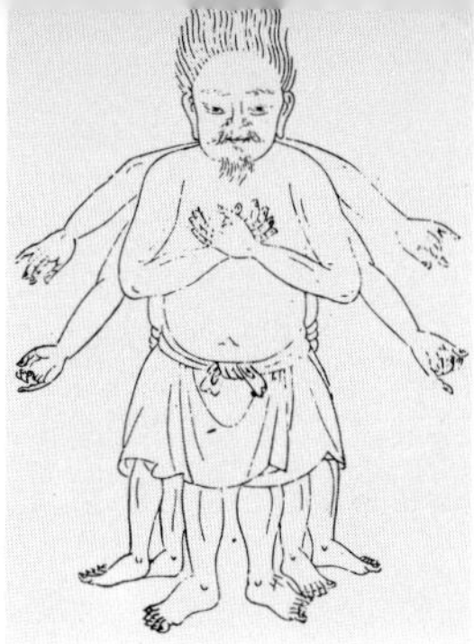

Das Bild, das sich die Chinesen von Menschen anderer Länder machten, war Gegenstand vieler alter und neuer, genauer oder weniger genauer Reiseschilderungen. Eine einzelne, aus dem Zusammenhang gerissene Bemerkung konnte zu den unglaublichsten Vorstellungen führen: So sollte es Menschen mit einem dicken Fell, Vogelmenschen und Menschen mit drei Körpern geben.

Ein Krieger der Xiongnu (der Hunnen) tötet mit seinem Spieß einen Bären.

tionierte Ying Zheng, der Gründer der mächtigen Qin-Dynastie (207–221 v. Chr.) ein riesiges Heer entlang der Großen Mauer, um mögliche Einfälle der Hunnen abzuwehren. Die Geschichte hat uns die Namen seiner Befehlshaber als General Meng Tian und Fürst Fu Su, den ältesten Sohn des Ersten Kaisers, überliefert. Später mußte die Westliche Han-Dynastie (206 v. Chr. bis 9 n. Chr.) langwierige Kriege gegen die Nomadenstämme führen. Man glaubt, daß die Hunnen in einem dieser blutigen Feldzüge über 100 000 Mann mobilisiert und ihre Unternehmungen bis in die Außenbezirke der Han-Hauptstadt Chang'an ausgedehnt haben. Es gab jedoch auch immer wieder lange Perioden geschäftlicher und menschlicher Beziehungen, zu denen häufig die Knüpfung ehelicher Verbindungen zwischen den herrschenden Clans beitrug. Modu, der kriegerische *Shanyu* (Oberster Herrscher) der Hunnen, war der erste, der eine Han-Prinzessin heimführte, und sein Beispiel wurde von vielen weiteren Generationen von *Shanyus* befolgt. Um 32 v. Chr. heiratete ein neu ernannter *Shanyu,* der bei den Han unter dem Namen Huahxie bekannt war, die Prinzessin Wang Qiang aus dem gegnerischen Lager, eine Heirat, derer man sich bis heute als eines glücklichen Symbols der Freundschaft zwischen verschiedenen ethnischen Gruppen erinnert. Auch die Söhne Huahxies nahmen sich Han-Frauen.

Nach einigen Jahrzehnten, die von zahlreichen Kriegen erfüllt waren, spalteten sich die Hunnen 48 n. Chr. in zwei Volksgruppen. Die eine, die Nördlichen Hunnen, zogen nach Westen und eroberten die weiten Gebiete, die sich von Innerasien bis zum Kaspischen Meer erstrecken – die erste der großen Wanderungen, die Eurasien erschüttern sollten. Die Südlichen Hunnen zogen es dagegen vor, unter der Herrschaft der Han-Dynastie südlich der Mauer als friedliche Bauern zu leben.

Als nächstes sollten sich die Türken zu einer dominierenden Stellung aufschwingen. Sie hatten sich zu einem größeren Verband zusammengeschlossen, alle in der mongolischen Steppe in Innerasien und in (dem heutigen) Xinjiang lebenden Stämme an sich gezogen und ein mächtiges Khanat gebildet. Dieses entwickelte für die Nomaden zum ersten Mal so etwas wie eine Verbrauchergesellschaft und gab der ganzen Region auch kulturell ein ausgesprochen türkisches Gepräge. Der berühmte buddhistische Chronist Xuan Zang, dem wir einen ins einzelne gehenden Bericht über die luxuriöse Hofhaltung verdanken, erhielt 628 irgendwo in Innerasien bei dem Khan eine Audienz. Später brach das östliche türkische Khanat infolge von Streitigkeiten zwischen den Stämmen zusammen. Die Errichtung eines türkischen Reiches hatte weitreichende Folgen für die bisherige mobile und unstete Lebensweise. In dem langen Zeitraum zwischen der Mitte des 3. und dem Ende des 10. Jahrhunderts bewegte sich ein ununterbrochener Strom von landsuchenden Han durch den Gansu-Korridor nach Yinjiang, und dies führte zu einem umfangreichen wirtschaftlichen und kulturellen Austausch zwischen den Großen Ebenen des Ostens und den weiten Regionen des Westens jenseits des Endes der Großen Mauer. Die den Han bisher unter dem Namen Yuanhe oder Weihe bekannten uighurischen Stämme zogen ihrerseits in den Raum von Zhangye, Gansu und Urumchi um und hielten die gutnachbarlichen Beziehungen mit den Han aufrecht. Um diese Zeit war die Große Mauer zu einem zuverlässigen Schutzwall für die Seidenstraße geworden.

Unter der Song-Dynastie (960–1280) kam es dann zur Nutzung weiter Gebiete Nordchinas durch die Khitan, Diangxiang, Jürchen und Han. Infolge des harmonischen

Die Barbaren, die von chinesischen Einflüssen nicht beeinflußt waren, wurden gemeinhin als »Tiere« eingestuft. Sie kannten nicht die »Fünf Getreidesorten«, aßen nur Fleisch und kleideten sich in Felle. Wie Tiere waren sie stark behaart. Nur die »nördlichen Barbaren« (oben), die nicht ganz so weit entfernt von den Chinesen wohnten, waren von diesen törichten Vorstellungen ausgenommen.

Links: General Huo Qubing (140–117 v. Chr.), ein Held der Kriege gegen die Xiongnu zur Zeit der Westlichen Han, verhandelt mit gesenkter Hellebarde mit einem feindlichen Anführer.

Zusammenlebens und der Beimischung der verschiedenen Völkergruppen, die jene Zeit auszeichnete, verlor die Große Mauer ihre Bedeutung. Zwar waren bewaffnete Auseinandersetzungen, insbesondere zwischen der Liao-Dynastie der Khitan, der Westlichen Xia-Dynastie der Diangxiang oder der Jin-Dynastie der Jürchen, auf der einen Seite, und der Nördlichen und der Südlichen Song-Dynastie auf der anderen nicht gerade selten; sobald jedoch diese Minderheitengruppen in Gebiete kamen, die überwiegend von Han bewohnt waren, übernahmen sie das Feudalsystem, gaben das Sklavensystem auf und glichen sich der herrschenden Mehrheit an, so daß sie ein fester Bestandteil eines größeren Staatswesens wurden. Besondere Erwähnung verdient hier die von den Jürchen gegründete Jin-Dynastie, die sich durch allgemeinen Wohlstand und durch vielseitige technische Fortschritte auszeichnete – wie die Papier- und die Porzellanherstellung sowie die Druckerkunst. Der Themenkreis der Künste und der Literatur erweiterte sich beträchtlich, worin der hohe Stand kultureller Errungenschaften zum Ausdruck kommt, der der gesellschaftlichen Assimilationskraft und Integrationsfähigkeit der Han zu verdanken ist.

Im Jahre 1206 gründete Genghis-Khan das Mongolenreich. Innerhalb von fünf Jahren begann er, über das angestammte Territorium hinauszugreifen, und schon nach wenigen weiteren Monaten erreichten seine Heere den Juyongguan-Paß, das Tor nach Beijing. Der Feldzug vom Herbst 1213 fegte zunächst die dem chinesischen Kernland vorgelagerten Staaten hinweg, und als die Kampagne im nächsten Frühjahr zum Halten kam, hatten die mongolischen Reiterscharen praktisch das gesamte Gebiet nördlich des Gelben Flusses überrannt und die Große Mauer in einer Staubwolke weit hinter sich gelassen.

Die mongolische Yuan-Dynastie hatte jedoch noch nicht einmal 100 Jahre in China geherrscht, als die unterworfene Bevölkerung sich wie ein Mann erhob und die mongolischen Oberherrn mit der gesamten Besatzungsmacht aus dem Gebiet südlich der Großen Mauer vertrieb. Weite Strecken von Ödland und in Pferdeweiden umgewandeltes ehemaliges Kulturland wurden wieder unter den Pflug genommen. Aber die militärische Bedrohung bestand weiter; immer wieder durchbrachen die mongolischen Reiterscharen die Große Mauer, um zu morden und zu plündern. Die Gefahren aus dem Norden zwangen die neugegründete Ming-

Diese berühmte Steinfigur eines Pferdes, das über einem am Boden liegenden Feind steht, stammt von der Begräbnisstätte des Generals Huo Qubing. Noch nach mehr als 2000 Jahren sind Ruhe und unwiderstehliche Kraft, die es einst auszeichnete, deutlich zu verspüren – ein Werk von starkem künstlerischem Ausdruck.

Zur Nachbarschaft der Großen Mauer gehören nicht nur die Menschen, sondern auch ungezählte, reiche archäologische Denkmäler und Sehenswürdigkeiten, herrliche Kunstwerke aus Holz, Metall und Stein, Bauwerke in Gestalt von Pagoden, Tempeln und Klöstern.

Figürliche buddhistische Kunst der Nördlichen Wei ist leicht erkennbar, wobei ein besonders typisches Kennzeichen das stets gleiche stereotype Lächeln auf den Lippen der Buddhas und Bodhisattwas ist. Dieser Buddha wurde 470 bei den berühmten Höhlenheiligtümern von Yungang bei Datong in Shanxi geschaffen, 30 Kilometer von der Großen Mauer entfernt. Die Figur ist 13,7 Meter hoch.

Dynastie aus dem Süden, das umfangreiche Projekt einer Wiederinstandsetzung und Erneuerung dieses Befestigungswerkes in Angriff zu nehmen. Wieder einmal war die Große Mauer von vorrangiger Bedeutung für die Erhaltung der chinesischen Zivilisation.

Aber, wie alle derartigen Verteidigungslinien dieser Art, wurde auch sie schließlich durchbrochen. Die zuvor unter dem Namen Jürchen bekannten Mandschus marschierten 1644 aus der Mandschurei durch den Engpaß von Shanhaiguan in China ein und gründeten in Beijing die Qing-Dynastie. Der Mandschu-Kaiser Kang Xi, der von 1662 bis 1722 regierte, führte jedoch eine völlig neue, sehr dauerhafte Politik gegenüber den vielen verschiedenen Völkerschaften ein, die an den Nord- und Westgrenzen des Reiches wohnten; sie bestand darin, zwischen diesen Völkern und der Mitte des Reiches auf politischem und religiösem Wege eine Einheit in Frieden herzustellen, anstatt einmal mehr die Abwehr gegen sie zu verstärken. So büßte die Große Mauer wieder ihre Rolle als militärisches Bollwerk ein.

Die Kunst der Steppenvölker hat immer in großem Umfang Tiermotive verwendet, ein Wesenszug, der natürlich aufs engste mit den Lebensbedingungen in diesem Raum verknüpft ist und auf dieser vergoldeten, aus Bronze getriebenen Schmuckplatte aus dem 3. bis 2. Jahrhundert v. Chr. deutlich zum Ausdruck kommt.

Heutzutage sind die Gebiete entlang der Großen Mauer außer von den Han von solchen Minderheitsgruppen wie den Mongolen (hauptsächlich in der Inneren Mongolei), den Hui (vor allem in Shaanxi, Gansu

Volksgruppen, aus denen sich die im Umfeld der Großen Mauer wohnenden Minderheiten zusammensetzen; sie sind Nachfahren der »Barbaren«, mit denen China alte, aber vielfach wechselnde Beziehungen unterhält.
1. Dungxiang
2. Yuku
3. Mongolen-Kinder

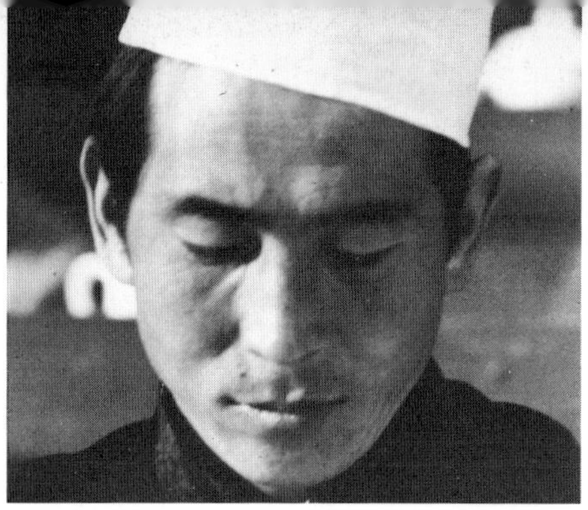

und Ningxia) und den Mandschus oder Man (besonders in Liaoning) bewohnt. Im Gansu-Korridor, einem wichtigen Teil der alten Seidenstraße, wohnen Tibeter, Yugu und Dongxiang. Die Vorfahren der Tibeter kamen bereits im 7. Jahrhundert in dieses Gebiet, wofür archäologische Zeugnisse in Form von chinesisch-tibetischen Manuskripten und tibetischen Handwerkserzeugnissen vorliegen. Die Yugu, die früher unter dem Namen Sari-Uighuren oder »gelbhaarige Uighuren« bekannt waren, stammen möglicherweise von den Uighuren ab, die im 7. Jahrhundert enge Beziehungen zum Hofe der Tang-Kaiser und später zu dem der Song unterhielten. Nach einer Reihe bewaffneter Zusammenstöße mit der Xixia zogen sie in das Gebiet zwischen Dunhuang und Hami, westlich von Jiayuguan, wo sie ein Nomadenleben führten. Ein Teil der Yugu spricht Engour, eine Sprache, die zu dem mongolischen Zweig der altaischen Sprachfamilie gehört; ein anderer Teil spricht Yaohur, eine Sprache türkischen Ursprungs. Seit dem 14. Jahrhundert leben sie im südlichen Gansu, weswegen auch das Chinesische bei ihnen weitverbreitet ist. Die Dongxiang, die hinsichtlich ihres Glaubens wie ihrer Sitten und Gebräuche gewisse Affinitäten zu den Hui aufweisen, sprechen eine dem Mongoli-

4. Mongolen
5. Ximeng
6. Owenke
7. Tibeter
8. Tu
9. Mandschu
10. Yugu

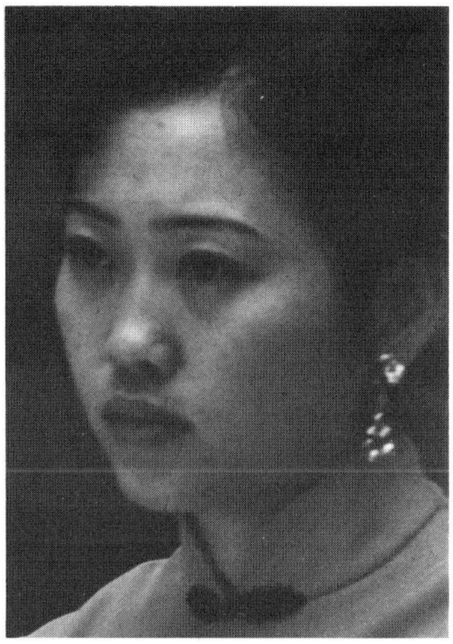

schen nahe verwandte Sprache mit einigen dem Türkischen und Chinesischen entlehnten Wörtern. Einige Yugu, besonders die islamischen Geistlichen, sprechen auch arabisch. Das alles zeigt, daß China sein buntes Gewand mit Stolz zur Schau trägt.

Jede Geschichte der Nachbarn der Großen Mauer muß auch die zahlreichen Gesandten, fahrenden Scholaren, Reisenden und Künstlern erwähnen, die zur Zeit der Tang-Dynastie (618–907) die Seidenstraße entlangzogen. Es war ein endloses Kommen und Gehen von Goodwill-Missionen aus zahlreichen asiatischen und europäischen Ländern in Chang'an, der damaligen chinesischen Hauptstadt. Einige zogen mit Waren oder mit Informationen wieder nach Hause; andere entschlossen sich, in China zu bleiben und mit ihren Gastgebern zu teilen, was sie an Wissen und Weltkenntnis mitgebracht hatten – aber nur wenige Namen sind in alten Berichten überliefert.

Dai Wenbao

Außer den wichtigen, großen Handelsstraßen, die die Große Mauer kreuzen (siehe Kartenskizze), und außer den großen Handelszentren gab es damals wie heute zahllose kleinere Verbindungswege und Marktorte, wo die Menschen zusammenkommen, um Waren auszutauschen.

Handel hinüber und herüber

Schon frühzeitig wurde zwischen den Han und den Xiongnu über die Große Mauer hinweg Handel getrieben. Damals waren die Xiongnu noch im wesentlichen Herdenbesitzer und Jäger, die zu Pferde, auf Ochsen und Kamelen umhergezogen. Nomadenwirtschaft wird oft durch Handelstätigkeit ergänzt, und dies galt auch für die Xiongnu, die meist nicht bereit waren, seßhaft zu werden, um das Leben eines Bauern oder eines Handwerkers zu führen. So waren sie ständig darauf angewiesen, Getreide, Werkzeuge und Gebrauchsgegenstände aus den Siedlungsgebieten der Han einzuführen. Ebenfalls gesucht waren Seide und Wollkleidung, Gold und Bronze, Gegenstände aus Eisen, aber auch ausgesuchte Luxusartikel, die allerdings naturgemäß den Vornehmen der Xiongnu vorbehalten waren. Die aus Gräbern der Xiongnu-Aristokratie zutage geförderten Wertgegenstände sind großenteils Erzeugnisse aus dem Gebiet der Han oder den Regionen des Westens; nur wenige sind eigener Herstellung, und auch diese zeigen deutlich Han-Einfluß. Die meisten waren als Handelsgut zu den Xiongnu gelangt, einige allerdings auch als Geschenke der Han-Kaiser und manche auch als Beute von Raubzügen. Im Jahre 200 v. Chr. wurde China unter einer neuen Dynastie geeint, de Han-Dynastie, deren erster Kaiser Liu Bang war. Damals war Bingzhou im nördlichen Grenzgebiet (im heutigen Shanxi) ein Zentrum der Pferdezucht. Diese Stadt wurde eines Tages von Reiterscharen der Xiongnu umzingelt und später eingenommen. Bald war auch die Stadt Taiyuan weiter im Süden bedroht. Angesichts dieser kritischen Lage führte der Kaiser Liu Bang persönlich ein Heer an, um den Feind zurückzuschlagen. Er stieß bis Pingcheng, dem heutigen Datong, vor, ging dort aber in eine Falle. Später schlossen die beiden kriegführenden Parteien ein Abkommen, wonach die Xiongnu von den Han-Kaisern jedes Jahr ein Geschenk von Seide, Baumwolle, Getreide, Hefe* und Gold erhalten sollten. Wir lesen aber auch in historischen Berichten, daß Gesandte der Xiongnu

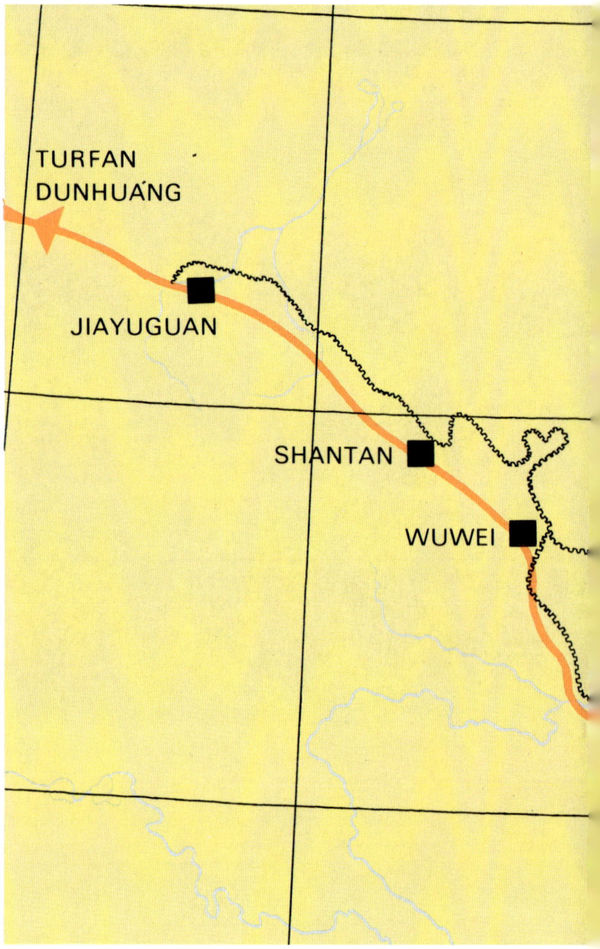

an den Hof des Han-Kaisers kamen, um Pferde und Pelzkleider zu überbringen, und um die Instrumente zu bitten, denen die Han so schöne Musik entlockten. Von der Regierungszeit des Kaisers Jing (Thronbesteigung 156 v. Chr.) bis in die erste Zeit der Herrschaft des Kaisers Wu herrschten zwischen beiden Völkern verhältnismäßig friedliche Beziehungen, die auch Handelsgeschäfte in den Grenzgebieten erlaubten. Ein Geschichtsschreiber dieser Zeit kennzeichnete das Verhältnis zwischen Han und Xiongnu mit folgenden Worten: »Der Wille, zwei Herrscherhäuser durch Heirat aneinander zu binden, wurde erneut bestätigt; an der Grenze wurden Märkte eröffnet, und Händler von der anderen Seite hatten bessere Aussichten auf Gewinn, als sie bisher gewohnt gewesen waren. Deswegen blieben alle

Für die Barbaren des Nordens, die auf die Einfuhr von Getreide angewiesen waren, galt Reis als Inbegriff der Reichtümer, die China zu bieten hatte.

* Die Hefe wurde zur Vergärung der Stutenmilch benötigt. (Anm. d. Übers.)

In Gansu und der Inneren Mongolei sind Kamele als Transportmittel noch nicht durch Lastwagen ersetzt. Dies hat nicht nur wirtschaftliche Gründe, sondern beruht auch auf der sozialen Organisation der Steppenvölker. Die zwei Nomadenfrauen, die man hier auf dem Rückweg vom Lebensmitteleinkauf sieht, wohnen nicht in der Nähe einer Autopiste.

Die Lychee-Früchte, die man hier in der Sonne trocknen sieht, sind ein Erzeugnis der Provinz Ningxia im Süden der Großen Mauer. Aus wirtschaftlichen Gründen (z.B. langsamer Transport), aber auch aus ernährungsphysiologischen Gründen ist der Konsum von Trockenfrüchten in China weitverbreitet. Der große Unterschied zwischen den Erzeugnissen des Nordens und denen des Südens ist die Hauptursache Chinas langer Geschichte von Invasionen und Handelsbeziehungen.

Dunhuang war der obligate Halteplatz für Pilger und Mönche, die Texte aus dem »Großen Fahrzeug« nach China brachten. Das rechts abgebildete Fresko aus einer dortigen Höhle, das religiöse indische Überlieferungen mit historischer Wirklichkeit vermischt, zeigt, wie buddhistische Schriften auf dem Rücken eines weißen Elefanten, einem dem Buddhismus besonders heiligen Tier, ins Land gebracht werden. Die Bildkomposition verrät eine für die damalige Zeit überraschende Meisterschaft in der Landschaftsdarstellung. Dunhuang war nicht nur ein Ort des Ausruhens und der Erholung für den frommen Pilgersmann; die Oasenstadt war vielmehr auch eine wichtige Etappenstation an der Seidenstraße und eine Festungsbastion am Endpunkt der Han-Mauer.

Jenseits von Gansu in Richtung Westen, in den Trockengebieten von Xinjiang, ist das Kamel noch heute das ideale Transportmittel.

Xiongnu, von ihrem Oberherrn bis hinunter zum einfachen Mann, den Han freundlich gesinnt. Und die Angehörigen beider Völker bewegten sich frei zwischen beiden Seiten der Großen Mauer hin und her.«

Wenn die darauffolgenden Jahre auch nie ein völliges Ende der immer wieder aufflakkernden Feindseligkeiten brachten, so kam es doch zu einer Ausweitung der wirtschaftlichen Beziehungen und zu immer häufigeren Besuchen auf beiden Seiten. Im Jahre 51 v. Chr. wurden 34000 *hu* Getreide an die Xiongnu gesandt, und drei Jahre später wurden auf Anforderung ihres Oberherrn weitere 20000 *hu* geliefert, um seine Untertanen vor dem Verhungern zu bewahren. Als Zhao Jun, eine Dame des chinesischen Kaiserhofs, mit dem Steppenkaiser verheiratet wurde, begleitete sie eine Mitgift von 18000 Rollen Seide und 16000 *jin* Baumwolle. Um 25 v. Chr. kam der neue *Shanyu* als Nachfolger seines Vaters an den Hof von Chang'an, und zu den Geschenken, die er dort erhielt, gehörten außer 20000 Rollen Seide und 20000 *jin* Baumwolle auch noch große Mengen Getreide, Hefe, Schmuckgegenstände aus Gold und Jade sowie Musikinstrumente. Die Geschäftstätigkeit entfaltete sich nicht nur in den Grenzgebieten, sondern dehnte sich gelegentlich bis in die Hauptstadt aus. So nahm beispielsweise gegen Ende des 2. Jahrhunderts v. Chr. ein Anführer der Xiongnu mit seinen Leuten auf dem Gebiet der Han Zuflucht, und als sie in Chang'an ankamen, machten sich die Bürger und Händler sofort an sie heran, um mit ihnen Tauschgeschäfte abzuschließen. Für das Ausmaß dieser Geschäfte bietet die Tatsache einen Anhaltspunkt, daß 500 Personen wegen Verletzung eines Gesetzes bestraft wurden, das den Verkauf von Waffen und Eisen an die Xiongnu verbot. Über die Märkte gelangten nicht nur die Erzeugnisse privater Handwerker an die Xiongnu, sondern auch die Produkte kaiserlicher Werkstätten.

Das nördliche Grenzgebiet ist seit der Han-Zeit ein Rassenmosaik. Die Große Mauer konnte die Menschen nicht davon abhalten, miteinander Handel zu treiben. Zudem bot ihr westlicher Abschnitt mit seiner langen Kette von Wachttürmen einen Flankenschutz für die Seidenstraße, auf der die chinesischen Karawanen durch die riesigen Sandwüsten nach Westen zogen. Auf diese Weise gelangten die chinesischen Seidengewebe zu den Hunnen, dann nach Syrien und von dort aus in die gesamte Mittelmeerwelt. Man muß sich vergegenwärtigen, daß reiche römische Damen Kleider aus chinesischer Seide trugen. Umgekehrt tauchten Dachsfelle aus dem Ural und wollene Matratzen aus den Westregionen auf den Märkten chinesischer Großstädte auf.

Mit dem Beginn der Tang-Zeit fing Chinas Goldenes Zeitalter an. Diese nie zuvor erreichte Blüte erfaßte offensichtlich auch die

Die Waren, die die Nachbarn im Norden der Chinesen begehrten und gute Handelsware darstellten, waren vor allem chinesische Fertigerzeugnisse; dabei stand Seide bei weitem an der Spitze, die auch Gegenstand dieses Gemäldes von der Hand des Song-Kaisers Huizong (Regierungszeit 1101–1125) ist.

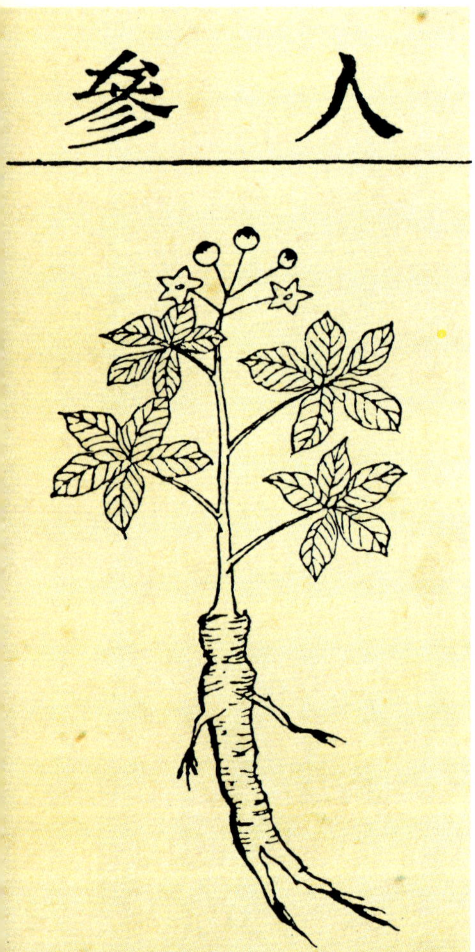

Die Ginseng-Wurzel, ein energiespendendes Naturprodukt, wurde von vielen als Universalheilmittel angesehen, der Handel damit wiederholt zum Staatsmonopol erklärt. Ihr hoher Preis machte sie zu einer wichtigen Handelsware, besonders im Nordwesten.

altgediente Seidenstraße. Es war die Zeit, in der es zu direkten Handels- und Regierungskontakten zwischen China und Byzanz gekommen war und die chinesischen Kenntnisse über die Seidenfabrikation auf dem Weg über Konstantinopel, als dem Umschlagplatz zwischen Ost und West, nach Europa gelangten. Jedes Jahr tauschten die Uighuren in den Westgebieten 100 000 Pferde gegen chinesische Seide und Tee ein, wobei jedes Pferd vierzig Rollen Seide einbrachte. Einige uighurische Kaufleute blieben sogar jahrelang in Chang'an und anderen Städten im Landesinnern, um mit Groß- und Kleinvieh, Wolle, Jade, Gewürzen und Heilpflanzen zu handeln. Diese engen Beziehungen zwischen der Westregion und Innerchina überlebten die folgenden Dynastien der Wudai, Liao und Song. Als dann die Mongolen die Yuan-Dynastie gründeten, geriet die Region in deren unmittelbaren Machtbereich. Einige Tafelgeschirre aus dem blau-weißen Porzellan dieser Periode, die in der Ruinenstadt Gaochang gefunden wurden, sind als Importe aus Innerchina identifiziert worden. Direkte schriftliche Hinweise auf die blühenden Wechselbeziehungen zwischen dem Landesinnern und dem Westen finden sich in den Schriften Qiu Chujis, eines taoistischen Priesters, und in dem berühmten Reisebericht des Italieners Marco Polo.

Unter der Ming-Dynastie trieben die Mongolen von der Nordseite der Großen Mauer öfters im Rahmen einer »Tribut-Vereinbarung« ihre Pferde nach der anderen Seite hinüber und tauschten sie dort für alle möglichen Waren, wie Getreide, Tee, Stoffe und Gold ein. Im Jahre 1414 wurden in der Provinz Liaodong an der Nordostgrenze drei Pferdemärkte eröffnet, zwei in Kaiyuan und einer in Guangning. Die Regierung setzte für die dort gehandelten Pferde vier Preisklassen fest: Die erste Preisklasse acht Rollen Seide oder zwölf Rollen Tuch, die zweite die Hälfte, die dritte und vierte entsprechend wiederum weniger. Später blieb nur einer der beiden Märkte in Kaiyuan bestehen, aber 1478 konnten schließlich die beiden anderen auch wieder besucht werden. Die Märkte in Kaiyuan fanden einmal im Monat statt, der Markt in Guangning zweimal. Im selben

Nicht nur Seide, sondern auch Töpferwaren galten als willkommene Tauschobjekte. Chinesische Keramik war hoch geschätzt und diente lange Zeit im ganzen Fernen Osten als Vorbild. Manch wunderschönes Exemplar, wie diese Tang-Vase, wurde »über die Mauer hinweg« verkauft (unten).

Jahre 1478 wurde in Datong ein Markt eingerichtet, auf dem die Mongolen Pferde, Maultiere, Kamele und Schafe verkauften. Diese Märkte konnten staatlich oder privat sein. Auf den staatlichen waren die Pferdepreise von der Regierung entsprechend den genannten vier Klassen festgelegt; auf den privaten Märkten handelten die Geschäftsleute die Preise aus, wobei der mongolische Partner noch eine staatliche Subvention erhielt. Da der Handel mit Waffen und Eisen von der chinesischen Regierung verboten war, wurden von den Mongolen immer mehr »Tribut«-Gesandte nach Beijing geschickt. Die Zahl solcher Gesandter war ursprünglich auf 50 begrenzt, aber 1449 waren es schon über 2000. Diese Leute hatten in Wirklichkeit den Auftrag, vom Kaiserhof noch mehr Geschenke zu erpressen und nebenher heimlich Waffen zu kaufen. Der Pferdemarkt in Datong wurde 1449 zur Zeit des Einfalls der Oirat geschlossen, eines Mongolenstammes, der die Ming-Truppen bei Tumu unweit von Datong besiegte und den Kaiser Ying gefangennahm. Im Jahre 1551 wurde der Markt wieder eröffnet, dazu noch

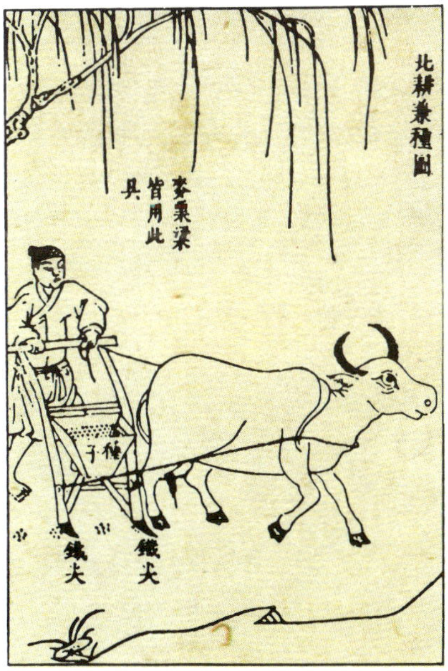

Ein großer Teil der herrlichen Keramik wurde in Werkstätten wie dieser (rechts) hergestellt. Auf diesem, wie auf zahlreichen anderen Gebieten – so auch dem Getreideanbau (oben) – besaßen die Chinesen einen beträchtlichen technischen Vorsprung.

Was brachten die Barbaren im Tausch gegen chinesische Waren mit? Vor allem Pferde, denn dies war ein von den Chinesen sehr geschätzter »Artikel« – viel mehr als Kamele, die hauptsächlich in den Westregionen verwendet wurden. Immerhin war es das Pferd gewesen, das zu der Schaffung der mächtigen Dynastien in China beigetragen hatte; die Han- wie die Tang-Dynastie verdankten ihre Stärke und ihre Langlebigkeit dem Pferd.

Dieser Stich aus dem 19. Jahrhundert schildert eine Szene an der Großen Mauer, wie sie sich im Lauf der Jahrhunderte ungezählte Male abgespielt haben dürfte. Zwischenhandel mit Pferden, die schließlich im Innern des Mandschu-Reiches ihren Endbesitzer finden werden.

ein weiterer Pferdemarkt in Xuanhua und ein »Holzmarkt« im Jahre 1595 in Yizhou in der Provinz Liaodong. Die spätere Ming-Dynastie verfolgte den Aufstieg der Jürchen im Nordosten mit Besorgnis. In jenen Jahren wurden in Liaodong einige Märkte eröffnet. Die Jürchen kamen alle 14 Tage oder jeden Monat mit ihren Pferden, Pelzen, Hölzern und Ginsengwurzeln dorthin, um dann mit Getreide, Saatgut, Seide, Seidenatlas, Tuch, landwirtschaftlichem Gerät aus Eisen und sonstigen Handwerkserzeugnissen wieder nach Hause zu reiten. Natürlich waren diese Geschäftsmöglichkeiten für beide Seiten von Vorteil und trugen gewöhnlich auch dazu bei, ein friedliches Nebeneinander zu fördern. Leider aber war dies nicht immer der Fall; immer wieder kam es wegen Preisstreitigkeiten zu bewaffneten Auseinandersetzungen, so daß manche Märkte geschlossen werden mußten.

Von der Qing-Dynastie an verlor die Große Mauer ihre Funktion als Trennungslinie, wohl für immer. Drei Handelszentren taten

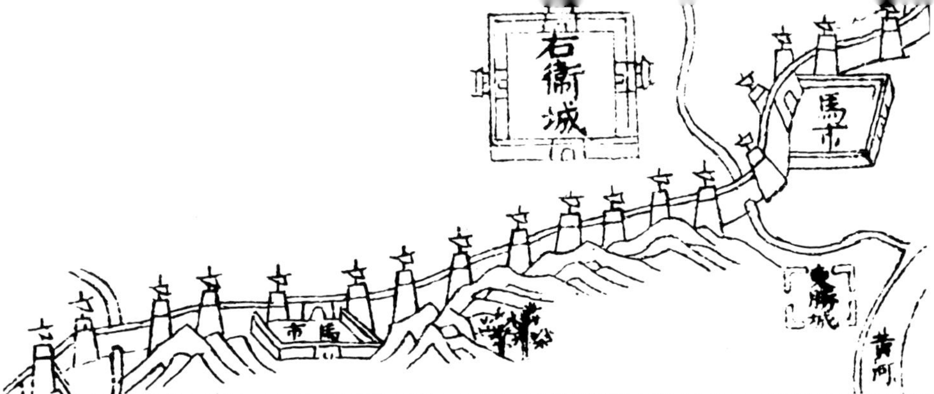

In zahlreichen Gegenden entlang der Großen Mauer gab es Pferdemärkte (links und unten). Sie lieferten Remonten für die chinesische Kavallerie und Reittiere für die oberen Gesellschaftsklassen.

Noch heute ist die Pferdezucht eine bedeutende Einnahmequelle der Nomaden, und Pferdemärkte bieten willkommenen Anlaß für Zusammenkünfte, wie hier in einer kleinen Stadt der Inneren Mongolei (oben). Das Pferd ist für die Rinder- und Schafhirten in den riesigen Steppengebieten unentbehrlich und wurde auch zur Jagd benutzt (links). Ein Jäger von heute in dieser Gegend (unten).

sich nördlich der Mauer, im Süden der Mongolei auf. Es waren dies Zhangjiakou im Osten, Baotou im Westen und, zwischen beiden, Guihua (der alte Teil des heutigen Huhehot), das von einer vornehmen Mongolin namens Dritte Schwester gebaut worden war und als Stapelplatz für Handelswaren diente. In Shanxi kann man in der Nähe der Großen Mauer immer noch Ortsnamen wie »Pferdemarkt« finden, obwohl es nirgendwo in der Nähe noch einen Markt gibt. Sie erinnern lediglich daran, welche Rolle die Orte einst spielten.

Das Gebiet, durch welches die Große Mauer verläuft, ist keineswegs nur unfruchtbare Einöde. Es ist mit einer Vielzahl natürlicher Reichtümer gesegnet und wird von seinen fleißigen Bewohnern in fruchtbares Akker- und Weideland und in Obstkulturen verwandelt. In den letzten Jahrzehnten haben sich auch zahlreiche moderner Industrieanlagen hinzugesellt. In dieser veränderten Umgebung nimmt die Große Mauer auch einen ganz neuen Charakter an.

Dick Wilson

Mit den Augen der Ausländer

Wenn man den richtigen Durchgang findet, der sich von Londons betriebsamer Fleet Street ein paar Schritte nach Norden windet, gelangt man hinter den Palästen der großen britischen Zeitungen zu einem kleinen Gebäude mit dem Hinweis »Dr. Johnson's House«. Es ist dasselbe Haus, in dem der berühmte Literat des 18. Jahrhunderts gewohnt hat. Und wenn man die Treppe bis zum zweiten Stock hinaufsteigt, ist das erste, was man sieht, ein grauer Backstein in einem Glaskasten – »Dem Johnson Club überreicht von Alfred Charles, Erstem Viscount Northcliffe, Juni 1922«.

Dieser Ziegel stammt angeblich von der Grossen Chinesischen Mauer. Northcliffe, der große Zeitungsbesitzer, stiftete ihn in Erinnerung an eine berühmte Bemerkung Dr. Johnsons aus dem Jahr 1788.

Dr. Johnson hatte angefangen, sich für China besonders zu interessieren. Er war ein Freund von Lord Macartney, des ersten Botschafters, den Großbritannien an den chinesischen Hof entsandt hatte. Johnson hätte brennend gern eine Reise nach China unternommen, um die Große Mauer mit eigenen Augen zu sehen, die er als ein Weltwunder betrachtete. Aber die Gelegenheit dazu ergab sich nie.

Die Chinesische Mauer nach einem englischen Stich aus der Mitte des 19. Jahrhunderts. Damals war das Interesse des Westens an China außerordentlich stark; die Fama machte die Große Mauer womöglich noch größer, als sie in Wirklichkeit war.

Sein Begleiter und Biograph, James Boswell, sprach eines Tages mit ihm darüber und meinte, daß auch er gern hinreisen und die Chinesische Mauer besichtigen würde, wenn er sich nicht verpflichtet fühlte, sich um seine Kinder zu kümmern. Dies veranlaßte Johnson zu der mokanten Erwiderung: »Sir, wenn Sie hinführen, dann täten Sie etwas, was wichtig wäre, ihren Kindern zu Bedeutung zu verhelfen. Von Ihrem Geist und Ihrer Wißbegierde würde ein Glanz auf sie fallen. Sie würden zu allen Zeiten als die Kinder eines Mannes angesehen, der ausgezogen ist, die Chinesische Mauer zu sehen. Es ist mein voller Ernst, Sir.«

Es war dies die Zeit am Ende des 18. Jahrhunderts, als die Bewunderung der westlichen Welt für China keine Grenzen kannte. Johnson brachte dieses Gefühl sehr energisch zum Ausdruck, wenngleich es zweifelhaft ist, ob er wirklich einverstanden gewesen wäre, wenn man ihm einen Stein von der Mauer gebracht hätte, um den zweiten Treppenabsatz zu zieren. Die zwanziger Jahre, in denen der Stein dediziert wurde, waren eine Zeit, in der wohlhabende Leute keinen Augenblick zögerten, auf der ganzen Welt historisch bedeutende Kunstwerke zu erwerben. Es heißt, daß zur selben Zeit ein anderes Stück von der Großen Mauer in die Fassade des Gebäudes der Chicago Tribune in den Vereinigten Staaten eingelassen worden sei, und ein drittes in eines der großen Zeitungsgebäude nicht weit von Johnsons Haus. Woher diese Ziegel kamen, durch wessen Initiative und aus welchen Überlegungen, ist nicht überliefert. Ebenso wenig ist die Spur einer Markierung oder Beschriftung erkennbar, die etwas über die Herkunft des Ziegels aussagte. Aber da ist er nun; echt oder unecht – auf jeden Fall zeigt er, was Leute alles unternehmen, um wenigstens ein kleines Stück mit Händen greifbarer Geschichte zu erwerben. Kein Zweifel besteht darüber, daß die Chinesen selbst schon seit langer Zeit Steine von verfallenen Abschnitten der Großen Mauer für Bauzwecke benutzt haben. Als der amerikanische Journalist Edgar Snow 1960 einen neuen Staudamm besichtigte, der unterhalb der langen Schlangenlinie der Großen Mauer angelegt worden war, sinnierte er: »Die Steine, die in die Große Mauer verbaut worden sind, hätten für Hunderte von Miyun-Dämmen gereicht.« »Vielleicht kommt das noch«, erwiderte der zuständige Ingenieur. »Weiter westlich von hier werden Dutzende von kleineren Dämmen gebaut, alle mit Steinen von dort, wo die Mauer zerfällt.« Und so bietet die Große Chinesische Mauer eine Art unerschöpflichen Steinbruchs für chinesische Bauvorhaben.

Im 18. Jahrhundert passierten die Russen auf dem Hin- und Rückweg häufig die Große Mauer, nachdem China infolge der zaristischen Expansion quer durch das nördliche Asien neuerlich zugänglich geworden war. Einer von ihnen, namens Spathary, schildert, wie die Chinesen von der Mauer prahlerisch zu sagen pflegten, daß, »als sie gebaut wurde, kein Stein in den Bergen, kein Sand in der Wüste, kein Wasser in den Flüssen und kein Baum in den Wäldern übrigblieb«. Derselbe schildert die umfangreichen Sicherheitsmaßnahmen. An der äußeren Mauer wurde er von einer chinesischen Eskorte in Empfang genommen, die ihm zu dem ersten Tor geleitete. Dort prüften Beamte seine Papiere und die der Mitreisenden, wobei sie alle Einzelheiten ausführlich aufschrieben, besonders auch hinsichtlich der mitgeführten Waffen. »Alle diese Tore und Türme sind außerordentlich stark«, vermerkte er. »Die dritte Mauer ist dicker als die anderen, und alle sind quer über eine 56 Fuß (etwa 17 Meter) breite steinige Schlucht gebaut, mit hohen Felsnasen zu beiden Seiten. Die schweren Türen in den Tortürmen sind mit Eisen beschlagen.«

Ein schottischer Arzt passierte die Mauer 1720 mit einer russischen Abordnung auf demselben Wege. Sie gelangten an die Große Mauer; er berichtet: »Wir erreichen ein großes Tor, das jede Nacht geschlossen und immer von 1000 Mann bewacht wird. Sie stehen unter dem Befehl von zwei bewährten Offizieren, von denen der eine Chinese, der andere Mantzur-Tatar ist; in China ist es nämlich ein streng geachteter Brauch, der seit der Eroberung durch die Tataren besteht, daß alle öffentlichen Vertrauensstellungen von je einem Chinesen und einem Tataren, beide mit gleichen Vollmachten, besetzt sein müssen. ... Die Chinesen behaupten, daß zwei in einem Amt immer eine Art Spione für ihre beiderseitigen Handlungen sind, wodurch viele betrügerische Praktiken entweder verhindert oder aufgedeckt werden.« Die beiden Offiziere boten der russischen Reisegesellschaft Tee, Obst und Süßigkeiten an, bevor sie nach Beijing weiterzog.

Dieser schottische Arzt namens John Bell schrieb über die Mauer selbst, man habe sie »in einem Zeitraum von fünf Jahren begonnen und vollständig zu Ende geführt, wobei jeder sechste in China verpflichtet gewesen war, entweder selbst zu arbeiten oder an seiner Stelle einen anderen zu finden. Es wird berichtet, die Arbeiter hätten auf viele Meilen Entfernung so dicht gestanden, daß sie das Baumaterial von Hand zu Hand weiterreichten.

Ich bin bereit, dies zu glauben, da die rohen Felsbrocken jeden Gebrauch von Wagen unmöglich gemacht hätten; ebensowenig konnte Lehm, um Backsteine oder Mörtel daraus zu machen, bei ihnen gefunden werden ... Ich bin der Meinung, daß keine Nation der Erde zu einem solchen Unterfangen fähig war, außer den Chinesen. Denn, obgleich einige andere Königreiche vielleicht eine genügende Anzahl von Arbeitern für ein solches Unternehmen zur Verfügung gestellt hätten, so hätte doch niemand außer den einfallsreichen, nüchternen und haushälterischen Chinesen unter solchen Massen von Menschen Ordnung halten oder sich geduldig den mit einer solchen Arbeit verbundenen Strapazen unterziehen können. Dieses erstaunliche – wenn nicht sogar größte – Werk menschlichen Schaffens mag mit Recht zu den Wundern dieser Welt gerechnet werden. Und der Kaiser, der es plante und vollendete, verdient Ruhm, um so viel mehr, als er den Ruhm dessen, der die berühmten ägyptischen Pyramiden baute, ebenso überragt, wie eine Leistung von wirklichem Nutzen ein Werk der Eitelkeit.«

Angesichts dieser immer häufiger in den Westen gelangender Berichte (darunter eine genaue, wunderschön auf Seidensatin gemalt Darstellung der gesamten Mauer, die französische Missionare im 18. Jahrhundert mit nach Hause gebracht hatten), ist es nicht verwunderlich, daß die Mauer im Bewußtsein Europas immer deutlicher Gestalt annahm.

Johnsons Freund, Lord Macartney, ging einige Jahre später als Botschafter König Georgs III. nach Beijing. Er und seine Begleiter hatten die bis dahin beste Gelegenheit, eine genaue Besichtigung vorzunehmen. Um den Kaiser Qianlong in seinem Sommerpalast in Jehol aufzusuchen, mußte Macartney im September 1793 in einer englischen Postkutsche die Mauer am Gubeikou-Tor passieren. Es war dies das Tor, das der Kaiser selbst auf dem Weg zum Sommerpalast am liebsten benutzte und das in ganz Europa durch die berühmten Stiche von Thomas Allom bekannt wurde. Macartney fand die Fahrt bergauf über die Kuppen von Hügeln, die »fast von allen Seiten unzugänglich« waren, sehr steil, bevor man durch einen engen Paß zu einem Militärposten gelangte. Hier wurde die Reisegesellschaft von chinesischen Soldaten durchgelassen, während oben auf dem Torturm eine Trommel erdröhnte und drei senkrecht aufgestellte Kanonen Salut schossen.

Macartney fuhr dann durch ein weiteres Tor zum Sitz der Garnison in einer Festung, deren konzentrisch angelegte Verteidigungswerke mit der Hauptmauer verbunden waren. Dies war die Nordgrenze des eigentlichen China, wo der Botschafter mit militärischen Ehren verabschiedet wurde. Von hier ab pflegte sich jeder tatarische Soldat der Begleitmannschaft, den ein chinesischer Offizier bestrafen ließ, lauthals zu beschweren, daß »nach Passieren der Großen Mauer kein Chinese das Recht habe, an einem Tataren eine Strafe zu vollziehen«, wobei dieser Protest allerdings in der Regel wegen Unverschämtheit zu einer Verdoppelung der Strafe führte.

In seinem Tagebuch beschreibt Macartney unter dem 5. September 1793 die Große Mauer selbst. Sie war, wie er notierte, gebaut »aus bläulichen Ziegeln, nicht gebrannt, sondern in der Sonne getrocknet, errichtet auf einem Steinfundament und ... in der Senkrechten etwa 26 Fuß (rund 8 Meter) hoch«. Anschließend gibt er ausführlich die Abmessungen der verschiedenen Baukörper an. Er notiert, daß die Mauerbrüstung im Abstand von 9 Fuß (2,75 Meter) Zinnen besaß, zwischen denen sich Schießscharten von 12 Zoll Höhe und 10 Zoll Breite (30 × 25 Zentimeter) befanden, »sehr viel besser für Feuerwaffen als für Pfeil und Bogen geeignet. Im Verein mit den kleinen Löchern, die in die Öffnungen der Zinnen der Türme gebohrt sind, ganz ähnlich denen, die in Europa zur Aufnahme der Schwenkzapfen von Drehbassen oder kleinen Mauerbüchsen dienen, scheint dieser Umstand die Vermutung zu rechtfertigen, daß die Chinesen schon in sehr alter Zeit im Besitz irgendeiner Art von Feuerwaffen waren. Alle ihre Schriften stimmen darin überein, daß diese Mauer etwa 200 Jahre vor Christi Geburt gebaut wurde ... Sollten die anderen Teile denen gleichen, die ich gesehen habe, so wäre es sicherlich das erstaunlichste Werk von Menschenhand, denn ich stelle mir vor, daß, wenn man den Rauminhalt des Mauerwerks aller übrigen Festungen und Verteidigungswerke in der ganzen Welt ausrechnen würde, derselbe erheblich hinter dem der Großen Mauer zurückbliebe. In der fernen Zeit, als sie gebaut wurde, muß China nicht nur ein sehr mächtiges Reich, sondern auch eine sehr weise und tugendhafte Nation gewesen sein, oder mindestens soviel Voraussicht und soviel Achtung für die Nachwelt gehabt haben, daß man sofort verwirklichte, was man sich damals als dauernde Sicherheit gegen zukünftige Einfälle vorstellte, wobei man es auf sich nahm, sich mit einem enormen und sofortigen Aufwand an Arbeitskräften und finanziellen Mitteln zu belasten, statt zukünftige Generationen einer prekären Abhängigkeit von ungewissen Hilfsquellen zu überlassen.«

Es war dies das Zeitalter der neuen Naturwissenschaften, und Macartneys Sekretär auf dieser Expedition, John Barrow, machte einige vielgerühmte Berechnungen über die Große Mauer. Er begann seine Beschreibung mit einem charakteristischen Ausbruch von Verärgerung über die Tatsache, daß »es in ganz China kein Wasserklosett noch sonst einen anständigen stillen Ort gibt«. Aber die Mauer löste alle die Bewunderung aus, deren dieser britische Betrachter fähig war. Nirgends in der Welt gab es ein Seitenstück dazu, erklärte er, »nicht einmal die Pyramiden Ägyptens, deren größte an Masse nur einen sehr kleinen Teil der Materialmenge enthält, die die Große Chinesische Mauer umfaßt«.

Darauf folgte dann seine berühmte mathematische Berechnung, die in der ganzen westlichen Welt immer wieder und wieder in Büchern zitiert worden ist. Wenn man annimmt, so schrieb er, daß die Große Mauer 1500 Meilen lang ist, dann wäre die in ihr enthaltene Materialmenge größer als »das Material aller Wohnhäuser von England und Schottland«. Damit wären die herausragenden Türme noch nicht einmal berücksichtigt, die »soviel Mauerwerk aus Stein und Ziegeln wie ganz London« enthielten. Um eine weitere Vorstellung von der Masse der Großen Mauer zu vermitteln, rechnete Barrow weiter aus, daß ihr »ungeheures Gefüge mehr als ausreichend (sei), um den Umgang der Erde auf zwei Größten Kugelkreisen mit zwei Mauern, eine jede 6 Fuß (1,80 Meter) hoch und 2 Fuß (60 Zentimeter) dick zu umgeben«.

Diese Zahlen basierten auf der falschen Annahme, daß die Mauer sich über ihre ganze Länge in demselben guten Zustand fortsetzte, den die britischen Besucher in ihrem östlichen Teil festgestellt hatten. Auf jeden Fall aber bestärkten sie die allgemein hohe Meinung von der chinesischen Zivilisation.

Im 19. Jahrhundert wurden dann die Schilderungen ein wenig vorsichtiger. Der französische Schriftsteller Pauthier meinte 1837: »Dieses Baudenkmal, das kolossalste und möglicherweise das verrückteste, das je von menschlichem Geist ersonnen wurde, . . . scheint an beinahe jeder Stelle mit soviel Sorgfalt und Geschick gebaut worden zu sein, daß es nach über 2000 Jahren in seiner Gesamtheit dasteht, ohne daß es je hätte repariert werden müssen.« Andere Betrachter hingegen waren skeptischer.

Ein Kommentar, der die Meinung des 19. Jahrhunderts über die Große Mauer außerordentlich stark beeinflußte, war der 1843 von dem Geistlichen G. N. Wright geschriebene Bildtext zu einem Stich von Thomas Allom in seiner Folge *Views of China* (Ansichten von China), die gleichzeitig von Fisher in London und Paris veröffentlicht wurden.

Alloms Darstellung des vom Kaiser und seinerzeit auch von Lord Macartney benutzten Tores gibt die Mauer durchaus treffend wieder, wie sie sich mächtig über die Bergkuppen dahinwindet, während im Vordergrund zwei in Palankinen reisende Offiziere mit militärischem Gefolge und einigen Bauern als Zuschauern einen hübschen Kontrast bilden. Wright aber setzte die Mauer selbst in seinem Vorwort zu dem Buch herab, indem er bemerkte, der ganze Stil entspräche den übertriebenen Gepflogenheiten des Ostens . . . Diese Mauer von 10 000 *li* erstreckt sich nur über die Hälfte dieser Entfernung . . .« Er kann der Versuchung nicht widerstehen, sie mit anderen Mauern aus früheren Zeiten zu vergleichen – Mauern Alexanders und Tamerlans, ja selbst den Baudenkmälern der Ägypter und Meder. Die Chinesische Mauer wird dagegen abgetan als »wohl eine der sinnlosesten Ideen, die je vom Menschengeist Besitz ergriffen haben«, und dies nur wegen des grenzenlosen Ehrgeizes des Ersten Kaisers. »Es gab eine Zeit, da erfüllte das Blitzen einer Million Krummsäbel die Mauer auf ihrer Länge von Osten nach Westen, aber nachdem alle Angst vor Invasionen geschwunden ist, gibt sich die Regierung nun damit zufrieden, die wichtigsten Pässe, die die Verbindung mit fremden Ländern herstellen, zu bewachen.«

Monsieur Huc sah 1845 als päpstlicher Gesandter für Innerasien die Große Mauer und fand sie enttäuschend. »Dieses Werk der chinesischen Nation«, schrieb er streng, »von dem so viel geredet wird und so wenig bekannt ist, verdient hier kurze Erwähnung.« Frühere Berichterstatter hatten ihre Bedeutung »in der absurdesten Weise übertrieben«. Barrow, beispielsweise, hatte seine Meinung auf den Abschnitt der Mauer gegründet, der noch immer groß und imponierend geblieben war.

Huc jedoch hatte die Mauer an fünfzehn Stellen in beiden Richtungen passiert und war oft tagelang an ihr entlang gefahren, ohne sie aus den Augen zu lassen; dabei fand er, daß die Mauer an manchen Stellen »lediglich ein niedriges Gebilde aus Ziegeln, ja sogar nur aus Lehmwerk war«. Er entdeckte keine Spur irgendeines Mauerfundaments aus einzelnen, mit Mörtel zusammengefügten Steinen, wie andere Berichterstatter dies behaupten gesehen zu haben.

Dennoch war beim Publikum die Begeisterung weiterhin groß. Tytler bezeichnete in seiner *Universal History* (Universalgeschichte) die Große Mauer als »eines der bemerkenswertesten Bauwerke Chinas« und als »ein durchaus einzigartiges Denkmal sowohl menschlichen Fleißes wie auch menschlicher Narrheit«. Dieses Urteil war darin begründet, daß es für die Tataren leicht war, die Chinesen anzugreifen, indem sie das freie Ende der Mauer umgingen.

Westliche Besucher waren inzwischen so zahlreich, daß sie sich blasiert gaben. Ein Reisehandbuch beschreibt 1885 einen Besuch an der Mauer mit dem Kommentar: »Ich glaube, daß wir zuerst in ihr nichts anderes sahen als einen geeigneten Platz für ein Picknick.«

Etwa um diese Zeit entstand auch die Zeitungsente, daß amerikanische Ingenieure aus Denver angeheuert worden seien, die Große Mauer abzureißen, angeblich als eine chinesische Geste, um den Ausländern zu versichern, daß sie willkommen seien. Dieser alberne Witz paßte nur zu gut zu der abwertenden und feindseligen Einstellung, die die Außenwelt China spüren ließ, bis das Maß im Boxeraufstand überlief.

Bis dahin hatte kein ausländischer Besucher mehr als nur kleine Abschnitte der Mauer gesehen und dies unbekümmert verallgemeinert. Erst 1909 unternahm ein exzentrischer Amerikaner den Versuch, die Mauer von einem Ende zum anderen zu bereisen. Er führte dies auch tatsächlich durch (wobei er lediglich eine kleine Abzweigung ausließ), und sein Buch *The Great Wall of China* (Die Große Chinesische Mauer) wurde zu einem Klassiker. Leider war William Edgar Geil ebenso eigensinnig, wie er abenteuerlustig war, auch wenn es ihm gelang, der übrigen Welt befriedigende Auskünfte über die technische Konzeption der verschiedenen Mauerabschnitte zu erteilen.

Wahrscheinlich hat ihn die von der Großen Mauer ausgehende Faszination tiefer erfaßt als irgend jemand anderen. Schon auf der Reise über den Stillen Ozean zu seinem Ziel schrieb Geil: »Beim Essen, beim Schlafen, in unseren Gedanken war die Mauer gegenwärtig. Der riesige Ziegelleib schien sich zu seltsamen Windungen und bizarren Formen zu verrenken. Wir vermeinten einen riesigen Bogen zwischen Meer und Wüste sich spannen zu sehen, und im Untergrund die gigantischen Vorgänge, die unseren Planeten Erde immer wieder umgeformt und umgestaltet haben.

Die Mauer tanzte vor uns in ständig wechselnden Figuren, eben noch sich aufrollend wie eine Spirale, nun sich ausstreckend in ihrer ganzen Länge, bald sich in alle möglichen geometrischen Formen, Dreiecke, Rhomben und Kreise auflösend, bis wir in ihr beinahe so etwas wie einen flinken Kobold zu sehen meinten, der mit unserer Phantasie Verstecken spielte, und nicht das gewaltige Bauwerk, welches ein Mondbewohner wie einen schwarzen Saum auf der Oberfläche der Erde wahrnehmen würde.«

Geil beschrieb die Mauer als ein uraltes Fossil, das älteste unseres Planeten. Aber Fossile sind nützlich und vertrauenerweckend, und diese Mauer entsprach einer Trennlinie zwischen den Hirtenvölkern des ostasiatischen Nordens und den Ackerbauern des Südens, aber auch zwischen zwei Regionen, dem China nebelhafter Legenden und dem modernen, historisch belegten China.

Ihre Erbauer vor 2000 Jahren waren »dem sinnlosen Militarismus Europas voraus«. Eine Mauer, um die Lebenden zu beschützen, war besser als ein Graben, um die Toten darin zuzudecken, und Geil pries die »größte Mauer der Welt, die jahrhundertelang für Frieden gesorgt und jahrhundertelang hinhaltend gewirkt hat«.

So verschiedenartig fand der Amerikaner die einzelnen Abschnitte der Mauer, daß er zu dem Schluß gekommen ist, daß »das chinesische Volk während der letzten 22 Jahrhunderte über ein Dutzend Große Mauern gebaut« hat. Er meint, daß »das Mauerwerk beinahe ebenso viele verschiedene Bauweisen zeigte«. Anstatt ganz Asien zu überschwemmen, hatte der Kaiser Qin beschlossen, nur so und so weit vorzurücken und dann die anderen abzuhalten, weiter einzudringen; das war der Sinn der Mauer. Er hatte »klar und deutlich eine Monroe-Doktrin für Ostasien definiert« und die Grenzen markiert mit »einer Mauer quer über einen halben Erdteil! Eine Mauer von Philadelphia bis Kansas City! Eine Mauer von Konstantinopel bis Marseilles!« Geils Begeisterung war nicht aufzuhalten: »Ob man sie im Licht der Sterne oder des Mondes schaut, ob man sie durch einen Schleier von Staubwolken, das Sprühen eines Regenschauers, durch das Flokkentreiben eines Schneesturms gewahrt – immer ist die Mauer ein großes, graues, unheimliches und bewegungsloses Geisterwesen der Vergangenheit ...« Sie war aber auch eine »Mauer des Blutes«. Wenn wir an den Schweiß, an Blut und Tränen denken, die ungezählte Tausende von unbekannten Arbeitern hier vergießen mußten, dann sind wir »darauf gefaßt, zu hören, daß nach zwei Jahrtausenden der Name (Qin) überall an der Mauer verflucht wird von den Nachfahren derer, die zu dieser verhaßten Arbeit angetrieben wurden, die sich in Todesängsten abmühten, damit nicht ihr Fleisch und Blut, wenn es der Peitsche des Zuchtmeisters gefiel, die Masse des Mörtels vermehrte, um noch mehr Futter für das allesverzehrende Ungeheuer zu liefern.«

Geil stellte angesichts des Verlaufs der Großen Mauer auch spekulative Betrachtungen über eine politische Frage des 20. Jahrhunderts an. Die Große Mauer zieht sich vom Gelben Meer am Gelben Fluß entlang bis zum Gelben Sand hin, um dann am Großen Weißen Nord-Fluß in der Nähe von Suchow auszulaufen. Sie verlief somit, wie er schrieb, »vom tiefen Meer bis in die Wüste, von der Belebtheit zur Erstarrung«. Aber dieses Vorrücken vom Gelben zum Weißen warf andere Fragen auf. »Werden die Gelben zu den Weißen gehen und sie überfluten? Wird der Weg von Gelb zu Weiß führen? Oder wird es dazu kommen, daß der Weiße gelb wird, und daß diese Leute schließlich die Vorherrschaft gewinnen?«

Geils phantasievolles Abenteuer war der Vorreiter eines halben Dutzends ernsthafter Untersuchungen, die Ausländer während des nächsten Jahrzehnts anstellten. Im Jahre 1912 verfolgten R. S. Clark und A. de C. Sowerby den gottverlassenen Ordos-Abschnitt der Mauer, und fünf Jahre darauf nahm Frederick Clapp in demselben Gebiet Vermessungen vor. Er beschrieb, wie er zu den Ruinen einer Mauer im Wüstengebiet des Ordos kam, die der Karte nach ein Teil der Großen Mauer, nach Aussagen dortiger Bewohner aber etwas anderes war: »Dies ist die Erste Grenzmauer, die erst vor 400 Jahren gebaut wurde; die Große Mauer ist weiter im Norden!«

Im Jahre 1919 gab Emile Hoveluque eine beredsame Beschreibung ein: »Vierzehn Jahrhunderte lang beschützten sie China und isolierten es von der gesamten Welt, sie gehören zu den Kräften, die seine Zivilisation geschaffen und erhalten haben. Sie haben ihre Aufgabe erfüllt. Sie mögen verfallen. Das Volk, das sie so lange Zeit verteidigt haben, hat Schritt um Schritt körperlose innere Abwehrstellungen aufgebaut, hat sich zu Formen kristallisiert, die härter als der Granit der Mauern sind, zu Traditionen und Lebensformen, die auf lange Jahre hinaus kein Neuerer von draußen zu zersetzen imstande sein wird.« Dies war die erste vernünftige politische Ansicht eines Wissenschaftlers über die Mauer.

Die Zinnen, die noch vor ein paar Jahrhunderten von der bunten Pracht und den blinkenden Rüstungen der kaiserlichen Legionen erglänzten, sind heute verlassen und »verteidigen nichts als leeren Raum«. Das Leben hat sich daraus zurückgezogen. »Wie ein toter Drache windet sich die Mauer über die Gebirgskämme. Obwohl verfallen und inmitten einer unbeschreiblichen Einsamkeit, bewahrt sie ihre majestätische Großartigkeit. Kein Denkmal von Menschenhand bewegt die Einbildungskraft mehr als diese Schutzwehr, gegen die die Barbarenfluten so oft angebrandet sind und die diesem seltsamen Chinesenreich ermöglicht hat, langsam Gestalt anzunehmen und zu bestehen.«

Inzwischen hatte der große Archäologe Sir Aurel Stein im Juli 1907 die Große Mauer zum ersten Mal als eine von der untergehenden Sonne beleuchtete zarte weiße Linie gesehen. Er war 30 Kilometer davon entfernt, »und doch dachte ich, ich könnte Türme ausmachen, welche die schrägen Strahlen widerspiegelten, und dahinter eine endlose Weite dunklen Bodens, den fruchtbaren Bezirk Suchow«.

Der schwedische Reisende und Kunsthändler Orvar Karlbeck bereiste in den zwanziger Jahren den westlichen Teil der Mauer und fand viel davon verfallen. Adam Warwick, der für das *National Geographic Magazine* über seinen Besuch schrieb, schilderte das beschwerliche Ordos-Gebiet: »Es besteht, wenn überhaupt, nur geringes Interesse, diesem Schuttwall zu folgen, der hastig aus dem an Ort und Stelle vorgefundenen Baumaterial aufgeworfen worden war und dessen Erbauer sich kaum die Mühe machten, ihn mit Granit zu verblenden, ihn zu verkleiden oder mit einer Brustwehr zu zieren.«

Ein kleines Reisehandbuch aus den dreißiger Jahren für Europäer in China kündigte an, daß die Große Mauer, zumindest der Teil in der Nähe von Beijing, »bei dem prosaischsten Briten einen romantischen Schauer, ein Aufflackern der Phantasie auslösen wird, ähnlich dem, den der Sphinx und die Pyramiden, die wunderbaren Ruinen Rhodesiens oder die verfallene Pracht Roms oder Griechenlands inspirieren«.

Dann kam eine Zeit, in der es für Ausländer nicht einfach war, die Mauer zu Gesicht zu bekommen. Die verheerenden kriegerischen Ereignisse der dreißiger und vierziger Jahre, in denen die Chinesen nicht nur den japanischen Eindringlingen, sondern auch ihren eigenen Landsleuten gegenüberstanden, wurden von einer langen Periode der Isolierung unter der neuen Volksrepublik abgelöst.

Für den französischen Schriftsteller André Malraux war die Große Mauer im Sommer 1965 ein verschlungener Drache, der »sich über die Hügel ausstreckt wie seit altersher. Hier sind dieselben Heckenrosen, dieselben weidenbestandenen Pfade, aber der für die Streitwagen angelegte gepflasterte Fahrweg ist heute so sauber wie ein holländischer Küchenschrank. Sind diese wie Meilensteine aufgestellten Papierkörbe wohl über die ganze Länge der Großen Mauer zu finden? Hier sieht man wie eh und je die Herden kleiner Mandschu-Ponys, die Libellen, die rotbraunen mongolischen Raubvögel und große Schmetterlinge in einem warmen Braun . . .«

Der letzte, der den vielen Anstrengungen um eine »Bewältigung«* der Mauer eine neue Pointe hinzufügte, war erstaunlicherweise 1972 Präsident Richard Milhouse Nixon. Sein historischer Spaziergang auf dem Beijing nächstgelegenen Teil brachte das Ende einer dreißigjährigen Feindschaft zwischen den Vereinigten Staaten und dem kommunistischen China zum Ausdruck. Präsident Nixons Reaktion auf die Mauer: »Was für eine große Mauer das ist . . .«

Hatten nicht amerikanische Astronauten beim Flug durch den Weltraum auf empirische Weise nachgewiesen, was unten auf der Erde alle gesagt hatten, daß nämlich die Große Mauer das einzige Bauwerk von Menschenhand ist, das vom Mond aus zu erkennen ist?

Nixon und Kissinger waren die ersten von draußen kommenden Pfadfinder und Wegbereiter unserer Tage. Hunderte von weiteren Staatsmännern und hochgestellte Persönlichkeiten sind ihnen seither gefolgt. Die Große Mauer ist inzwischen zu einem Objekt geworden, das jeder fremde Besucher bei einer Rundreise durch die Volksrepublik China zu sehen erwartet, eine routinemäßige Station auf den fest vorgeschriebenen Reiserouten.

Was geht den ausländischen Besuchern wohl durch den Sinn, während sie auf dem alten Gemäuer herumsteigen? Schnaufen und ächzen sie die steilen Abschnitte hinauf mit dem Gefühl, einer Pflicht zu genügen? Sind sie bezaubert von der natürlichen Schönheit der Aussicht, vom Hauch der Geschichte und der Leistung früherer Generationen? Verspüren sie etwas von der einstigen Macht Chinas und stellen sie sich die Frage, ob sich diese Macht eines Tages neu erheben wird? Wie hätte sich Dr. Johnson gesehnt, einmal dorthin zu kommen – und, wenn möglich, den Stein, der heute sein Haus schmückt, an seinen alten Platz zurückzubringen.

* Im engl. Originaltext ist statt von »Bewältigung« von »scaling« die Rede, was sowohl »mit Leitern erstürmen« wie »Maßstäbe setzen« bedeutet. Leider ist dieses Wortspiel im Deutschen nicht wiederzugeben. (Anm. d. Übers.)

Im zwanzigsten Jahrhundert

In China haben sich die weiteren Aussichten für die Mauer im zwanzigsten Jahrhundert eher verdüstert als aufgehellt. Keine chinesische Regierung seit 1900 hätte sich den Luxus leisten können, sie zu renovieren, da das Land in so viele Kriege und Aufstände verwickelt war. Eine Ausnahme bildet lediglich ein kurzes Vorführstück für Touristen in der Nähe von Beijing.

Die Mauer erlebte das Abtreten des 19. Jahrhunderts und mit ihm einer ganzen Ära der Dekadenz und der Mißwirtschaft: Im Jahre 1900 nahmen Kaiser Guangxu und die schreckliche Kaiserin-Witwe Cixi auf der Flucht von den Wirren des Boxeraufstands ihren Weg auf der anderen Seite der Mauer. Früher wäre die Reise einer Kaiserin ein Anlaß zur Entfaltung eines farbenprächtigen Protokolls, mit zierlichen Palankinen und erlesenen seidenen Prachtgewändern gewesen.

Nun aber, bei Anbruch des neuen Jahrhunderts, mußte die kaiserliche Stegreiftruppe die Nacht unmittelbar jenseits der Mauer ohne vorherige Vorbereitungen verbringen, wie Schiffbrüchige ohne Nahrung und Bettzeug. Ein örtlicher Amtsträger besorgte eine blaue Sänfte für die Kaiserin, und dem Obereunuchen gelang es, einige Teetassen aufzutreiben, im übrigen aber sahen sie sich von den Höhen des gewohnten kaiserlichen Lebensstils und ihrer Selbsttäuschungen jählings auf den Boden des einfachen chinesischen Lebens und der harten Tatsachen versetzt. Ein weiteres schicksalhaftes Vorzeichen für die Mauer tauchte zu Beginn des Jahrhunderts in Gestalt der Eisenbahn auf.

Als William Geil, ihr selbsternannter amerikanischer Beschützer, Gerüchte von einem Eisenbahnprojekt bei Shanhaiguan vernahm, erklärte er warnend, es wäre »eine grausame Freveltat, die Große Mauer mit einem Schienenstrange zu durchbohren«. Schon ein Jahr später, 1909, wurde die erste Eisenbahn tatsächlich hindurchgelegt, wenn auch weiter im Westen am Nankou-Paß – dem Durchlaß, den die Legende mit der weinenden Meng Jiang in Verbindung brachte.

Damit war die Mauer, die Schutzwehr und die Grenze Chinas, zum ersten Mal von der modernen Technik bedroht und die Chinesen selbst noch immer zu arm, um dieses erhabene Denkmal ihrer Zivilisation zu besuchen. Der Historiker Ku Chikang, Professor an der Nationalen Universität Beijing, schilderte um 1910, wie es ihm die teuren Fahrtkosten unmöglich machten, sich ein Bild aus erster Hand von dem berühmten Bauwerk zu verschaffen.

Als stummer Zeuge des Endes des Kaiserreichs und des Aufstiegs und Falls solcher hoffnungsfreudiger Republikaner wie Sun Yat-sen lag die Mauer auch ungeschützt vor den kritischen Augen der wachsenden Zahl eroberungswütiger Ausländer wie der exzentrischen Mrs. Alec Tweedy, die die Mauer 1925 besichtigen konnte, indem sie sich der modernen Technik in Gestalt eines Eisenbahnzuges bediente. Dabei fand sie auch von Chinesen auf Englisch verfaßte Wandkritzeleien für ausländische Besucher wie diese:

»Briten hier sind schlimmer als Hunde«
»Ihr unzivilisierten Japse und Briten, kehrt heim zu Euren Freßnäpfen und geht in Euch!«
»Besichtigung für Briten und Hunde nicht gestattet . . .«

Die Mauer nahm hier die »Demokratie-Mauer« in Beijing am Ende der siebziger Jahre vorweg und erwies sich damit für jeden als bestens geeignet, seine Meinung öffentlich anzupreisen.

Während des nächsten Vierteljahrhunderts waren leider die äußeren Umstände vielen Ausländern zu gefährlich für einen Besuch an der Mauer. Erst in den fünfziger Jahren sah sich die neue kommunistische Regierung in der Lage, einen Teil der Mauer in der Nähe von Shanhaiguan, der für Besucher von Beijing aus bequem zu erreichen ist, wieder instand zu setzen. Ich selbst besuchte 1962 diesen Abschnitt; die Mauer schien tadellos in Ordnung, aber in einiger Entfernung, wo sie sich in Richtung auf den Horizont hinzog, schienen die alten Steine herauszubröckeln. Auf einem Schild stand: »Weitergehen für Ausländer ohne besondere Genehmigung nicht gestattet!«

Und dort, wo Mrs. Alec Tweedy ein paar bescheidene ausländerfeindliche Kritzeleien gesehen hatte, waren 1962 nicht nur Tausende von Namenszügen, mit denen sich chinesische und ausländische Besucher verewigt hatten, sondern auch Parolen von mehr zeitgenössischem Interesse, wie beispielsweise »Viva Castro« oder »Cuba si, Yanqui no!«

In einem 450 Jahre alten Abschnitt der Großen Mauer nördlich der Helan-Bergkette in Ningxia wurden 1965 von einer wissenschaftlichen Expedition, die die Folgen des großen Erdbebens in dieser Region untersuchen sollte, Versetzungen von 0,95 bis 1,45 Metern festgestellt.

Es gibt im näheren Umkreis auch einige aktive geologische Verwerfungen, die, soweit sie sich in unmittelbarer Nähe der Mauer befinden, inzwischen ständig überwacht werden. Die chinesischen Wissenschaftler sind sich bis jetzt noch nicht einig, ob die Versetzungen an der Mauer den Bodenverwerfungen oder einem früheren Erdbeben zuzuschreiben sind.

Obwohl die Mauer in der ersten Zeit des zwanzigsten Jahrhunderts verhältnismäßig wohlerhalten blieb und nur unter der langsam fortschreitenden Verwitterung litt, war ein großer Teil des alten China in sich zusammengestürzt und der Vergessenheit anheimgefallen, in dem Maße, wie sich die unheilverkündenden Risse im Gefüge des Staates verschlimmerten. Mao Zedong, Führer der chinesischen Kommunisten, kämpfte mit den Nachfolgern Sun Yat-sens um das Erbe, das die schwächlichen Kaiser zurückgelassen hatten. Einer der ersten Zusammenstöße ereignete sich 1920 in der Provinz Shanxi ganz in der Nähe der Mauer.

Mao suchte sich dann die Große Mauer selbst zum Ziel; in der berühmten Episode des Langen Marsches (1934–1936) führte er die Rote Armee quer durch China zu einer neuen kommunistischen Basis in ihrem Schatten. Eines seiner Gedichte nimmt darauf Bezug:

Wenn es uns nicht gelingt, die Große Mauer zu erreichen, sind wir keine Männer,
Wir, die wir bereits sechstausend Meilen weit marschiert sind.

Gegenüber: Kaiserin Cixi, Mitregentin von 1861 bis 1881 und Alleinherrscherin von 1881 bis 1889, übte auf den Kaiser Guangxu, ihren Neffen und Adoptivsohn, bis zum Beginn unseres Jahrhunderts großen Einfluß aus. Dieser Einfluß führte den endgültigen Sturz des untergehenden Regimes der Mandschu-Kaiser herbei.

Kaiser Xundi, der letzte der Qings, wurde 1908 im Alter von zwei Jahren auf den Thron gesetzt. Er regierte bis zum Februar 1912, einen Monat nach Ausrufung der Republik. Von 1932 bis 1945 benutzten ihn die Japaner als Marionettenherrscher des von ihnen geschaffenen Vasallenstaates Manchu-kuo. Den Rest seines Lebens (er starb 1967) verbrachte er als Botaniker und Archivar in Beijing.

Dann durchbrach eine andere Horde von Fremdlingen die Mauer, als die Japaner in den dreißiger Jahren nach Süden ausholten, um ganz Nordchina zu besetzen. Im Jahre 1937 griffen die Japaner erneut, diesmal Zentral- und Südchina an, wobei oft auch in der Nähe der Mauer gekämpft wurde. So marschierte beispielsweise eine japanische Streitmacht, nachdem sie Beijing selbst erobert hatte, an Mrs. Alec Tweedys Eisenbahn entlang zur Mauer und lieferte der chinesischen Armee am Nankou-Paß erbitterte Kämpfe. Wir vernehmen die Stimme eines chinesischen Soldaten, der »einen ganzen Tag und eine ganze Nacht lang kämpfte, ohne Atempause und ohne Nahrung . . . ich verteidigte diese Stellung zwanzig Tage und zwanzig Nächte lang. Oft hatten wir nichts zu essen außer den süßen Kartoffeln, die die Bauern uns brachten . . . Nach diesen zwanzig Tagen wurden wir mit dem Feind in Nahkämpfe verwikkelt . . . Wir hatten keine Ärzte, keine Krankenschwestern, keine Sanitäter im Kampfgebiet . . .«

Es war ein Bericht, wie man ihn in Hörweite der Großen Mauer während der vielen Jahrhunderte seiner Geschichte sicherlich öfters hatte zu Ohren bekommen können. Tausende von Soldaten starben in Rufweite seiner stummen Steine.

Ganz besonders waren es die Sperrfesten der Mauer, die den Wandel der Lebensverhältnisse im Laufe der Jahrhunderte sahen.

Der Paß von Nankou, wo der chinesische Soldat gegen seine japanischen Feinde kämpfte, war einst die große Handelsstraße in die Mongolei gewesen. In früherer Zeit war die Paßstraße mit Granitplatten belegt gewesen, so daß sie auch von Karren bequem befahren werden konnte. Aber Vernachlässigung hatte dazu geführt, daß sie mit dem Ende des 19. Jahrhunderts, nach der Schilderung von Romyn Hitchcock »ein holpriger und beinahe gefährlicher Pfad« geworden war, »auf dem Karren nicht zu verkehren wagen; noch immer werden die Waren auf Packtieren transportiert – auf Pferden, Maultieren, Eseln und Kamelen – und es sind Karawanen solcher Tragtiere, die vom Morgengrauen bis Sonnenuntergang in endloser Folge hier entlangziehen«. Clapp fand denselben Paß in den frühen zwanziger Jahren »wild und düster, eingezwängt zwischen Felsklippen, kaum genügend Platz für . . . die Eisenbahn übriglassend«. Unnötig zu sagen, daß die ersten Züge den Karawanenverkehr mit einem Schlag zum Erliegen brachten.

In einer anderen Schlacht des chinesisch-japanischen Krieges erfocht General Lin Biao von der kommunistischen Roten Armee einen spektakulären Sieg in diesem Paß. Er hängte sich heimlich hinter eine vorrückende japanische Division unter dem gefürchteten General Itagaki und ließ sie zwischen den von ihm besetzten Bergflanken in einen Hinterhalt marschieren. Ein chinesischer Offizier schildert die Vorgänge folgendermaßen:

»Von der Bergschlucht hörte man das ferne Dröhnen von Motoren. Eine ganze Armada von Fahrzeugen mit japanischen Soldaten und militärischen Versorgungsgütern bewegte sich hinaus zum Pingxing-Paß . . . Auf die Lastwagen folgten mehr als 200 bespannte Fahrzeuge sowie von Pferden und Maultieren gezogene großkalibrige Geschütze. Hinter ihnen kam die Kavallerie; Fahrzeuge und Tiere waren zu einer langen, ununterbrochenen Kolonne auseinandergezogen . . .«

»Die Japaner auf ihren Pferden oder Lastwagen trugen Lederstiefel, Stahlhelme und wollene Mäntel. Ihre Gewehre trugen sie am Riemen schräg über die Schulter. Sie waren völlig unbekümmert, redeten und lachten.«

Als die Chinesen das Feuer eröffneten, versuchten die Japaner zunächst, es in aller Ruhe aus der Kolonne heraus zu erwidern, sahen sich aber bald gezwungen, unter den Fahrzeugen Schutz zu suchen. Schließlich aber mußte sich Itagaki überstürzt und unter hohen Verlusten zurückziehen, während die Chinesen einen großen Sieg feiern konnten.

Die Große Mauer war nicht der Held des Krieges gegen Japan, weil sie, wie die Kanonen von Singapur 1940, nach der falschen Seite ausgerichtet war. Für Verteidigungszweck war sie ebenso überholt wie der Ärmelkanal im Zeitalter des Flugzeugs. Und die Feinde Chinas kamen im 20. Jahrhundert nicht von Nordwesten, sondern von jenseits des Meeres, und griffen China daher von Schiffen aus an.

Nur symbolisch und unter Inanspruchnahme dichterischer Freiheit konnte China die Große Mauer auch weiterhin als ein Verteidigungswerk hinstellen.

Die Chinesische Mauer von heute
steht in gleicher Weise als Wächter . . .
wenige Länder besitzen Mauern,
großartiger als die unsrige.

Soweit Liu Hou-tze (Liu Houzi) 1942 in einem Gedicht *The Tattooed Wall*. Kuo Mojo, der berühmteste Dichter des kommunistischen Regimes, schrieb etwas konventioneller, als die Japaner 1937 ins Land strömten:

Wir sind weder feige, noch sind wir anmaßend.
Aber wir glauben, daß wir unsere Feinde besiegen müssen.
Wir müssen eine neue Große Mauer aus nichts Geringerem als unserem Fleisch und unserem Blut errichten.

Japan wurde besiegt, aber kaum war die Unterschrift unter dem Waffenstillstandsvertrag trocken, als auch schon der Bürgerkrieg innerhalb Chinas wieder ausbrach. Die Mauer selbst wurde zum Kampfgebiet, als rechtsgerichtete Verbände auf der einen Seite General Lin Biao mit seinen auf der anderen Seite in Stellung gegangenen Leuten angriffen. Entgegen aller Wahrscheinlichkeit gewannen die kommunistischen Verbände. Und dann, beinahe am Ende dieser brudermörderischen Blutorgie, hielt ein Teilnehmer das Manöver fest, mit dem die riesige Nordwest-Armee der chinesischen Kommunisten, wiederum unter General Lin, durch die Große Mauer marschierte und den Sieg errang.

»Diese gewaltige Armee von 80000 Mann . . . betrat die Pässe entlang eines langen Streifens der Großen Mauer, der sich von Shanhaiguan im Osten bis Kupehkou« (dem Gupeikou, wo die seidegekleideten Kaiser und der Botschafter Macartney hindurchgezogen waren und das Allom gezeichnet hatte) »und bis Hsifengkou (Xifengkou) im Westen hinzieht . . .«

»Die mächtige Große Mauer windet sich auf und ab über eine ununterbrochene Kette von Bergen. Mit ihren alten Brustwehren, hohen, festgefügten Mauerflächen und gewaltigen, massigen Toren steht sie nordwärts gerichtet, um das Land im Süden zu beschützen. Ungezählte Male im Lauf der Jahrehunderte stieg von ihren Türmen der Rauch von Signalfeuern auf, um die Annäherung von Feinden anzuzeigen. Die Mauer hat einen großen Teil der chinesischen Geschichte gesehen, und nun sollte sie Zeuge des Sieges der unschlagbaren Streitkräfte des chinesisch Proletariats sein.«

Die Große Mauer hatte schon seit langem die seinerzeit beabsichtigte Hauptfunktion eingebüßt, die »Barbaren« aus China herauszuhalten. Arnold Toynbee konnte sie in *A Study of History* als ein typisches Beispiel dafür zitieren, wie die Bemühungen der Herrschenden, einen dauerhaften Schutz gegen feindliche Invasionen zu schaffen, nie Erfolg haben. Die Mauer teilt das militärische Geschick des Westwalls und der Maginot-Linie. Aber wenn sie auch in allen Kriegen in Chinas neuerer Geschichte in die falsche Richtung blickte, so wirkt sie doch in mehrfacher – und sehr bedeutender – Hinsicht als Grenze. Es war sicherlich eine Ironie des 20. Jahrhunderts, daß die Mauer, die in der Absicht gebaut worden war, China zusammenzuhalten und vor auswärtigen Feinden zu schützen, tatsächlich trennend wirkte. Nachdem einmal die Mandschu im 16. Jahrhundert China erobert und die Mandschu-Dynastie gegründet hatte, schnitt die Mauer quer durch das Gebiet, das sie als ihr neues geeintes Reich betrachteten.

Selbst als die Mandschu-Dynastie 1911–1912 unterging und die Japaner in den folgenden Jahren die Mandschurei Schritt für Schritt annektierten, übernahm die Mauer von neuem die Funktion einer Grenze, diesmal zwischen dem chinesischen und dem japanischen Teil Chinas. Als Henry Puyi, der letzte Knaben-Kaiser in Beijing, in den dreißiger Jahren als Marionettenfigur in den Händen der Japaner zum »Kaiser von Manchu-kuo« avancierte, galten seine Erinnerungen an früher oft dem Besuch von Verwandten »von südlich der Großen Mauer« oder Ereignissen dieser oder jener Art »südlich der Mauer«. In den vierziger Jahren wäre die Rolle der Mauer als innerchinesische Grenze fast zu einer Dauereinrichtung geworden, als Stalin mit einigen hohen amerikanischen Militärs übereinkam, daß der Bürgerkrieg zwischen den chinesischen Kommunisten und den Nationalisten durch eine neuerliche Abtrennung der Mandschurei von China beigelegt werden könnte. Die Mandschurei wäre dann zu einem kommunistischen Staat unter sowjetischem Einfluß geworden, während das eigentliche China südlich der Großen Mauer ganz nach dem Muster, das später in Vietnam, Deutschland und Korea befolgt wurde, eine Bastion der Nationalisten geblieben wäre.

Der eigentliche und tiefste Sinn der Großen Mauer als einer Grenze liegt jedoch darin, daß sie den chinesischen Isolationismus verkörpert. Dies ist höchst überzeugend von dem amerikanischen Gelehrten Owen Lattimore dargelegt worden, der möglicherweise mehr von dieser »anderen« Seite der Großen Mauer verstand als irgendein anderer westlicher Fachmann des zwanzigsten Jahrhunderts. »Es war notwendig, chinesischen Tatendrang jenseits der Großen Mauer einzuschränken ... weil Chinesen, die zu weit jenseits der Mauer vordrangen, zu einem Risikofaktor für den Staat wurden ... Die Tätigkeit, die sie entfalteten, sei es als Bauern oder als Kaufleute, kam mehr den Gemeinwesen der Barbaren zugute als China. Sie gingen dem chinesischen Volkstum verloren ... und paßten sich einer nicht-chinesischen Gesellschafts- und Wirtschaftsordnung an ...« Es war unvermeidlich, daß sie dann Treuepflichten gegenüber Barbarenhäuptlingen eingingen oder anderweitig barbarische Regierungsformen auch für sich übernahmen.

Selbst bis in dieses Jahrhundert hat sich für den Chinesen die Symbolkraft der Heimat erhalten. Chinesische Händler und Kaufleute, die jenseits der Mauer in Innerasien arbeiteten, taten dies mit inneren Vorbehalten. Starben sie »jenseits des Mundes«, so war ihr Wunsch, daß ihr Leichnam innerhalb der Mauer, in heimatlicher Erde bestattet werde.

Und doch ist man versucht, Spekulationen darüber anzustellen, was mit Rußland, mit der Sowjetunion und selbst mit Europa geschehen wäre, wenn es diese Schranke nicht gegeben hätte. Vielleicht wären mehr chinesische Unternehmer, Fachwissenschaftler, Intellektuelle und Arbeiter früher nach Europa gekommen und hätten dazu beigetragen, ein wirklichkeitsnäheres Bild von China erstehen zu lassen. Zugleich wären sie in der Lage versetzt worden, dem chinesischen Kernland eine mehr realistische und weniger furchterregende Vorstellung europäischer Gesittung und Gesellschaftsformen zu vermitteln.

Dieselbe Sehnsucht nach dem Gemeinschaftsleben spricht aus Mao Zedongs berühmtestem Gedicht, in dem er sich mit den großen Kaisern der chinesischen Vergangenheit vergleicht:

Bild des Landes im Norden:
Hunderte von Meilen in Eis erstarrt,
Tausende von Meilen wirbelnden Schnees.
Beide Seiten der Großen Mauer
Eine einzige weiße Unendlichkeit.

Umseitig: Die Große Mauer wurde zum letzten Mal im Krieg gegen die Japaner benutzt; sie war ein idealer Verbindungsweg für die chinesischen Soldaten, aber als Verteidigungswerk hatte sie ausgedient. Heute trägt der alte Drache nur noch chinesische und ausländische Besucher auf seinem Rücken; er behält seine schrecklichen Erinnerungen für sich.

Die Chinesen sagen nicht sehr viel über ihre Große Mauer, und ein oberflächliches Urteil über ihre Literatur könnte zu der Auffassung verleiten, daß das Interesse mäßig ist. Das bedeutet aber nicht, daß die Chinesen sie für selbstverständlich halten. Sie ist ein fundamentales Grunderlebnis in der Vorstellungswelt der Chinesen, das für ihre Einheit, für ihre Zivilisation, für ihre reiche Geschichte steht. Das bedeutet nicht, daß sie sich nicht auch von dem materiellen Aufwand der Mauer beeindrucken ließen. Viele moderne Chinesen würden dem Vers von Ezra Pound zustimmen:

Große Werke durch Unterdrückung
durch glänzende Unterdrückung.
Die Mauer war von Yulin nach Tse-ho
und eine Million Menschen arbeiteten an dieser Mauer.

Das allgemeine Urteil, das die ersten westlichen Besucher in China zu hören bekamen, war, daß die Große Mauer »der Ruin einer Generation und das Heil Tausender« gewesen sei. Vielleicht sind dann im 20. Jahrhundert die Chinesen hinsichtlich des Heils etwas unsicher geworden, weil es angesichts der Katastrophen der Gegenwart schwierig und unnatürlich geworden ist, Betrachtungen über die Nöte eines vorchristlichen Jahrhunderts anzustellen.

So wird die Mauer mitunter als ein bloßes Denkmal von Erinnerungen gesehen. Ho Chifang (He Jifang) brachte dies in seinem 1934 verfaßten Gedicht *Die Alte Stadt* zum Ausdruck:

Ein Reisender war zurück von jenseits der Pässe,
Der sagte, die Mauer sei wie eine lange Kolonne galoppierender Pferde,
Die in dem Augenblick, als sie ihren Nacken hochwarfen und schnauften, zu Stein erstarrten ...

Es gibt noch ein weiteres Bedeutungsfeld für die Große Mauer. Sie wurde gebaut, um Feinde draußen zu halten, und die Tatsache, daß sie noch heute, zwei Jahrtausende später, dasteht, ist ein Hinweis darauf, daß China noch immer Fremde draußen zu halten hofft. Denn seit Bestehen der Volksrepublik trafen die Behörden eine sorgfältige Auswahl, welche Ausländer sie herein- und welche Chinesen sie hinausließen; selbst bei solchen amtlich leicht zu rechtfertigenden Missionen wie technische Studien oder technischer Beratung. In den letzten Jahren ist diese Politik etwas gemildert worden, aber doch nur in einem gewissen Umfang und vorzugsweise für die einträgliche Tourismus-Industrie. Es ist für Geschäftsreisende oder für Fachwissenschaftler außerhalb Chinas immer noch sehr schwierig, engere und sinnvolle Kontakte mit entsprechenden Partnern innerhalb Chinas aufzunehmen.

Ein kritischer Beobachter der Kommunistischen Partei Chinas beanstandete 1957 während der Bewegung der Hundert Blumen, daß in den fünfziger Jahren eine politische Kampagne auf die andere gefolgt sei, von denen »jede eine Große Mauer hinterlassen hat – eine Mauer, die den einen Menschen dem anderen entfremdet«.

Fünfzehn Jahre später verfaßte ein anderer Kritiker, der Dichter Huan Xiang, ein Gedicht *Bekenntnisse der Großen Mauer,* in dem er sie als eine ideologische Schranke gleichermaßen zwischen Einzelmenschen und zwischen Völkern darstellte. In dem Gedicht beschrieb er die Große Mauer zunächst so, wie die amerikanischen Astronauten sie gesehen hatten:

Die Erde ist klein und blau,
Ich bin ein kleiner Sprung in ihr.

Aber diese Große Mauer mußte einräumen:
Meine jungen Söhne und Enkel mögen mich nicht;
Für sie bin ich ein halsstarriger Großvater.

Und die Große Mauer weiß, warum die junge Generation sie nicht leiden mag:

Ich zerteile das große Land in zahllose kleine Stück.
Zerteile das Land in viele kleine, stickige Innenhöfe.
Mein Körper liegt zwischen dem Volk ausgestreckt,
Dabei trennt er diese Gruppe von jener,
So daß sie unentwegt voreinander auf der Hut sind,
Nie die Gesichter ihrer Nachbarn sehen können.
Nicht einmal ihre Unterhaltung hören können.

Die Mauer hat sich damit abgefunden, daß ihre Tage gezählt sind und daß die Zukunft der jüngeren Generation gehört:

Eine Generation von Söhnen und Enkeln schiebt mich ins Museum ab . . .

(Garsie, *Coming Alive, China after Mao*/Zum Leben erwachen, China nach Mao, SS. 291–293).

In einem Sinn gibt es immer noch eine Große Mauer, eine körperlose, die China vor einem allzu raschen und unverdaulichen Eindringen fremder Lebensweisen und Ideen bewahrt.

Man kann in der Einstellung der Chinesen zu ihrer Großen Mauer durchaus ein Element der Zuneigung erkennen; ein Maß dafür ist ihre Popularität als Markenname: In den Läden gibt es Große-Mauer-Schlipse, Große-Mauer-Koffer, Große-Mauer-Kaschmir-Schals, auch Große-Mauer-Marmelade. Es gibt T-Shirts mit dem wappenartigen Aufdruck »Große Chinesische Mauer«. Von 1983 an wird man in Beijing in der 1000-Zimmer-Luxusherberge »Große-Mauer-Hotel« absteigen können, dank Cyrus Eaton jr. und seinen chinesischen Geschäftspartnern. Da es vor allem für ausländische Touristen gedacht ist, dürfen wir wohl annehmen, daß es nicht den Beifall Kaiser Qins gefunden hätte. Kenner in mehreren westlichen Hauptstädten beginnen, den Großen-Mauer-Wein zu kaufen, der aus den köstlichen, nach Zitronen duftenden *Longyan*-Trauben gekeltert wird, die an den Südhängen unterhalb der Mauer wachsen. So zerrinnt, wie es in einem demokratischen Zeitalter nicht anders zu erwarten ist, die erhabene Majestät der Großen Mauer und wird unerbittlich und respektlos unter das Volk und unter die Masse gebracht.

Verständlicherweise wird die Mauer von der chinesischen Diplomatie auch »materiell« genutzt. Ein Backstein von gleichem Aussehen und gleichen Abmessungen wie der in Dr. Johnsons Haus in London wurde 1981 in Japan als Teil des chinesischen Beitrags zu einer internationalen Ausstellung gezeigt. Dies geschah auf Wunsch der Stadt Kobe als der Gastgeberin, und im dortigen Museum verblieb dann auch anschließend der Stein als ständiges Ausstellungsstück.

Es wäre ein grausiges Schelmenstück der Weltgeschichte, wenn Fehleinschätzungen oder diplomatische Mißgriffe China und die Sowjetunion eines Tages in kriegerische Auseinandersetzungen verwickeln sollten. Nur unter solch unwahrscheinlichen Umständen könnte die Große Mauer wieder ihre eigentliche Rolle als vorderste Verteidigungslinie spielen – eine recht bedeutende Rolle, da Militärwissenschaftler darin übereinstimmen, daß ein solcher Krieg, wenn es je dazu kommen würde, großenteils auf dem Boden, von Infantrie und Panzern, ausgefochten würde. Aber dies hieße, Spekulationen bis zur Panikmache zu übertreiben; keiner von beiden könnte einen solchen Krieg gewinnen, beide würden davon zum Weißbluten erschöpft, und beide würden – hoffentlich – stillschweigend übereinkommen, dies zu vermeiden.

Die Mauer, die Kaiser Qin zu einer Zeit baute, als die Angelsachsen noch nicht einmal mit der Zivilisation in Berührung gekommen waren, und mit einer Kraftanstrengung, die dem Bau von dreißig Exemplaren der Großen Pyramide auf einmal vergleichbar ist, wird also Muße finden, in Würde zu verfallen. Einige ihrer bereits eingestürzten Abschnitte werden nach Art einer Kannibalenmahlzeit für den Bau von Staudämmen und anderen Anlagen ausgeschlachtet, ein paar Steine als sichtbares Zeugnis Chinas kultureller Überlegenheit im Ausland verteilt werden. Sie wird lange genug halten, um vom Mond aus fotografiert zu werden, und immer werden Menschen kommen, um sie zu besichtigen und zu bestaunen. Die Große Mauer war ein Weltwunder zu ihrer Zeit, und sie ist es bis zum heutigen Tage geblieben. Nirgendwo anders gibt es ein Werk von Menschenhand so riesig in seinen Ausmaßen, so ehrgeizig als Vorhaben und so bewegend in seiner Symbolik.

Zeittafel

v. Chr.	
ca. 4000	Yangshao-Kultur, Henan; Dorfanlage Banpo, Shanxi
ca. 1500	Ruinen von Yin bei Xiaotun, Provinz Henan
frühes 11. Jh.	Chang'an (Xi'an) Hauptstadt der Westlichen Zhou
1108	Beginn der Erbauung von Luoyang durch den Fürsten Jidan von Zhou
770	Verlegung der Zhou-Hauptstadt von Chang'an nach Luoyang
551–479	Konfuzius
513	Einführung der Eisenverhüttung
ca. 400	*Bau der ersten Abwehrmauern durch die Streitenden Reiche*
343–278	Qu Yuan, erster bedeutender chinesischer Dichter
221	Beendigung der Zeit der Streitenden Reiche durch die Einigung Chinas unter der Herrschaft der Qin
214	*Schaffung der Großen Mauer durch Verbindung der Mauern von Qin, Zhao und Yan*
209	Tod Qin Shi huangdis, des Ersten Kaisers von China
n. Chr.	
67	Einführung des Buddhismus in China
ca. 105	Erfindung des Papiers
366	Mogao-Höhlen bei Dunhuang
460–490	Yunggang-Grotten
5. Jh.	Longmeng-Grotten
581	Wiedervereinigung Chinas unter der Sui-Dynastie
frühes 7. Jh.	Bau des Großen Kanals
7. Jh.	Erfindung des Drucks mit Lettern
627–649	Regierung des Tang-Kaisers Tai Zong, wohl der Höhepunkt der alten chinesischen Geschichte
701–762	Li Bai (Li Po), Dichter
712–770	Du Fu, Dichter
960	Wiedervereinigung Chinas unter der Song-Dynastie
10. Jh.	Raketen mit Salpeterpulver-Treibsatz
frühes 11. Jh.	Schwarzpulver für Schußwaffen
12. Jh.	Entwicklung der Druckkunst und der Porzellan-Herstellung
1175	Beginn der Arbeiten am Schlafenden Buddha von Dazu
1211	Beginn der Mongolen-Einfälle, Verwüstung Nordchinas
1215	Plünderung Beijings durch Genghis-Khan
1268–1279	Eroberung ganz Chinas durch Kublai-Khan
1274–1291	Marco Polo in Dadu (Beijing)
1368–1398	Vertreibung der Mongolen aus China durch den ersten Ming-Kaiser
ca. 1400	Verlegung der Ming-Hauptstadt von Nanjing nach Beijing
1403–1424	*Erweiterung und Erneuerung der Großen Mauer*
1405–1433	Sieben Überquerungen des Westlichen Ozeans nach Ostafrika und dem Roten Meer durch Zheng He
15./16. Jh.	Glanzzeit des Ming-Porzellans; Entwicklung der Akupunktur
frühes 17. Jh.	Matteo Ricci in China; Förderung der Jesuiten-Mission
1644	Eroberung Beijings durch aufständische Bauern unter Li Zichan
1662–1722	Kaiser Kang Xi (Qing-Dynastie), berühmt als Heerführer, Staatsmann und Gelehrter
18. Jh.	Größte territoriale Ausdehnung Chinas
1840–1842	Der Opium-Krieg; China wird der westlichen Welt erschlossen
1860	Besetzung Beijings durch französische und englische Truppen
1895	Gründung der Tung-Meng-Hui-Gesellschaft (der späteren Kuomintang) durch Sun Yat-sen
1900	Der Boxer-Aufstand, eine Volkserhebung gegen die Fremden
1911	Die Erhebung der Doppelten Zehn in Guangdong (Kanton); Ausrufung der Republik mit Sun Yat-sen als Präsident
1916–1926	Kriege der Kriegsherren in Nordchina um Beijing
1919	Studentendemonstrationen in Beijing gegen den Friedensvertrag mit Japan und den Westmächten; Beginn der Vierte-Mai-Bewegung und der Abkehr vom Konfuzianismus
1921	Bildung der Kommunistischen Partei Chinas
1925–1927	Nationale Revolution unter Chiang Kai-shek
1927	Bruch zwischen den Kommunisten und der Kuomintang (Chiang Kai-shek); Gründung der Roten Armee
1927–1936	Herrschaft der Kuomintang
1931	Wahl Mao Zedongs zum Präsidenten der ersten Chinesischen Sowjetrepublik
1934–1935	Der Lange Marsch der Roten Armee von Jiangxi nach Yan'an
1937–1945	Der chinesisch-japanische Krieg
1949	Ausrufung der Volksrepublik China mit Mao Zedong als Präsident (1. Oktober)
1976	Tod Mao Zedongs Tod Zhou Enlais Hua Guofeng Präsident Chinas

Die chinesischen Dynastien

Xia (früher Hsia)	23. (?) bis 18. Jh. v. Chr. (weitgehend legendär)
Shang (früher Chou)	18. (?) bis 11. Jh. v. Chr.
Zhou	11. bis 6. Jh. v. Chr.
Streitende Reiche	ca. 500 bis 221 v. Chr.
Qin (Quin; früher Ch'in)	221 bis 206 v. Chr.
Han	206 v. Chr. bis 200 n. Chr.
Westliche Han	206 v. Chr. bis 9 n. Chr.
Östliche Han	25 bis 220 n. Chr.
Die Drei Reiche (Wei, Shu, Wu)	220 bis 280 (?)
Wei	220 bis 264
Qin (Jin; früher Chin)	265 bis 419
Westliche Qin	265 bis 317
Östliche Qin	317 bis 419
Südliche und Nördliche Dynastien	
Lui Song	420 bis 479
Qi	479 bis 505
Liang	502 bis 557
Chen	557 bis 589
Wei	385 bis 557
Qi	550 bis 577
Zhou	557 bis 581
Sui	589 bis 618
Tang (früher T'ang)	618 bis 907
Die Fünf Dynastien	907 bis 960
Song (früher Sung)	960 bis 1127
Nördliche Song	960 bis 1127
Südliche Song	1127 bis 1280
Jin (im Norden Jürchen) (früher Chin)	1115 bis 1254
Yuan (Mongolen) (früher Jüan)	1277 bis 1367
Ming	1368 bis 1644
Qing (Mandschu) (früher Ch'ing)	1644 bis 1912

Bibliographie

Bodde, Derk. *China's First Unifier: A Study of the Ch'in Dynasty as Seen in the Life of Li Ssu (280?–208).* Leiden, Holland: Brill, 1938.

Bodde, Derk. *Statesman, Patriot, and General in Ancient China.* New Haven: American Oriental Society, 1940.

Chavannes, Edouard. *Les Documents chinois découverts par Aurel Stein dans les sables du Turkestan oriental.* Oxford, 1913.

Chavannes, Edouard. *Les Mémoires historiques de Se-ma Ts'ien.* Paris: A. Maisonneuve, 1967–1979. 6 vols.

Fryer, Jonathan. *The Great Wall of China.* London: New English Library, 1975.

Geil, W. E. *The Great Wall of China.* London: John Murray, 1909.

Gernet, Jacques. *Die chinesische Welt.* Insel 1979.

Gernet, Jacques. *Ancient China: From the Beginnings to the Empire.* Trans. Raymond Rudorff. Berkeley, University of California Press, 1968.

Lattimore, Owen. *Inner Asian Frontiers of China.* New York, 1940.

Lattimore, Owen. *Studies in Frontier History.* London and New York: Oxford University Press, 1962.

Luo Zewen. *The Great Wall.* Beijing: Cultural Relics Publishing House, 1980.

Maspero, Henri. *Les Documents chinois de la troisième expédition de Sir Aurel Stein en Asie centrale.* London, 1953.

Needham, Joseph. *Wissenschaftlicher Universalismus. Über die Bedeutung und Besonderheit der chinesischen Wissenschaft.* Suhrkamp, 1977.

Stein, Aurel. *Serindia.* Oxford: Clarendon Press, 1921. 4 vols.

Watson, Burton. *Records of the Grand Historians of China.* New York: Columbia University Press, 1961. 2 vols.

Yü Ying-shih. *Trade and Expansion in Han China.* Berkeley, University of California Press, 1967.

Bildnachweis

Originalgrafik:

Coray, Franz, Luzern: 69, 130 ganz oben, 132/133, 136, 137, 147 ganz oben, 148/149 ganz oben, 150 Mitte, 151 oben rechts; alle gezeichneten Karten und Diagramme der Großen Mauer

Luzi, Werner, Luzern: 138 unten

Aus Veröffentlichungen:

Allom, T., *China, its Scenery, Architecture, Social Habits ect.,* London, 1840: 176

Bauer, Wolfgang, *China und die Fremden,* München 1980: 174 Mitte links

Biedermann, Hans, *Medicina Magica,* Graz 1972: 172 links

Boerschmann, Ernst, *Baukunst und Landschaft in China,* Berlin 1923: 122 ganz oben

Chavannes, E., *Les documents chinois découverts par Aurel Stein dans les sables du Turkestan oriental,* Oxford 1913: 38 unten

Chhi Chhi Thu Shuo, 1627: 135 rechts

Fryer, Jonathan, *The Great Wall of China,* London 1975: 25 (Karte)

Fuchs, Walter, *Der Jesuiten-Atlas der Kanghsi-Zeit,* Peking 1943: 62/63, 107 oben rechts

Geil, William Edgar, *The Great Wall of China,* London 1909: 2 links, 3 rechts, 8 links, 28 ganz oben, 62 links, 70 Mitte unten, 120 unten, 126 Mitte links, 128, 150 unten

Guangyu Tu, Ming Edition: 64 links

Karte: People's Republic of China, ONC G-9, Defense Mapping Agency Aerospace Center, St. Lous Air Force Station, Missouri, Mai 1974: 81

Kürschner, Joseph, *China,* Leipzig 1901: 7

Le Coq, A. V., *Chotscho,* Berlin 1913: 158 ganz unten

Linyu Xian Zhi, Peiping 1929: 65 ganz oben

Manzhou Shilu, Original Qing Edition: 50 rechts, 51, 151 unten

Mémoires concernant l'histoire . . . des Chinois, Paris 1776–1791: 22 oben rechts

San Cai Tu Hui (Katalog), Band II: 23 links, 26 oben rechts, 152 ganz oben links und ganz oben rechts, 153 oben rechts und ganz unten, 154 ganz unten Mitte und ganz unten rechts, 162 ganz oben, 163 ganz oben Mitte links

Shuntian Fuzhi (Annalen der Beijing-Region) 1593: 60 oben links

Tiangong Kaiwu, 1637: 173 ganz unten Mitte

T'ien-kung K'ai-wu, 1637: 173 ganz unten rechts

Fotografien:

Bibliothèque Nationale, Paris: 2 Mitte, 27, 36 rechts, 92, 95 Mitte, 135 links

British Museum, London: 56 oben, 61, 118 oben, 168 ganz und, 175 Mitte

Cambridge University Library, Cambridge: 43, 174 ganz oben

Cultural Relics Publishing HouseBeijing: 2 rechts, 4/5, 6, 8/12, 13, 14, 16, 17, 18 unten, 19, 20, 21, 22 ganz oben und ganz unten, 23 rechts, 24, 25 links und ganz oben, 28 Mitte links und ganz unten links, 30 links, 31 ganz unten, 32 oben und ganz unten links, 33, 34, 35, 38 ganz oben, 39, 40, 41, 42, 44, 45 unten, 46 rechts, 47, 48, 49, 50 links, 52, 53, 54, 55, 57, 60 oben Mitte und ganz unten, 66 oben links, 67 ganz unten rechts, 68, 70 Mitte oben und ganz unten, 71, 72, 73, 74, 75, 76 oben, 76/77, 78, 79 oben und unten rechts, 80, 81 ganz oben und ganz unten, 82, 83 ganz oben, Mitte links und rechts, 84, 84/85, 86, 88 oben, 89, 90, 91, 93, 94, 95 ganz oben links, ganz oben rechts und ganz unten, 96, 97 ganz oben, 98/99, 99 rechts, 100, 101, 102/103, 103, 104, 105, 106, 107, oben links und unten links, 108, 109, 110, 110/111, 111, 112, 112/113, 113, 114, 115, 116, 117, 118 ganz unten, 119 ganz oben links und ganz unten, 120 oben, 122 ganz unten, 123, 124, 125 rechts, 126 ganz oben und Mitte, 127, 130 links, 131, 132, 133, 134, 138 ganz oben, 138/139, 140, 141, 142, 143, 146, 147 Mitte, 150 ganz oben, 151 ganz oben links, 152 ganz oben Mitte und unten links, 153 links, 154 oben links und Mitte links, 154/155, 155, 156/157, 158 ganz oben, 159, 162 unten, 163 ganz oben links, ganz oben Mitte rechts, ganz oben rechts und ganz unten, 166, 167, 169, 173 Mitte und Mitte rechts, 174/175, 175 ganz oben und ganz unten, 180, 181, 185

Darbois, Dominique, Paris: 36 ganz oben, 37, 171

Dräyer, Walter, Zürich: 30 ganz unten Mitte und ganz unten rechts

Eros Data Center, Sioux Falls: 87 links, 98 links, 121

E. T. Archive, London: 26 ganz unten, 174 ganz unten

Freeman, John, London: 129

Giraudon, Paris: 32 ganz unten rechts, 164

Harvard Yenching Library, Cambridge, Massachusetts: 65 ganz unten, 66 ganz unten, 122 Mitte, 124/125, 144/145 oben, 148 ganz unten, 149 Mitte und ganz unten

Keystone-Press, Zürich: 184

Lateran Museum, Rom: 64/65, 76 unten, 79 unten links, 83 ganz unten

Metropolitan Museum of Art, New York (Gift of the Dillon Fund, 1973): 45 oben

Museum of Fine Arts, Boston: 26 oben links, 172/173

Réunion des Musées Nationaux, Paris: 36 links, 58/59

Roger-Viollet, Paris: 56 unten

Sheridan, Ronald, London: 173 ganz oben

Tholstrup, Else, Kopenhagen: 28 Mitte rechts, 29

Topkapi Saray Museum, Istanbul: 168 ganz oben

Werner Forman Archiv, London: 46 links

Yugoslav Review, Belgrad: 15, 31 ganz oben, 88 unten, 97 Mitte und ganz unten, 119 ganz oben rechts, 160/161, 164/165, 170 ganz unten

Dankwort

Die McGraw-Hill Co-Publishing-Division möchte den folgenden Personen ihren Dank aussprechen, ohne deren freundliche Hilfe und Mitarbeit dieses Buch nicht zustande gekommen wäre:

Den Autoren Luo Zewen, Dai Wenbao, Dick Wilson und Jean-Pierre Drège für die von ihnen beigesteuerten Kapitel und Hubert Delahaye, der fachliche Ratschläge erteilte und die Bildunterschriften verfasste.

Professor Jacques Gernet für seinen wertvollen Rat und für die Abfassung des Vorworts.

Nebojša Tomašević, Direktor und Hauptherausgeber der Jugoslovenska Revija (Jugoslawische Revue), für Beratung und gegenseitige Abstimmung.

Xu Liyi, Stellvertretender Direktor der Nationalen Verlagsgesellschaft, der half, das Vorhaben in Gang zu bringen.

Wang Fangzi, Wang Daiwen, Han Zhongmin, Sun Banchang, Luo Zewen und Yu Jin vom Verlagshaus für kulturelle Altertümer in Beijing, die viel zum textlichen und bildlichen Inhalt des Buches beitrugen.

Jörg Bühler von der Eidgenössischen Technischen Hochschule in Zürich für die sorgfältige Bearbeitung der Karten und Pierre Tobler für seine Assistenz.

Jörg Schumacher vom Ostasiatischen Seminar der Universität Zürich für seine Hilfe bei Übersetzungen.

Und allen anderen – sowohl denen, die auf der Vorderseite des Buches noch genannt worden sind, wie auch denen, die vielleicht versehentlich ungenannt geblieben sind.

Register

(Abb. = *kursive Zahlen*)

X

Y

Z

Wade-Giles- und Pinyin-Transkription

In der vorliegenden Übersicht werden einige in diesem Buch besonders häufig vorkommende, allesamt in Pinyin wiedergegebene Namen und Bezeichnungen ihren Entsprechungen in der Wade-Giles-Transkription gegenübergestellt.

Die Liste ist keineswegs vollständig, dürfte aber sicherlich helfen, auch die Entsprechungen nicht aufgeführter Namen, beispielsweise in einem nach der Wade-Giles-Umschrift geordneten Register, aufzufinden.

Ortsnamen sind nur ausnahmsweise aufgeführt, da sie aufgrund der Streckenkarte der Mauer in einem Atlas leicht identifiziert werden können. Im übrigen gibt der Internationale Atlas von Kümmerly & Frey – Rand McNally – Westermann (als einer der neuesten Atlanten) die chinesischen Namen bereits in der Pinyin-Umschrift wieder.

Pinyin	**Wade-Giles**
Völkerschaften	
Danxiang	Tan hsian
Di	Ti
Diangxiang	Chianghsiang
Dongxiang	Tunghsiang
Engour	Enku
Hu	Hu
Hui	Hui
Jiabei	Chiapai
Jin	Chin
Jürchen	Dschurdschen
Qiang	Ch'iang
Rong	Jung
Tuoba	Toba
Weihe	Weiho
Wuhuan	Yüanho
Xianbei	Hsienpei
Xiongnu	Hsiung-nu
Xixia	Hsi-hsia
Yuanhe	Yüanho
Yiju	Ichü
Yue	Yüeh
Yuezhi	Yüehchih
Yugu	Yüku

Geographische Namen

(Provinzen, Städte, Berge usw.)

Badaling	Pataling
Baotou	Pao-t'ou
Bohai	Pohei
Datong	Ta-t'ung
Fugu	Fu-ku
Gansu	Kansu
Hebei	Hopei
Helan	Holan
Henan	Honan
Hexi (-Korridor)	Hohsi (-K.)
Huanghe	Huangho
Jilin	Kirin
Jingbian	Ching-pien
Jiuquan	Chiu-ch'üan
Jiayuguan	Chia-yü-kuan
Qilianshan	Chi-lien-Shan
Shaanxi	Shensi
Shandong	Shantung
Shanxi	Shansi
Xianyang	Hsienyang
Xinjiang	Sinkiang
Yan'an	Yenan
Yangzi	Yangtsekiang
Zhoukoudian	Chou-k'ou-t'ien

Dynastien und Reiche

Cao Cao	Ts'ao Ts'ao
Chu	Ch'u
Jin	Chin
Qi	Ch'i
Qin	Ch'in
Qing	Ch'ing
Shang	Shang
Song	Sung
Yan	Yen
Yuan	Yüan
Yue	Yüeh
Zhao	Chao
Zhongshan	Chungshan
Zhou	Chou

Personen (und ihre Werke)

Cixi	Tu'u-hsi
Gaozong	Kao-tsung
Gaozu	Kao-tsu
Guangxu	Kuang-hsü
Jing ke	Ching K'o
Li Si	Li Szy
Liu Bang	Liu Pang
Lü Buwei	Lü Pu-wei
Mao Zedong	Mao Tse-tung
Meng Jian Nü	Meng Chiang-nü
Meng Tian	Meng T'ien
Poyan	Bayan
Qin Shi huangdi	Ch'in Shih-huang-ti
Shenzong	Shen-tzung
Shiji	Shih chi
Shijing	Shihching
Sima Qian	Szu-ma Ch'ien
Xiang Yu	Hsiang Yü
Zhao Ji	Chao Chi
Zhaoxiang	Chao-hsiang
Zhen	Chen
Zichu	Tzuch'y
Zhuangzu	Chuangtzu